न्याय आपके पक्ष में है

संवैधानिक नैतिकता के माध्यम से आत्मविश्वास का निर्माण

प्रितम गुरुदास रामटेके

यह किताब मेरे पिता को समर्पित है, जिन्होंने मुझ पर विश्वास किया। मैं अभी भी उस समय को याद करता हूं जब मैं लगभग 6 साल का छोटा बच्चा था और पिताजी ने मेरे लिए एक डायरी खरीदी थी। और बोले- इसमें कुछ भी लिखो, जो भी तुम्हें लगता है? यह मेरा पहला लेखन अनुभव था। पिताजी ने हमेशा मुझमें एक लेखक और प्रभावशाली वक्ता देखा। मेरी माँ जिन्होंने इस दुनिया में जीवित रहने के लिए मेरे लिए हर संभव काम किया।

मेरी पत्नी कल्पना, बुरे दिनों में भी वह हमेशा मेरे साथ खड़ी रही । मुझ पर पूरा भरोसा किया। इस जीवन की लड़ाई में मुझे कभी परेशान नहीं किया। मेरी बेटी, अदीना यह पुस्तक उसके लिए है ताकि वे स्वयं के लिए और राष्ट्र के लिए एक नया भविष्य बना सके।

मैं हमेशा सोचता था कि मेरे साथ हमेशा बुरा क्यों होता है। लेकिन यह बुरा अपने भीतर के मन के आवाज को सुनने की कमी के कारण थी। मैंने अपने भीतर के अच्छे इंसान को प्राप्त किया है। संवैधानिक नैतिकता का विकास किया। जिंदगी के दर्द, और बंद रास्तो ने मुझे एक ऐसा रास्ता लेने के लिए प्रेरित किया है जो मुझे खुशी की ओर ले जाएगा।

क्रम-सूची

भूमिका

इस पुस्तक का उद्देश्य हमारे संविधान के मूल्यों की महानता को साकार करना है। यह महान मूल्य इतिहास में किसी भी समय उपलब्ध नहीं थे। यह अब उपलब्ध है। यह हमारे संस्थापकों की महानता और उनके द्वारा हम पर डाली गई जिम्मेदारी को समझने के लिए है।

यह पुस्तक पूरी तरीके से काल्पनिक है। यह पुस्तक डॉ बाबासाहेब अम्बेडकर ने 25 नवंबर 1949 को संविधान को अपनाने के दौरान दिया गया के भाषण से प्रेरित होकर बनाया है। उनके उल्लेखनीय भाषण में। उन्होंने भारत को विकसित करने के लिए एक अंतिम सूत्र दिया- वह है संवैधानिक नैतिकता। यह कहानी, भाषण में व्यक्त विचारों के अनुसार तैयार की गई है। यह पुस्तक प्रेरित है डॉ बाबासाहेब अम्बेडकर की पुस्तक बुद्ध और धम्म से। इस किताब में कई वाक्यांश उपरोक्त दिए किताब से लिए गए हैं।

भारत विविध संस्कृति, प्रकृति और पर्यावरण के साथ एक महान देश है। हमारे परस्पर विरोधी हित हैं। और प्रबंधन करने में मुश्किल होती है। ऐसा आत्म लोभ के कारण हो सकता है। यह आत्म-लोभ रोजमर्रा की जिंदगी में आत्म-विकास में बाधा डाल रहा है। हम अपने लालच के गुलाम बन जाते हैं और इसपर विश्वास करते हैं। इस पुस्तक के साथ मैं आपको बताना चाहता हूं कि यदि सभी में भाईचारे, समानता और विश्वास की भावना है तो हम अपने जीवन में महानता हासिल कर सकते हैं।

यह पुस्तक संवैधानिक नैतिकता के बारे में है और इसपर बहुत कम चर्चा की जाती है। यदि सही ढंग से उपयोग किया जाये तो यह आत्मविश्वास को बढ़ावा देने और आत्म-सम्मान हासिल करने में मदद कर सकता है। यह नैतिकता देश में व्यक्तिगत के साथ-साथ सामाजिक विकास के लिए एक नई नींव रख सकती है। एक नया मूल्य होगा जहां खुशी की बौछार, स्वतंत्रता और सभी के लिए सम्मान होगा।

यूट्यूब पर डॉ सिद्धार्थ अरोड़ा के वीडियो ने संविधान के सही मूल्य को सिखाया और मुझे इस- जिवंत दस्तावेज का प्रशंसक बना दिया। मैंने एनसीईआरटी की पाठ्य पुस्तकों से भी संदर्भ लिया ।

मैं इन उपरोक्त पुस्तकों को हमारे संवैधानिक मूल्यों के काम करने की अवधारणा को समझने के लिए सभी पाठकों को पढ़ने का सुझाव देता हूं। मैं 25 नवंबर 1949 को दिए गए डॉ. बाबासाहेब अम्बेडकर के भाषण को पढ़ने का आग्रह करता हूं।

कविता- स्वतंत्रता का कीड़ा

मुझे स्वतंत्रता नामक कीड़े ने काटा है।
मुझे 'मैं करूँगा' नामक के काटने से दर्द होता है।
डॉक्टर ने मुझसे कहा, "यह खतरनाक है,"
मैंने कहा, "हाँ, यह है।"
यह एक कीड़ा है जिसे 'स्वतंत्रता' कहा जाता है और 'मैं करूंगा'।
कीड़े को मार डालो, यह दूसरों को काट लेगा
और सभी कहेंगे कि हम स्वतंत्र हैं और हम करेंगे।
चिंता मत करो महोदय, कीड़ा विशेष है, केवल कुछ ही को काटता है।
जो पूरी जान लगाकर नया करने की हिम्मत करता है।

--- प्रितम रामटेके

1

युद्ध, या करोड़पति बनने की इच्छा

सपना- 1

विजय 35 साल की उम्र का हैंडसम आदमी था। वह अपने सबसे अच्छे दोस्त आजाद के साथ एक भव्य संगोष्ठी में भाग ले रहा था। सेमिनार हॉल के अंदर एक साथ लगभग 500 लोगों की बैठने की क्षमता थी। विजय बीच की पंक्ति में कहीं आजाद के साथ कॉन्फ्रेंस हॉल में बैठा था। उन्होंने और उनके दोस्त आजाद ने 10,000 रुपये प्रति सीट देकर एडवांस में सीट बुक की थी। हॉल पूरी तरह से भरा हुआ था। सेमिनार करोड़पति बनने के तरीके के बारे में था। करोड़पति बनने के लिए 10 नियम। विजय अपनी खराब जीवनशैली से तंग आ चुका था। उन्हें पूरा यकीन हो गया था कि यह कोर्स और सेमिनार उनके जीवन को बदल देगा। यह करोड़पति बनने का कोर्स उनके आत्मविश्वास को अत्यधिक बढ़ा देगा और उनके पास करोड़पति बनने के लिए सभी कौशल होंगे।

प्रेरक मंच पर आए और अपना प्रेरक व्याख्यान शुरू किया, "मैं टूट गया था, और तबाह हो गया था, लेकिन फिर मुझे एहसास हुआ कि मैं बहुत कम कम कमा रहा था। फिर मैंने अमीर बनने के लिए इन 10 नियमों का पालन किया और अब मैं एक करोड़पति हूं।" लेकिन इससे पहले कि वह अपनी बात खत्म कर पाता। अचानक एक जोरदार धमाके ने बैठक को बाधित कर दिया। एक बहुत जोर का धमाका, "बूम, बूम।" इस जोरदार धमाके को सुनकर हर कोई घबरा गया। "यह धमाका क्या है?" विजय ने कांपती हुई आवाज में पूछताछ की। फिर से, एक बहुत जोर का धमाका, "बूम"। ऑडिटोरियम की खड़ी दीवार गिर गई और धुआं उठने लगा।

"मिसाइल का हमला हुआ है", किसी व्यक्ति ने चेहरे पर मौत के आतंक के डर में चिल्लाया और कहा , "दुश्मन देश ने हमारे देश के साथ युद्ध शुरू कर दिया है। अब इस

ऑडिटोरियम को छोड़ दो और छिपने के लिए एक सुरक्षित जगह ढूँढो।" विजय उलझन में पड़ गया। उसे समझ नहीं आ रहा था कि वह क्या करे?

उनके देश और पड़ोसी देश के बीच हमेशा लगातार तनाव बना रहता था। न्यूज टीवी विशेषज्ञों की खबरों को दिखाते रहते थे कि कैसे एक पड़ोसी देश हम पर हमला करने की योजना बना रहा है। टीवी में हमेशा दिखाया गया कि कैसे दूसरे देश में लोग भारत पर खून चूसने वाले हमले करने के भूखे हैं और आंतरिक शांति को भंग करने की कोशिश कर रहे हैं। लेकिन विजय का युद्ध से कोई लेना-देना नहीं था। करोड़पति कैसे बनें, इस पर कोर्स के लिए वह इस ऑडिटोरियम में आया था। अब इस घातक युद्ध ने उसके अमीर होने के सपने को चकनाचूर कर दिया।

उन्होंने कहा, "मैं इस समेल्लन के ज्ञान से मैं करोड़पति बनने वाला था, और अब यह युद्ध ..." ऑडिटोरियम में सभी लोग बमबारी से अपनी जान बचाने के लिए और आश्रय लेने के लिए भागने लगे। अप्रत्याशित रूप से, फिर से मिसाइल ऑडिटोरियम की सजाई गई दीवार से टकरा गई, "बूम।" उन्होंने आगे कहा, "कोई हताहत या मौत हो सकती है। लेकिन दूसरों के जीवन की परवाह कौन करता है? भागो और छिपाने की जगह ढूंढो। मेरे दोस्त आजाद, क्या करें? कहां जाना है? कोई हमारी मदद क्यों नहीं कर रहा है?"

आजाद ने जवाब दिया, "सरकार को हमें जानकारी देनी चाहिए थी या हमारे लिए सुरक्षा व्यवस्था करनी चाहिए थी।"

विजय को ऑडिटोरियम से निकलने की जल्दी थी। वे निकास की ओर भाग रहे लोगों की अफरातफरी में फंस गए। दीवार और छत ढहने लगी। विजय पूरी तरह से डर गया और चिल्लाया, "चलो यहाँ से भाग चलते हैं, इमारत गिर सकती है। घर में मेरी पत्नी और बेटी हैं। मुझे नहीं पता कि वे कैसे हैं।"

विजय का करोड़पति बनने का सपना हमेशा के लिए युद्ध के धुएं में खो गया। उसे गरीबी में अपना जीवन जीना पड़ सकता है। वह रोते हुए कहता हैं, "लेकिन केवल 10 तरीकों का इस्तेमाल करके करोड़पति बनने के इस कोर्स के बारे में क्या? हमने करोड़पति बनने के लिए बहुत पैसा लगाया।"

"इसे भूल जाओ! बस जीयेंगे कैसे उस के बारे में सोचो। चलो यहाँ से चलते हैं," आजाद ने जवाब दिया।

उसके कानों में एक औरत की मीठी आवाज सुनाई दी। "उठो, उठो मेरे प्यारे पति, उठो" पत्नी ने विजय को जोर से हिलाया। विजय उठ गया।

"क्या यह एक सपना था? ओह, कोई बात नहीं।" विजय ने बिस्तर की ओर देखते हुए मन ही मन सोचा।

विजय एक सामान्य मध्यमवर्गीय कर्मचारी है। वो अपने परिवार के लिए कड़ी मेहनत करता है। वह एक हट्टा-कट्टा, अच्छा दिखने वाला और शांत आदमी हैं। वह एक कॉरपोरेट फर्म में 35 हजार प्रति माह के वेतन पर काम करता है। जैसे-तैसे वह उस वेतन पर जीने की

आदत डाल देता है। वह एक शादीशुदा आदमी है। उसकी 11 साल की एक बेटी है।

विजय ने अपनी पत्नी की तरफ देखा। वह अपनी बेटी को स्कूल के लिए तैयार कर रही है। बेटी अपनी किताबें स्कूल बैग में भर रही है। विजय ने पूछा, "मेरी छोटी सी प्यारी सी बेटी, तुम्हारे स्कूल में आज क्या खास है?"

बेटी ने कहा, "पिताजी, यह सप्ताह- निबंध सप्ताह है। शिक्षक हमें हर दिन एक नया विषय देंगे, और मुझे दिए गए विषय पर एक निबंध लिखना होगा।"

पिता ने कहा, "यह बहुत दिलचस्प है, अब आज का विषय क्या है?"

बेटी- "आज का विषय है भारत का संविधान। देखो, मैंने क्या लिखा है?"

वह अपनी किताब की पंक्तियां पढ़ती हैं, "संविधान सभी के साथ समान व्यवहार करता है। संविधान भाईचारा है।"

"ठीक है मेरी प्यारी बेटी, अच्छा, अच्छा।" विजय ने बीच में ही टोक दिया और अपनी बेटी का पूरा निबंध सुनने पर विचार नहीं किया। उसी क्षण मोबाइल की घंटी बजी और विजय ने उसे उठाया। किसी ने ज़ोरदार शक्तिशाली आवाज़ में जवाब दिया, "अरे तुम, मैं प्रेमचंद हूँ। तुमने अपनी बेटी के ऑपरेशन के लिए मुझसे २० लाख रुपये का लोन लिया था। तुम भूल गए हो क्या!"

विजय – "मुझे याद है! मुझे पैसे की दिक्कत हैं; मेरा प्रमोशन अगले महीने होना है।"

प्रेमचंद- "तो क्या! तुम मुझे मेरे पैसे वापस कब कर रहे हो? तुम मुझे बेवकूफ बनाना चाहते हो क्या? याद रखो कि मैंने तुम्हारी कठिन समय में तुम्हारी मदद की थी। अब मुझे तुम्हारी समस्याओं की परवाह नहीं है। मुझे 20 दिनों में मेरा पैसा वापस चाहिये?" प्रेमचंद ने गुस्से में कॉल काट दिया।

विजय निराश हो गया हैं। समझ नहीं पा रहा है कि क्या करे? विजय ने अपनी बेटी के ऑपरेशन के लिए पांच महीने पहले साहूकार प्रेमचंद से एकमुश्त ऋण लिया था। उसका वेतन उस राशि का भुगतान करने के लिए पर्याप्त नहीं है। उसने अपने पिता से मदद मांगने का फैसला किया। लेकिन वह निश्चित नहीं है। उसने पिछले १४ सालों से अपने पिता से कभी बात नहीं की। वह हमेशा बात करना चाहता था लेकिन हिम्मत जुटाने में नाकाम रहा। उसका अपनी मां से थोडा बहुत फ़ोन पर संपर्क है। उसने सालो पाहिले फ़ोन पर अपने माँ को पापा को मनाने के लिए कहा था। फिर भी पापा ने आज तक उससे बात नहीं की। विजय अपनी हिम्मत जुटाता है और पिता को मदद के लिए फ़ोन करता है। यह विजय की आखिरी उम्मीद है। अगर पिताजी ने मदद की, तो वह आसानी से ऋण राशि का भुगतान कर सकता है।

विजय पिता को मोबाइल पर कॉल करता है। पिता फोन उठाते हैं। विजय बोलता है, "पिताजी, आप कैसे हैं? मैं आपको बहुत याद करता हूं। मुझे कुछ पैसे चाहिये। एक जरूरी आवश्यकता है।"

पिता ने बेटे से कहा, "तुमने मुझे फोन करने की हिम्मत कैसे की? तुम भूल गए; मेरा तुमसे कोई संबंध नहीं है। तुम उसी दिन मेरे दुश्मन बन गए थे जिस दिन तुमने उस महिला से शादी की थी, पता नहीं कौन सी जाति की लड़की है। तुमने मुझे मेरे समुदाय में शर्मिंदा किया। तुम्हारे लिए कोई पैसा नहीं है। दफा हो जाओ! अगर आपके पास एक बेटा होता, तो मैं इस पर विचार करता, लेकिन एक बेटी, कोई पैसा नहीं।"

विजय के पिता कॉल काट देते हैं। बेटी अभी भी पिता के संविधान पर अपने निबंध को सुनाने को उत्सुक है। उसकी बेटी इस बात को नहीं जानती कि उन्होंने कॉल पर किस बारे में बात की थी। वह अपनी लाइनें बोलती रहती हैं। "संविधान महिलाओं के साथ समान व्यवहार करता है और सभी क्षेत्रों में समान अवसर प्रदान करता है।"

विजय को अपने कार्यालय में जाने के लिए देर हो रही है इसलिए उन्होंने बेटी को टोका- " बहुत अच्छा बेटा, अच्छा निबंध।"

विजय यह सोचकर ऑफिस के लिए निकल गया कि आखिर इस समाज को क्या दिक्कत है? महिलाओं के साथ किसी भी सामान्य इंसान की तरह व्यवहार क्यों नहीं किया जा सकता? क्या है जो महिलाओं को इतना विशेष बनाता है कि उन्हें एक सुरक्षित लॉकर में रखे सोने की तरह देखा जाता है? लोन की इतनी बड़ी रकम, इस मध्यम वर्गीय आदमी विजय ने प्रेमचंद से ली; वह अपने परिवार का पेट कैसे भरेगा? वह अपनी समस्या का हल क्यों नहीं निकाल पा रहा ?

ऑफिस में वह अपने दोस्तों के साथ अपनी समस्याओं पर चर्चा करता है। विजय अपने कार्यालय में एक मेहनती आदमी है, लेकिन उसका घमंडी मालिक उसके मेहनत को नहीं पहचानता है। उसका अपने ऑफिस में एक अच्छे दोस्तों का समूह है। आजाद और आशीष उसके अच्छे दोस्त हैं। ऑफिस में चाय के अवकाश के दौरान वह अपनी सारी समस्याएं अपने दोस्तों को बताता है। उसके एक सहकर्मी ने अपनी राय दी, "क्या यार, आज सभी अस्पताल केवल पैसे के लिए काम करते हैं। उन्हें किसी के जीवन की परवाह नहीं है, वे जो चाहते हैं वह है - सिर्फ पैसा, और ये डॉक्टर अमीर होते जा रहे है और हम गरीब होते जा रहे हैं।"

आजाद विजय के मुद्दों को लेकर ज्यादा चिंतित था और उसने पूछा, "आप उस राशि का भुगतान कैसे करोगे विजय? हमारा वेतन इतनी कम है और पेट्रोल की कीमत रॉकेट की तरह ऊपर बढ़ रहा है। और यह चाय भी महंगी होती जा रही है।"

विजय- "कभी-कभी, मुझे लगता है कि मुझे सरकारी अस्पताल से इलाज करना चाहिए था या कम से कम मेडिकल इंश्योरेंस करवाना चाहिए था। अब कोई फायदा नहीं। उस समय मेरा दिमाग मर चुका था।"

सहकर्मी फिर से अपनी राय देता है, "सरकारी अस्पताल बेकार हैं, दोस्त।"

विजय- "लेकिन कम से कम इलाज तो किफायती हो ही सकता था।"

आशीष ऑफिस में विद्वान पुरुषों में से एक था और जरूरत पड़ने पर दूसरों की मदद करता था। वह विजय की ओर देखता है और थोड़ी देर सोचता है और फिर अपना सुझाव देता है, "मेरा एक चचेरा भाई दिल्ली के एक अस्पताल में डॉक्टर है। मुझे अपनी बेटी के ऑपरेशन से संबंधित अपने बिल, पर्चे और अन्य चिकित्सा दस्तावेज दे दो। मैं उसे सारे दस्तावेज दिखाऊंगा ताकि वह उसे जांच कर के बता सके कि क्या कोई मदद की जा सकती है।"

विजय को यकीन था कि कोई उसकी मदद नहीं कर सकता। उसने सोचा, "दिल्ली का वह डॉक्टर उसकी मदद कैसे कर पाएगा? वह मेरे बच्चे के मेडिकल बिलों और पर्चियों का क्या करेगा? लेकिन वैसे भी, चलो कोशिश करते हैं।"

"ठीक है दोस्त, मैं कल बिल लाता हूँ," विजय ने आशीष से कहा।

लंबे व्यस्त काम के बाद, विजय घर वापस आया, थका हुआ और तनाव ग्रस्त लग रहा था। अभी भी सोच रहा है कि वह 20 लाख रुपये कैसे जुगाड़ करेगा। वह दरवाजे में प्रवेश करता है और सीधे बेडरूम में जाता है। बेटी को नोटबुक में कुछ लिखते हुए देखता है। उसकी बेटी अपने पिता को देखती है और खुशी महसूस करती है। पिताजी घर पर हैं। वह पिता की ओर जाती है और उन्हें अपने नए निबंध के बारे में बताती है। "पापा, मैं गुलामी पर निबंध लिख रही हूँ। पुराने जमाने में लोगों को गुलाम बनाया जाता था। उन्हें बेचा जाता था, पीटा जाता था, कड़ी मेहनत करने के लिए मजबूर किया जाता था और रहने के लिए अमानवीय परिस्थितियां भी थीं। उनकी किसी को परवाह नहीं थी। क्या मैं आपको अब अपना निबंध दिखा सकती हूं?"

विजय बस मुस्कराया और बिना एक शब्द कहे ही सो गया। वह क्या कर सकता था? वह गुलामी के अर्थ को बिना गुलाम बने बेहतर ढंग से समझ सकता है।

2

गुलामी, स्वतंत्रता या जीवन चाहते हैं

सपना- 2

विजय लोन के बारे में, प्रेमचंद के बारे में सोचता रहा। वह साहूकारों को देय का भुगतान कैसे करेगा? वह यह सोचते सोचते सो गया कि वह 10 लाख रुपये का जुगाड़ कैसे करेगा।

अचानक एक आवाज उसके कान में पड़ी,"तुम मुझे मेरे पैसे चुकाने में विफल रहे हो! हाहा, हाहा। अब तुम मेरे गुलाम हो।"

विजय ने अपनी आँखें खोली। उसने प्रेमचंद और उसके गुंडों को सामने खड़ा देखा।

प्रेमचंद ने आगे कहा, "मेरा लोन चुकाने के लिए तुमको मेरे निचे तब तक काम करना होगा, जब तक कि मेरा पैसा नहीं चुकाया जाता। शायद जीवन भर के लिए।"

विजय ने उसके पैर पकड़ कर गिड़गिड़ाते हुए कहा, "प्लीज, मेरे साथ ऐसा मत करो। मैं एक स्वतंत्र व्यक्ति हूँ; मैं जल्द ही आपके पैसे का भुगतान कर दूंगा। कृपया! मुझे छोड़ दो।"

प्रेमचंद ने गुस्से में उसकी ओर देखा और अपने आदमियों को आदेश दिया कि वह उसे अपने खेत में ले जाए। प्रेमचंद ने विजय से कहा, "अब तुम्हारे पास कोई चारा नहीं है। अरे गुलाम! काम पर जाओ। नहीं तो मैं तुमको चाबुक मारूंगा।" विजय उसे छोड़ने की गुहार लगाता रहा और रोते हुए स्वर में बोला, "भारत में गुलामी की इजाजत नहीं है। पुलिस मुझे बचाने के लिए आएगी। आप जेल में सड़ोगे।"

न ही प्रेमचंद या उसके आदमियों ने उसकी बात सुनी। प्रेमचंद के आदमी विजय को काम पर ले गए। वे उसे शहर से काफी दूर प्रेमचंद के खेत में ले गए। खेत बहुत बड़ा था। विजय ने ऐसे कई लोगों को उसके खेत पर काम करते देखा। ऐसा प्रतीत हो रहा था कि वे भी उसकी तरह बंधुआ मजदूर हो सकते हैं। प्रेमचंद के गुंडे ने उसे धान को काटने के लिए हँसिया चाकू दीया। वह धान काटना शुरू कर देता है। जैसे-जैसे दिन चढ़ता है; वैसे-वैसे उसके सिर से

पसीना बहता है। उसे प्यास लगती हैं और वह पानी पीना चाहता है, इसलिए वह एक मटके के पास पानी पीने चला गया। गुंडे ने उसे पानी पीते हुए देखा। वह विजय पर चिल्लाया, "अरे तुम, कायर, गंदे सुअर! काम पूरा करने से पहले पानी पीना हैं? काम कौन पूरा करेगा? जा और काम कर।" विजय प्यास लगने पर भी अपने शरीर की जरूरतों के अनुसार पानी नहीं पी सकता। गर्मी और लगातार काम से होने वाला दर्द विजय के लिए असहनीय हो गए। वह गुंडे के पास जाता है और दया की भीख मांगता है, "मैं ये काम नहीं करना चाहता। कृपया मुझ पर दया करो। मैं गुलाम नहीं बनना चाहता; मैंने कभी भी भारी वस्तुओं को उठाने के साथ सुबह से शाम तक गर्म धूप में काम नहीं किया है।"

विजय आजादी के लिए बेताब हो जाता है। निराशाजनक हावभाव में चिल्लाता हैं, "कृपया मेरी मदद करें भगवान मैं ऐसी जिंदगी नहीं जीना चाहता। पुलिस, कृपया इस व्यक्ति को गिरफ्तार करें। वह मुझे जबरन मजदूरी करने के लिए मजबूर कर रहा है। मैं आपको एक दिन अदालत में ले जाऊंगा।"

यह सुनकर गुंडा बहुत जोर से हंसते हुए कहता हैं, "अगर तुम कभी भी यहां से मुक्त हो पाओ, तो अदालत के बारे में सोचें। हा हा हाँ.... इस इलाके के लोग मेरे साथ भगवान की तरह व्यवहार करते हैं। कोई भी व्यक्ति इस क्षेत्र में मेरी बात को अस्वीकार नहीं करेगा।"

विजय- "मैं आज़ाद होना चाहता हूँ।"

गुंडा - "तुझको कर्ज लेने से पहले यह सोचना चाहिए था। अगर तू अपना ऋण चुकाने के लिए यहाँ पर्याप्त काम नहीं करता तो फिर तेरी बेटी भी यहां गुलाम होगी। हा हा हा! और तेरी सारी संपत्ति पर हमारे स्वामी की सदा के लिए कब्ज़ा हो जायेगा।"

विजय- "तुम मेरे साथ ऐसा कैसे कर सकते हो? हम स्वतंत्र भारत में रहते हैं। ऐसा कुछ भी नहीं हो सकता। मैं अपने ऑफिस में कड़ी मेहनत करूंगा और मैं आपके सारे कर्जों का भुगतान कर दूंगा। मेरा प्रमोशन अगले महीने होना है।"

गुंडा - "एक बार मेरे अधीन जो गुलाम बनता है वे फिर से मुक्त नहीं हो सकता है।"

विजय- "मुझे भारत के पुलिस पर भरोसा है। वे मुझे बचाने के लिए आएंगे।"

"जागो, मेरे प्यारे पति जगो," पत्नी ने कहा। विजय ने अपनी आँखें खोलीं, अपनी खूबसूरत पत्नी को देखा। उसने अपने चारों ओर देखा। वह अपने घर में, अपने बिस्तर में है। फिर उसने जो देखा क्या वह सिर्फ एक सपना था। "हे भगवान! मैं एक गुलाम नहीं हूं, सिर्फ एक सपना था," विजय ने सोचा।

विजय की पत्नी लगभग ३४ साल की एक सुंदर और प्रतिभाशाली महिला हैं। उसका नाम प्राची है। वह एक गृहिणी है। बेटी की देखभाल करती है और अपने घर को साफ-सुथरा रखती है। वह हमेशा उसके साथ खड़ी थी, यहां तक कि बुरे और ख़राब दिनों में भी। उसने अपने जीवन में कभी भी किसी बात के बारे में शिकायत नहीं की। वह अपने पास मौजूद सभी छोटी-छोटी चीजों से संतुष्ट थी। और पति से कभी भी विलासिता की वस्तुओं की मांग नहीं की।

विजय अपनी पत्नी से प्यार करता है। विजय अपनी पत्नी की तरफ देखता है। वह बिस्तर ठीक कर रही है, उसने अपनी पत्नी से कहा, "मैं तुमसे प्यार करता हूँ। तुम मेरे लिए बहुत खास हो।" पत्नी ने जवाब दिया, "इतना रोमांटिक मत बनो मेरे सेक्सी पति। आप को पहले ही काम पर जाने के लिए देर हो चुकी हैं।"

बेटी पिता की ओर दौड़ते हुए आई, "पापा, मेरे आज के निबंध को देखो। आज का निबंध अब्रमन लिंकन पर है। उन्होंने गुलामी को हटाने के लिए लड़ाई लड़ी।"

विजय को ऑफिस के लिए देर हो रही है, उसने जल्दबाजी में कहा, "हाँ, ठीक है। ठीक है, गुलामी को दूर करना। लेकिन मेरी प्यारी छोटी बेटी, मेरे पास अब्रमन लिनकॉन पर आपके निबंध को देखने का समय नहीं है, मुझे काम पर जाना है।"

बेटी निराश हो गई। उसके पिता ने उसकी मेहनत की सराहना नहीं की। उसकी प्रशंसा सोनम के आत्मविश्वास को बढ़ा सकती थी।

विजय को ऑफिस के लिए तैयार होते समय याद आया कि उसे मेडिकल खर्च के बिल और दस्तावेज लेने हैं। उसने वादा किया कि वह आज कागजात लेकर आएंगा। वह दराज से मेडिकल दस्तावेजों की फाइल लेता है। थैले में डालकर मोटरसाइकिल पर अपने दोस्त आजाद के साथ ऑफिस के लिए निकल जाता है।

ऑफिस उसके घर से 10 किमी दूर है। अपनी दिनचर्या के तौर पर दोनों दोपहिया वाहन से ऑफिस जाते हैं। ज्यादातर आजाद मोटरसाइकिल लाता है और विजय पीछे बैठता है। सड़क यातायात से खचाखच भरी हुई है। वे यातायात में रेंग रहे हैं। आजाद फुटपाथ पर अपना वाहन डालकर ट्रैफिक जाम से आगे निकलने की कोशिश करता हैं। आजाद फुटपाथ पर 1 किलोमीटर तक मोटरसाइकिल चलाता हैं और व्यस्त चौक पर अचानक एक रिक्शा उसके रास्ते के बिच में आता है।

आजाद ने चिल्लाते हुए कहा, "क्या आप देख के ड्राइव नहीं कर सकते। बेवकूफ कही के! ये रिक्शावाले इतने घिनौने हैं। विजय जानते हो, उन्होंने हमारे शहर को नष्ट कर दिया है और वे इन सरकारी जमीन पर बसे झुग्गियों में रहते हैं और वर हमारे शहर को गन्दा कर दिया है हैं। इन लोगों को इस शहर से हटा देना चाहिए। हम जैसे पढ़े-लिखे लोगों के लिए वे सिर्फ घिनौने हैं। देखो कैसे उनके कपड़े गंदे हैं। वे अपने गांव वापस क्यों नहीं जाते या कुछ अच्छा काम क्यों नहीं करते हैं?"

विजय चकित रह गया। गुलाम होने का बुरा सपना अभी भी उसके सिर में घूम रहा हैं। विजय कार्यालय में प्रवेश करता है; वह हर किसी को अभिवादन करता है।

रीमा अपनी मेज पर बैठी हुई थी। रीमा कहती हैं, "हैलो विजय सर, आज आप हैंडसम लग रहे हो।"

विजय- "थैंक यू रीमा। आप उस नीले रंग की साड़ी में सबसे सुंदर दिख रही हो।"

रीमा- "धन्यवाद , वैसे तो बॉस ने तुम्हें और आज़ाद को बुलाया है।"

विजय और आजाद को पूरा भरोसा था कि उनका बॉस उन पर चिल्लाएगा। बॉस के केबिन की तरफ जाते समय आशीष ने टोकते हुए कहा, "अरे विजय, मुझे अपनी बेटी के मेडिकल बिल दे दो।" विजय बैग से बेटी की मेडिकल फाइल निकालकर आशीष को सौंप देता है। वह आगे कहता हैं, "मैं आज उसे मेल कर दूंगा। देखते हैं, वह क्या बोलता है?" जिस पर विजय ने जवाब दिया, "धन्यवाद, आप ही मेरी उम्मीद हैं, ओह! बॉस ने मुझे बुलाया। मुझे जल्दी करनी होगी।"

विजय जल्दी से बॉस केबिन में भागता है आजाद पीछे आता है। बॉस तनाव में दिख रहा है। अब क्या? उनके दिमाग ने एक सुपर कंप्यूटर की तरह काम करना शुरू कर दिया और संभावित परिणामों के सभी संभावित संयोजन और क्रमपरिवर्तन किए।

बॉस ने उन्हें देखकर चिल्लाया, "तुम दोनों बेवकूफ! तुम को आने में देर क्यों हुई? मैंने तुमको कितनी बार कम से कम 10 मिनट पहले पहुंचने के लिए कहा है? और तुम दोनों उल्लू के पट्ठे हमेशा 10 मिनट देर से आते हो? तुम ने कल का काम पूरा क्यों नहीं किया? हमेशा घर जाने की जल्दी होती है। तुम दोनों बेकार हो। मेरी बात ध्यान से सुनो। यदि तुम दोनों मेरे कहने के अनुसार नहीं करते। मैं तुम्हें नौकरी से निकाल दूंगा, मैं तुम्हारा करियर खत्म कर दूंगा, समझ गए? मैं आपको आखिरी मौका दे रहा हूं। तुम दोनों मूर्ख हो। मूर्ख ही नहीं, बल्कि बड़े, बहुत बड़े मूर्ख। अब इस बार कोई गलती मत करना। मैं सब से आसन काम दे रहा हूँ । सीमेंट फैक्ट्री में जाओ। यहां वितरण दिया गया हैं। इस फ़ाइल को लो। नाम, पता, किसे मिलना है। इस फ़ाइल में सभी का उल्लेख किया गया है। ध्यान से सुनो। कारखाने के प्रबंधक से मिलो। ऑफिस से 11 बजे निकलो। अब जाओ! और कोई चालाकी नहीं; बस फ़ाइल को सौंप दें। बस इतना ही करना है।"

जैसे ही समय 11 बज जाता है, विजय और आजाद अपनी मोटरसाइकिल पर कार्यालय से 18 किमी दूर स्थित फैक्ट्री के लिए रवाना हो जाते हैं। पहले 12 किमी की सड़क अच्छी थी। सड़क पर यातायात बहुत कम था। सूर्य लगभग उनके सिर के ऊपर था। दोनों पसीने से तरबतर थे।

विजय पीछे बैठे बैठे अपने जीवन के बारे में सोचता है। "मुझे मेरे पैसे का भुगतान करो वरना तुम मेरे गुलाम होंगे।" सपना अभी भी उसके मन में गूंज रहा है। जबकि मोटरसाइकिल चलाते वक्त आजाद अपनी समस्याएं बताकर खुद को तसल्ली देता हैं। "यार! मैं इस जीवन से तंग आ चुका हु! यह एक अच्छा काम नहीं है। इस नौकरी मे कोई संतुष्टि नहीं है। मैंने अपने जीवन में बहुत कठिन संघर्ष किया। अत्यधिक गरीबी से आगे बढ़ा, बहुत कठिन परिश्रम किया ताकि मेरी जिंदगी अमीर और खूबसूरत हो सके। मैं कभी भी ऐसा परेशान करने वाला बॉस और खराब जिंदगी नहीं चाहता था, जहां किसी को मेरी परवाह न हो। हमने जो भी मेहनत की, उसकी किसी को कोई परवाह नहीं। मैं इस नौकरी को छोड़कर बेहतर नौकरी ढूंढना चाहता हूं। हमको किस तरह का गधा मालिक मिला है। मुझे ऐसे बॉस के साथ काम क्यों करना पड़ता है?"

वे शहर के बाहरी इलाके में पहुंच जाते हैं और सीमेंट फैक्ट्री के लिये जाने वाली सीधी सड़क लेते हैं। सड़क गड्ढों से भरी हुई थी। लगातार ट्रकों की आवाजाही ने सड़क को पूरी तरह धूल से भर दिया। आजाद की आंखों में धूल जा रही थी। इससे सड़क पर वाहन चलाना मुश्किल हो गया। आजाद ने निराश होकर कहा, "इतने सारे गड्ढे, क्या यह सड़क है? भारत में इतनी सारी समस्याएं, सरकार कोई अच्छी सड़क क्यों नहीं बनाती? हम पेट्रोल, जीएसटी, हाउस टैक्स आयकर, देते है ताकि ऐसी समस्याओं का समाधान हो सके। जरा देखिए, और वे कहते हैं कि भारत विकास कर रहा है। कारखानो ने हमारे पर्यावरण को बर्बाद कर दिया हैं; यहां सभी पेड़ मर चुके हैं। क्या तुम देख सकते हो?"

विजय ने जवाब दिया,"और सूरज गर्मी फेंक रहा हैं। मैं इस गर्मी के कारण परेशान हूं। ग्लोबल वार्मिंग, मेरे दोस्त; वैश्विक गर्मी। सरकार ग्लोबल वार्मिंग के बारे में कुछ क्यों नहीं करती है?”

वे सीमेंट कारखाना पहुंचे। गर्मी के कारण उन्हें पहले से ही पसीना आ रहा था। इतना ही नहीं, उनकी साफ-सुथरी सफेद पोश शर्ट धुल जमा कर काला रंग का मजदूरो जैस शर्ट बन गया। उन्होंने मुख्य द्वार से अन्दर जाने के लिए अनुमति लिया। कारखाने के परिसर में प्रवेश किया और श्रमिकों के निर्देशानुसार साइट पर चले गए। विजय ने देखा कि यह जगह जितनी वे कल्पना कर सकते थे उससे कहीं ज्यादा धूल भरी थी। गर्मी लगभग असहनीय थी। इस जगह को देखकर विजय ने कहा, "कैसी जगह है यह? यहां इतनी धूल है, मेरे कपड़े काले हो गए हैं। फैक्ट्री के अंदर मेरा दम घुट रहा है। मैं ठीक से सांस नहीं ले पा रहा। लोग यहां कैसे काम करते हैं? यार, काम खत्म करके इस जगह से निकाल चलते हैं।"

विजय अंत में प्रबंधक से मिलता है। औपचारिकता पूरी करता है। फ़ाइल को सौंपता है और दोनों कारखाने के परिसर को छोड़ देते हैं। वे इस धूल भरी जगह से बाहर निकल जाते हैं।

वे वहां से निकल गए और कार्यालय जाने वाली सड़क पर मोटरसाइकिल से जा रहे हैं। मोटरसाइकिल चलाते हुए आजाद ने कहा, "विजय, यह शहर दिन-ब-दिन प्रदूषित होता जा रहा है। मेरा मतलब है, कोई भी इसके बारे में कुछ क्यों नहीं कर रहा है? किसी को प्रदूषण रोकना चाहिए। हम सभी को इसके बारे में कुछ करना होगा।"

विजय- "तो चलो प्रदूषण जागरूकता अभियान शुरू करते हैं।"

आजाद गाडियों के बिच से ट्रैफिक में अपना रास्ता बनाता हैं। अचानक ट्रैफिक पुलिस ने उन्हें रोक लिया।

ट्रैफिक पुलिस- "कृपया आपके दस्तावेज दिखाए।"

आजाद अपनी मोटरसाइकिल के बारे में संबंधित सभी दस्तावेज ट्रैफिक पुलिस को दिखाता हैं।

पुलिसकर्मी दस्तावेजों को देखता है और पूछता है, "अच्छा, ठीक है, लेकिन पी यू सी(प्रदूषण नियंत्रण प्रमाणपत्र) कहां है।"

आजाद ने पिछले 2 साल से पीयूसी सर्टिफिकेट नहीं लिया है। वह पुलिस को यह बताने के लिए अनिच्छुक है कि उसके पास पीयूसी नहीं है, वह उससे झूठ बोलता है, "पीयूसी, यहां कहीं होना चाहिए।"

आजाद ने पीयूसी दस्तावेज की खोज की, लेकिन वह नहीं मिला। पुलिसकर्मी समज गया कि उसके पास पीयूसी नहीं है और वह सिर्फ इसे खोजने का नाटक कर रहा है।

पुलिस- "चालान भरना पडेगा। चालान का भुगतान करें। आप जैसे लोगों की वजह से भारत में प्रदूषण बढ़ रहा है। आप जानते हैं, हवा में पार्टिकुलेट मैटर 2.5 में वृद्धि हो गई है। मीथेन, कार्बन मोनोऑक्साइड, सल्फर-डाई-ऑक्साइड जैसे जहरीले प्रदूषक, ये सभी प्रदूषक जीवन प्रत्याशा को कम करते हैं और स्ट्रोक, हृदय रोग, कैंसर और श्वसन रोग जैसे चिकित्सा मुद्दों को बढ़ाते हैं। भारतीय संविधान का अनुच्छेद 21 जीवन के अधिकार की गारंटी देता है। जिसका अर्थ है कि स्वच्छ, मुक्त हवा होना एक मौलिक अधिकार है। कोई भी व्यक्ति पर्यावरण को ख़राब करने के लिए प्रदूषित नहीं कर सकता है। हमारे शहर में वाहनों, उत्सर्जन की वजह से प्रदूषण बढ़ गया है। आप किस प्रकार के व्यक्ति हैं? अपने बच्चों के बारे में सोचें। आप आने वाली पीढ़ियों को किस तरह का माहौल देंगे?"

आजाद और विजय चकित रह गये। उन्होंने जो सुना उस पर विश्वास नहीं हो रहा था। दोनों ने पुलिस को घूरकर देखा। वे सोच में पड गए की यह पुलिसकर्मी इतना स्मार्ट कैसे हो सकता है?

ट्रैफिक पुलिस ने आगे कहा, "मैं अपने युवा दिनों में एक आईएएस अधिकारी बनना चाहता था, लेकिन अंत में ट्रैफिक पुलिस बनना पड़ा। अब मेरा बेटा मेरे सपने को सच कर रहा है। मेरे बेटे ने मुझे प्रदूषण के बारे में यह सब बताया। वह एक बड़े आईएएस कोचिंग संस्थान में पढ़ाई कर रहा है। उस संस्थान की फीस एक साल के लिए 8 लाख रुपये है।"

आजाद का देश के प्रति प्रेम बढ़ता है। वह वैसे भी इस ट्रैफिक पुलिस से छुटकारा पाना चाहता था और किसी भी जुर्माने से बचना चाहता था। उन्होंने ट्रैफिक पुलिस से कहा, "मैं अपने देश से प्यार करता हूं और ऐसा कुछ भी नहीं करता जो नियमों और आदेशों के खिलाफ हो। मैं आज शाम तक अपना पीयूसी प्रमाण पत्र बना लूँगा। तो क्या हम अब जा सकते हैं?"

पुलिस- "नहीं, स्मार्ट मत बनो, आपके वाहन का पीयूसी नहीं है। जिसका मतलब है कि यह संभावना है कि यह वाहन एक अत्यधिक प्रदूषण फैलाने वाला वाहन है? चालान का भुगतान करें अन्यथा आप जेल में सडोगे।"

आजाद अपनी जेब से 200 रुपये का नोट निकालता है और पुलिस को देता है और जवाब देता है, "सर, मुझे पता है कि इस तरह की महंगाई में जीवन जीना मुश्किल है। आपके बेटे की पढाई के लिए मेरे तरफ से शुभकामनाएं। यह आपके बेटे के सौभाग्य के लिए आशीर्वाद के रूप में एक छोटा सा भेट है।"

पुलिस ने उस पैसे को धीरे से अपनी जेब में डाल दिया और वे दोनों उस जगह से चले गए।

मोटरसाइकिल चलाते वक्त आजाद बोलता हैं, "भूल जाओ, यार! इस ट्रैफिक पुलिस को सिर्फ पैसे चाहिये। पीयूसी का प्रदूषण से क्या लेना-देना है? यह एक और प्रकार की बिना काम की औपचारिकता है।"

विजय और आजाद ऑफिस पहुँचते हैं। अपना बचा हुआ काम पूरा करते है। जैसे ही श्याम के 05:30 पर घडी की सुई पहुचती है । दोनों बिजली की स्फूर्ति दिखा कर जल्दी से कार्यालय से बाहर निकल जाते हैं।

विजय ने जल्दी भरे स्वर में, "आज़ाद, तेज़, गाड़ी को तेज़ भगा! तुम हमेशा धीमी गति से चलाते हो।" इस घने ट्रैफिक में आजाद अपनी बाइक को सुपर जेट की तरह चलाता हैं और ट्रैफिक से भरी रास्तों पर इधर उधर से गाड़ी निकाल कर किसी भी तरह, आजाद विजय को घर पर पहुँचा देता हैं।

पत्नी दरवाजा खोलती है। पत्नी पहले से ही रोमांटिक मूड में है, गालों पर पति को चूमती है। पति के गाल धूल से भरे होते हैं और पत्नी पूछती है, "आपके चेहरे पर क्या है? आपका चुंबन रेत खाने जैसा है और आपसे बहुत गंदी गंध आ रही है। आप स्नान क्यों नहीं करते हैं?"

विजय सीमेंट फैक्ट्री के धुल के बारे में बताता है। किसी भी तरह उसने विषय बदल दिया और पूछा, "मेरी प्यारी सेक्सी बीवी, तुमने आज घर में क्या किया?"

पत्नी- "मैंने तुम्हारे लिए चिकन बिरयानी बनाई है।"

विजय- "चिकन बिरयानी, वाह, चलो खाते हैं!" वह पेश की गई सभी चिकन बिरयानी खा जाता हैं और फिर सोने के लिए बिस्तर पर जाता हैं। उन्हीं पुरानी समस्याओं को लेकर विजय का मन भटक रहा है। प्रेमचंद का ऋण। कम तनखाह वाली नौकरी, सीमेंट फैक्टरी। पिताजी अभी भी गुस्से में हैं।

3

विकल्प और गरिमा के साथ जीने का अधिकार

सपना- 3

विजय को लगता है कि उसके गले में कुछ अटक रहा है। उसे सांस लेने में दिक्कत हो रही है। उसकी आँखें खुलती हैं। उसने पूरे कमरे में गहरा काला धुआं देखा। खिड़की खोलता है लेकिन वह जो देख सकता है वह- सफेद अंधेरा धुआं है। घने धुएं में स्ट्रीट लाइट दिखाई नहीं दे रही है। सांस लेने में बहुत दिक्कत महसूस हो रही हैं। वो उठने के लिए संघर्ष कर रहा हैं। अपना मोबाइल लेने के लिए हाथ उठाता है ताकि कम से कम वह टॉर्च चालू कर सके लेकिन तभी उसका मोबाइल बजता है।

आजाद फ़ोन पर जोर की आवाज में, "विजय, क्या तुम ने खबर देखी है? हवा में ऑक्सीजन का स्तर काफी बढ़ गया है। प्रदूषण बड़े पैमाने पर है। प्रदुषण ने शहर को धुएं में ढक दिया हैं। कोई नहीं जानता कि यह कैसे हुआ! काफी सरे लोगो को सांस लेने में दिक्कत हो रही है। मैं चिंतित हूं। समझ में नहीं आ रहा है कि क्या किया जाए? मेरा दम घुट रहा है और मैं सांस नहीं ले पा रहा हूं। चलो जल्द से जल्द इस शहर को छोड़ दो। मैं अपनी मोटरसाइकिल पर जा रहा हूं। तुम अपनी बेटी और पत्नी को अपने स्कूटर पर ले जाओ। जल्दी करो, अन्यथा हम सभी मर सकते हैं।"

विजय खिड़की से आने वाली छोटी चांदनी के साथ अंधेरे बेडरूम में चारों ओर देखता है। उसकी पत्नी भी घुट-घुट कर ज़ोर-ज़ोर से साँस ले रही है जैसे कि वह साँस नहीं ले सकती। बेटी भी ऐसी दिख रही है जैसे वह हवा की कमी से मर रही हो।

विजय ने चिल्लाते हुए कहा, "पत्नी, चलो यहाँ से चलते हैं, नहीं तो हम सब मर जायेंगे। मुझे समझ में नहीं आ रहा है कि सरकार ने प्रदूषण को नियंत्रित करने के लिए कुछ क्यों नहीं किया। सरकार की जिम्मेदारी प्रदूषण को नियंत्रित करने के लिए उपाय करने की है। उन्होंने

आगे कहा, "पत्नी सभी खाद्य पदार्थों और पानी को पैक करो। चलो यहाँ से चलते हैं।"

पत्नी लाइट चालू करने की कोशिश करती है लेकिन कोई फायदा नहीं। बिजली गुल है। इसलिए, वह अपने मोबाइल फोन फ्लैश लाइट का उपयोग करती है। वह रेफ्रिजरेटर से कुछ भोजन और पानी लेने के लिए गई। उसने जवाब दिया, "हमारे पास कोई भोजन नहीं है। पानी नहीं। अब हम क्या करेंगे?"

विजय अपनी बेटी और पत्नी को बाहर ले जाता है। घने धुएं ने सड़क को पूरी तरह से भर दिया है। धुएं में देखना मुश्किल हो गया है। सभी अशक्त हो गए और उन्हें चक्कर आ रहे हैं जैसे कि वे अब किसी भी क्षण मरने वाले हो। विजय स्कूटर की ओर भागता है। सभी पड़ोसी बाहर आ रहे हैं और सभी इस जगह को छोड़ने की जल्दी में दिख रहे हैं। किसी की किसी में दिलचस्पी नहीं है। बस वे और उनका परिवार।

विजय, बेटी और पत्नी तीनों अपने गियरलेस स्कूटर से शहर से बाहर जाने के लिए निकाल पड़े। कुछ किलोमीटर की यात्रा करने के बाद, उसे पता चलता है कि उसके स्कूटर में पर्याप्त पेट्रोल नहीं है। बेटी ने पानी के लिए कहा क्योंकि वह घुटन महसूस कर रही है। वह नजदीकी पेट्रोल पंप की ओर जाता है और पेट्रोलवाला से पेट्रोल मांगता है। इस पर पेट्रोलवाले ने जवाब दिया, "कोई पेट्रोल नहीं! हमारे पास पेट्रोल नहीं बचा है। इस शहर में हर कोई बाहर जा रहा है। सारा पेट्रोल 30 मिनट के भीतर ख़त्म हो गया।"

विजय ने विनती की, "फिर कृपया, मेरी बेटी बहुत प्यासी है और सांस लेने में कठिनाई का सामना कर रही है और उसे थोड़ा पानी चाहिए। क्या आप थोड़ा पानी दे सकते हैं?"

पेट्रोलवाला- "कोई भी बिजली का उपकरण काम नहीं कर रहा है जिस वजह से वाटर कूलर में पानी नहीं है। उस इमारत के पास एक कुआं है, वहां कोशिश करो।" विजय पेट्रोलवाला द्वारा दिखाए गए दिशा की तरफ इमारत के पास कुएं की ओर भागता है।

वह इस शहर में 14 साल से है लेकिन कभी भी किसी भी कुएं या पानी के प्राकृतिक स्रोतों के लिए चारों ओर देखने की हिम्मत नहीं की। उनके घर में नल का कनेक्शन है और ऊपर पानी की टंकी लगी हुई है। नहाने, साफ-सफाई और पीने के लिए पर्याप्त पानी। जीवन में कभी ऐसा महसूस नहीं हुआ कि शहर में पानी की इतनी कमी हो सकती हैं।

विजय कुएं की तरफ देखता है और चिल्लाता है, "यह कुआं खाली है। यह कुआं खाली कैसे हो सकता है? पानी कहां है? हमने सारे पानी का इस्तेमाल क्यों किया? कम से कम, लोगों को कुएं में थोड़ा पानी रखना चाहिये था।"

विजय ने पानी के किसी अन्य स्रोत के लिए इधर-उधर देखा, उस इमारत के पास विजय ने एक छोटा सा हरा-भरा क्षेत्र देखा, ऐसा लग रहा था कि एक छोटी सी पानी की धारा बह रही हो। विजय उस हरे भरे इलाके के पास इस उम्मीद में जाता है कि पीने के लिए पानी होगा, लेकिन उसे आश्चर्य हुआ कि यह गटर है। वह जोर से चिल्लाया, "अरे यार! यह एक धारा नहीं है! यह एक गटर है, एक भयानक गंध के साथ गंदा पानी! हम इस पानी को नहीं पी सकते।"

विजय बेटी की ओर भागा। उसे ऑक्सीजन, स्वच्छ हवा की सख्त जरूरत थी, उसने अपने पिता को धीमी मृत आवाज में कहा, "मैं घुट रही हूं। सांस नहीं ले पा रही हूँ। चलो यहां से तेजी से आगे बढ़ते हैं।"

विजय एक भयानक स्थिति में था; बेटी ऑक्सीजन से वंचित थी। वह मरने की अवस्था में थी। पत्नी लगभग बेहोश होने की हालत में हैं। विजय अपने आप से संघर्ष करता है। इस स्थिति के लिए किसी को दोषी ठहराये, वह जोर से चिल्लाया, "यह शहर कैसे नरक बन गया है! कोई भोजन नहीं, कोई पानी नहीं, कोई ऑक्सीजन नहीं, हर जगह खतरनाक रसायन। हम कैसे जीवित रह सकते हैं। सरकार हमारे लिए कुछ क्यों नहीं कर रही है? लोकतंत्र का क्या फायदा? हम अपने चहेते उम्मीदवार को वोट देने के लिए घंटों लाइन में खड़े रहते हैं। टैक्स चुकाते हैं। क्या काम का है? क्या हमारे चुने हुए प्रतिनिधि हमारे लिए कुछ नहीं कर सकते? उन्हें केवल पैसा चाहिए, अगर सरकार प्रदूषण को नियंत्रित नहीं कर सकती, तो इसका क्या फायदा है?"

अचानक विजय को पेट में दर्द महसूस होता है। तेज दर्द। वह कुछ सुनता है, "स्वीटी, तैयार हो जाओ। स्कूल के लिए देर हो रही है।" विजय ने अपनी आँखें खोली। बिरयानी ने उसके पेट को थोड़ा मोटा बना दिया और जोर का प्रेशर आ रहा था। उसने अपनी आँखें खोलीं और देखा कि बेटी स्कूल के लिए तैयार हो रही है। और पत्नी टिफिन पैक कर रही है।विजय सोचता हैं, "अभी जो देखा क्या यह एक सपना था?"

लेकिन उसका पेट कुछ अलग ही कहानी बता रही है। अचानक सोनम दौड़ती हुई आई और बोली, "डैड, निबंध का आज का विषय है ग्लोबल वार्मिंग। बढ़ते प्रदूषण और हवा में कार्बन-डाई-ऑक्साइड के वृद्धि से ग्लोबल वार्मिंग को जन्म दिया है।"

विजय अपने दबाव को नियंत्रित नहीं कर पा रहा, उसने कहा, "सोनम, मैं 5 मिनट के बाद आपका निबंध देखूंगा।" वह बाथरूम की ओर भागता है।

बेटी थोड़ी निराश हुई। पिताजी ने प्रदूषण पर उसका निबंध नहीं देखा। उसके स्कूल बस का समय हो गया है। वह चाहती थी कि पिताजी उसका निबंध देखें। सोनम स्कूल के लिए निकल गई।

विजय को एहसास हुआ कि बिरयानी ने उसे अतिरिक्त समय के लिए वॉशरूम में रहने के लिए मजबूर किया। उसने अपनी बेटी की तलाश की। लेकिन वह स्कूल चली गई थी। वह कार्यालय में काम का एक और दिन के लिए तैयार हो जाता है।

विजय अपने कपडे पहन के तैयार हो जाता है। वह देखता है कि उसकी पत्नी रसोई में कुछ पका रही है। अब पत्नी और पति को उसके दोस्त के आने के पहले थोडा रोमांस करने का समय मिल जाता हैं।

विजय ने अपनी पत्नी को बाहों में जकड़ लिया, उसकी आँखों में देखा और एक कोमल चुम्बन देते हुए बोला, "प्रिय पत्नी, मैं तुमसे बहुत प्यार करता हूँ! तुम तब भी मेरे साथ थी जब पूरी दुनिया दूर लग रही थी। मुश्किल वक्त में भी मेरे साथ रहे। जब मेरे पास पैसे नहीं

थे तब भी मेरे साथ रहे। तब भी जब किसी ने मेरा साथ नहीं दिया। हमारे ऊपर परेशानी है, अब हमें अपना कर्ज चुकाने की जरूरत है। वो कर्ज जो मैंने प्रेमचंद से लिया था। वह पैसे के लिए फोन करता रहता है। क्या करें?"

पत्नी ने कहा, "मेरे प्यारे पति! आज तक, मैं एक गृहिणी के रूप में रही। मैंने अपनी बेटी के जीवन और स्कूली शिक्षा को अधिक महत्व दिया। अब वह 11 साल की हो गई है। कम से कम मैं कुछ नौकरी करने की कोशिश कर सकता हूं।"

विजय- "तुम क्या करना चाहते हो?"

पत्नी- "पता नहीं।"

रोमांटिक मूड में विजय और चिढ़ाते हुए अपनी पत्नी से कहता हैं, "तुम कुछ बाबा बनने की कोशिश क्यों नहीं करते, तुम हमेशा टीवी और यूट्यूब पर उन कार्यक्रमों को देखते रहते हो। बाबा द्वारा योग! या मंदिर में पुजारी हो सकते हो।"

पत्नी- "मूर्ख मत बनाओ ! मैं मंदिर में बाबा, या पुजारी नहीं हो सकती। वे केवल पुरुषों के लिए हैं, महिलाओं के लिए नहीं।"

विजय- "फिर तुम्हारी 'चॉइस' क्या है?"

पत्नी- "मैं महिलाओं के अधिकारों के लिए लड़ सकती हूँ।"

पति- "वैसे। महिलाओं के अधिकार क्या हैं? क्या सिर्फ महिलाओं के अधिकार होते हैं? पुरुषों के नहीं। गुड लक, मेरी प्यारी पत्नी। हमारे ऋण का भूगतान हमारे दोनों की कड़ी मेहनत से करना है।"

पत्नी अपने पति को गले लगाती है। उसके कॉलर को ठीक करती हैं। प्राची परिवार का भरण-पोषण करने के लिए विजय की कड़ी मेहनत को पहचानती है। वह ये जानती हैं की चीजों को बेहतर बनाने के लिए कड़ी मेहनत करनी पड़ती है। उसने एक प्यार भरे स्वर में कहा, "क्योंकि, सभी पुरुष महिलाओं के साथ प्यार से व्यवहार नहीं करते हैं जैसा कि आप करते हैं।"

अचानक एक कर्कश हॉर्न की आवाज सुनाई देती है। पी. पी ..पी ... घर के बाहर से आजाद ने चिल्लाते हुए कहा, "चलो यार, चलो चलते हैं। हमें कार्यालय के लिए देर हो चुकी है।"

विजय और आजाद मोटरसाइकिल पर ऑफिस के लिए निकलते हैं, विजय पूछते हैं, "आजाद, क्या आपको कोई नौकरी पता है। कोई भी नौकरी। यहां तक कि वेतन भी कम हो तो भी कोई बात नहीं। या कोई अन्य रोजगार का अवसर।"

जिस पर आजाद ने जवाब दिया, "मुझे कई रिक्त नौकरियों के बारे में पता है। मेरा दोस्त एक ट्रक व्यवसाय चलाता है, और उसको उसके ट्रक के लिए एक ट्रक चालक की आवश्यकता है। कल, मैंने राज्य परिवहन विभाग में बस चालक के बारे में एक विज्ञापन देखा। हम कल जिस सीमेंट कारखाने में गये थे। वहा के आदमी ने कहा कि उनके पास वेल्डर और इलेक्ट्रीशियन के लिए पद रिक्ति है। और एक और सबसे अच्छा, ओला टैक्सी; ओला और उबर, या जोमैटो डिलीवरी मैन में अच्छा पैसा हैं।"

विजय- " ठीक हैं।"

आजाद- "वैसे, तुम किसके लिए नौकरी की तलाश कर रहे हो?"

विजय- "आ, मेरी मैडम के लिए।"

आजाद- "मैं ठीक से सुन नहीं। जोर से बोलें।"

विजय- " मेरी पत्नी के लिए नौकरी की तलाश कर रहा हूँ।"

आजाद- "वह ये काम नहीं कर सकती। ये नौकरियां ज्यादातर पुरुषों के लिए हैं।"

विजय- "तुम्हें कैसे पता।"

आजाद- "मैंने कभी किसी महिला को अपने पेशे के रूप में ट्रक चलाते हुए नहीं देखा।"

विजय- "ठीक है, वो पहली हो सकती है।"

आजाद- "मुझे नहीं पता! कानून महिलाओं को ट्रक चालक होने से नहीं रोकता, लेकिन समाज की अपनी आस्था, मान्यताएं और रूढ़िवाद हैं।"

विजय दिल की गहराइयों से चाहता है कि उसकी पत्नी काम करें और पैसे कमाए। वह चाहता है कि उसकी पत्नी की सामाजिक हैसियत हो और वह अपना सर्वश्रेष्ठ प्रदर्शन करे। जब वह समाज को देखता है, तो वह सोचता है कि महिलाओं को अपनी पूरी क्षमता में विकसित करने के लिए कौन से विकल्प हैं। क्या विजय अपनी पत्नी को ट्रक ड्राइवर के रूप में देखना चाहता हैं? शायद नहीं। लेकिन यह विचार की उसकी पत्नी का ट्रक चलाए दिलचस्प और अलग लगता है।

विजय के पास पहले से ही प्रेमचंद को चुकाए जाने वाले कर्ज का पहाड़ है। उसका तनाव कम नहीं हो रहा है, और एक और तनाव आने वाला हैं- उसका कार्यालय। वो कार्यालय पहुंचता हैं। जैसे ही विजय बिल्डिंग में प्रवेश करता है, वह रीमा को एक सुंदर हल्की गुलाबी साड़ी पहने हुए देखता है। वह धीमे स्वर में अभिवादन करता है, "हाय रीमा! गुड मॉर्निंग।"

रीमा विजय की तरफ देखती है। वह परेशान और तनाव में दिख रहा हैं। जैसे ऊर्जा खाने वाले मच्छर ने उसकी ऊर्जा को चूस लिया हो। वह पूछती है, "आप आज थोड़ा परेशान दिखते हैं।"

विजय- "हाँ रीमा, मेरे लोन की रकम बहुत बड़ी है! ब्याज ऊपर चढ़ रहा है; और यह बकवास नौकरी, जितना भी मैं पैसा कमाता हूं। तुम्हें पता है, मेरा खाता चौथे दिन खाली हो जाता है। सब कुछ महंगा होता जा रहा है। स्कूल की फीस, और यह पेट्रोल।"

विजय सोचता है कि कम से कम रीमा तो खुश ही होगी। उसके जीवन में कोई परेशानी नहीं होगी। वह रीमा से पूछता है, "रीमा आप अपने परिवार को कैसे प्रबंधित करते हैं? आप हमेशा बहुत खुश दिखते हो।"

रीमा ने जवाब दिया, "मेरे पिता बिस्तर पर पड़े हैं। कैंसर से पीड़ित हैं। इलाज के लिए कम से कम 7 लाख रुपए की जरूरत है। मेरे छोटे भाई का एक्सीडेंट हो गया था और अब वह नहीं हैं। मेरा पूरा परिवार मुझ पर निर्भर करता है। मैं अपनी छोटी बहन को शिक्षित करना चाहती हूं। इसके लिए मुझे पैसे की जरूरत है। मेरे पिता कहते रहते हैं- खुश रहने के लिए

जीवन बहुत छोटा है। हम जो कर सकते वो - हर पल को जीना हैं। मेरी मुस्कुराहट मेरा दर्द है। लेकिन यह मुस्कान मेरे पिता को और अधिक मुस्कुराहट देती है।"

विजय अवाक रह गया। वह हमेशा सोचता था, "मैं ही क्यों?" वह समज गया कि कई ऐसे हैं जिन्हें गंभीर समस्याएं हैं फिर भी रीमा ऐसी परेशानियों में इतनी खुश कैसे हो सकती है?

विजय अपनी पत्नी के लिए नौकरी की तलाश करना चाहता था। उसने रीमा से पूछा, "क्या तुम मेरी मदद कर सकती हो। क्या तुम मुझे मेरी पत्नी के लिए सबसे अच्छी नौकरी बता सकते हो?"

रीमा- "वो कुछ बिजनेस क्यों नहीं करती। सरकार महिला उद्यमियों के लिए ऋण सब्सिडी देती है।"

विजय- "फिर से लोन! मुझे कोई लोन नहीं चाहिए। मेरे पास इसका एक पहाड़ है। कोई अन्य सुझाव?"

रीमा- "फिर, मॉडलिंग, सेल्स गर्ल, रिसेप्शनिस्ट, या वह एक आगनवाडी शिक्षिका हो सकती है।"

विजय- "ठीक है, ठीक है, मैं समज गया।"

विजय पत्नी के लिए नौकरी की तलाश के सभी विकल्पों के बारे में उलझन में था। वह रीमा से बात कर रहा था तभी आशीष मुख्य दरवाजे से अंदर आता हैं और विजय का अभिवादन करता है, "गुड मॉर्निंग, विजय।"

विजय ने आशीष की तरफ देखा और जवाब दिया, "गुड मॉर्निंग, डियर।"

आशीष ने आगे कहा, "आपकी बेटी की मेडिकल फाइल और बिलों के बारे में। मैंने ई-मेल के माध्यम से अपने डॉक्टर मित्र को फाइल अग्रेषित कर दिया हैं। वह सत्यापन कर के दो से तीन दिन के भीतर बता देगा।"

"ठीक है," विजय ने जवाब दिया।

किसी तरह विजय ने खुद को काम में डुबो दिया। वह बॉस का दिल जीतने के लिए पुरजोर कोशिश कर रहा हैं। प्रमोशन से जेब में थोड़ा और पैसा आ सकता है और इससे वह अपने लोन को थोडी तेजी से चुका सकता है।

लंबे और थकाऊँ काम के बाद विजय घर पहुंचा। पत्नी सपाट मुस्कुराहट के साथ दरवाजा खोलती है। विजय हमेशा की तरह आज थका हुआ लग रहा था। जब वह पत्नी और बेटी को देखता है तो उसका कम से कम आधा तनाव कम हो जाता है। पत्नी हमेशा पति के लौटने पर उसे हंसमुख चेहरा दिखाने की कोशिश करती है। वह हमेशा एक प्रस्तुत करने योग्य पोशाक पहनकर और अपने चेहरे पर मुस्कान रखकर अपने पति के स्वागत के लिए तैयार रहती है। रोमांटिक लहजे में वह विजय का अभिवादन करती है, "आपका स्वागत है, मेरे सेक्सी हॉट हबी।"

पत्नी के नौकरी की तलाश में विजय का मन भटक रहा है। उसके पास भुगतान करने के लिए ऋण की एक बड़ी राशि है। वह मुस्कुराता है, उसकी पत्नी को चूमता है और पूछता है,

"क्या तुम ने नौकरी की तलाश की है?"

पत्नी ने कहा, "हाँ, मैं एक एनजीओ में गई थी। वे महिलाओं के मुद्दों को हल करते हैं, जैसे घरेलू हिंसा, यौन शोषण, विवाह के मुद्दे, दहेज के मुद्दे। मैं उस एनजीओ से जुड़ सकती हूं और महिलाओं की समस्याओं को हल कर सकती हूं।"

पति- "क्या आपको लगता है कि यह एकमात्र समस्या है जिसका सामना महिलाएं करती हैं? महिलाओं को कई समस्याएं हो सकती हैं जैसे, महिलाओं का कम रोजगार, संपत्ति पर महिलाओं का कम अधिकार है। भारत में भी महिलाओं के पास बहुत कम भूमि है। वैसे आपके पास कितनी कृषि भूमि है।"

विजय ने आगे कहा, "कोई भी ट्रक ड्राइवर महिला क्यों नहीं है? ऑटो चालक महिलाएं क्यों नहीं हैं? कोई भी बस चालक महिला क्यों नहीं है? संसद में कम महिलाएं क्यों हैं?"

पत्नी- "पति, महिलाएं उस तरह का काम नहीं कर सकतीं। हम कार्यालय या फ्रंट डेस्क नौकरियां, या मॉडलिंग करते हैं।"

पति- "पत्नी, तुम ट्रक ड्राइवर क्यों नहीं बन जाती? मेरे दोस्त ने कहा कि वह तुमको अपने दोस्त के ट्रक व्यवसाय में एक ट्रक चालक के रूप में नौकरी दे सकता है।"

पत्नी को ट्रक ड्राइवर होने का विचार पसंद नहीं था। उन्होंने कहा, "कम मजदूरी में खेतों में काम करने वाली महिलाएं हैं, और वे चिलचिलाती धूप में भी काम करने के लिए मजबूर हैं। घरेलू नौकर में कई महिलाएं हैं। लोग उन्हें बहुत कम भुगतान करते हैं। सफाईवालों में कई महिलाएं हैं। हम घर का सारा काम करते हैं और फिर भी हमें पहचान नहीं मिलती। हम पुरुष की तुलना में अधिक मेहनत करते हैं लेकिन फिर भी हमें इतना कम पैसा मिलता है। आप क्यों चाहते हैं कि महिलाएं ट्रक ड्राइवर बनें?"

यह विवाद तनावपूर्ण हो गया। प्राची ने कभी ट्रक ड्राइविंग के बारे में नहीं सोचा। उसे यह भी नहीं पता कि ट्रक ड्राइवर केबिन कैसा दिखता है या इसे कैसे चलाया जाता है। प्राची ने आगे कहा, "केवल पुरुष ट्रक ड्राइवर हैं। मैं ट्रक ड्राइवरों की इस दुनिया में कैसे जीवित रह सकता हूं जहां प्रत्येक चालक एक पुरुष है? वे मुझे चिढ़ाएंगे, गालियां देंगे। बिलकुल नहीं! मैं ड्राइवर नहीं बनूंगी। महिलाओं के दहेज के मुद्दों को हल करना सबसे अच्छा है जो मैं कर सकती हूं।"

विजय चाहता था कि इस चर्चा को आराम दिया जाए, "चलो इसे भूल जाते हैं। मेरी बेटी कहाँ है?"

सोनम बेडरूम में पढ़ाई करते हुए इतनी डूबी हुई थी कि पिता के घर पहुंचने पर वह ध्यान देने में नाकाम रही। पिताजी की बातें सुनते ही वह दौड़ते हुए विजय की ओर आ जाती है। उसने उसकी बेटी की ओर देखा, उसे बाहों में लिया और कहा, "मैं तुमसे प्यार करता हूँ मेरी प्यारी बेटी। आप क्या पढ़ रहे हैं?"

आत्मविश्वास से भरी आवाज में बेटी ने कहा, 'प्रदूषण पर मेरे निबंध को आज पहला पुरस्कार मिला। मैं आपको बताती हूं कि मैंने क्या लिखा है।"

बेटी बेडरूम में भागती है और एक किताब लाती है और निबंध पढ़ना शुरू कर देती है। "ग्लोबल वार्मिंग। बढ़ते प्रदूषण और हवा में कार्बन-डाई-ऑक्साइड में वृद्धि ने ग्लोबल वार्मिंग को जन्म दिया है। कारों, ट्रकों और बसों से विभिन्न हानिकारक गैसें प्रदूषण में योगदान करती हैं। मेरे पिता काम पर जाते समय मोटरसाइकिल साझा करते हैं और उनके पास कार नहीं है। मेरे पिता का कहना है कि कारें मोटरसाइकिलों से ज्यादा प्रदूषन फैलाती हैं, इसलिए मेरे पिता के पास कार नहीं है और आजाद चाचा के साथ मोटरसाइकिल साझा करते हैं। हम ज्यादातर सार्वजनिक बसों से जाते हैं ताकि प्रदूषण को कम से कम किया जा सके।"

विजय उसकी बेटी को टोकता है, "वाह! अच्छा निबंध है।" विजय अपनी बेटी को यह नहीं बता सका कि कार ना खरीदने की वजह प्रदूषण नहीं बल्कि पैसो की तंगी हैं। इसलिये वे कार खरीदने का जोखिम नहीं उठा सकता।"

विजय अपनी बेटी के लिए एक सरप्राइज देना चाहता हैं, "अब, मैं आपको एक सरप्राइज दूंगा। आप किस चीज के साथ खेलना चाहते हैं। कोई भी पसंदीदा खिलौने।"

बेटी- "मैं किचन सेट और गुडियों के साथ खेलना चाहती हूं।"

विजय- "किचन सेट, ठीक है। कार क्यों नहीं?"

बेटी- "वे लड़कों के लिए हैं। लड़के कारों के साथ खेलते हैं और लड़कियां रसोई सेट के साथ खेलती हैं।"

विजय के पास खिलौनों पर अपनी बेटी के विचार का कोई जवाब नहीं था। न ही विजय के पास इस बारे में कोई स्पष्टता है कि लड़कों को लड़कियों से अलग क्या बनाता है। वह बेटी को कुछ सामान दिखाने के लिए अपने ऑफिस बैग में हाथ डालता है।

विजय- "यह एक छोटी सी लाल रंग की कार है।"

बेटी- "लेकिन मुझे किचन सेट वाला खिलौना चाहिए।"

विजय- "अगली बार मैं तुम्हारे लिए किचन सेट वाला खिलौना लेकर आऊँगा। अब पढाई करो"

बेटी पढ़ने जाती है। समय बीत जाता है। 10 बजकर 30 मिनट हो जाते है। विजय सो जाता है। वह अपना मोबाइल फोन अपने तकिए के पास रखता है। विजय की परेशानी कभी खत्म होती नहीं दिख रही है, प्रेमचंद का लोन, पिता अभी भी नाराज हैं, पत्नी के लिए नौकरी। बेटी की पढाई, कोई कार नहीं, कोई पैसा नहीं।

4

सामाजिक न्याय

सपना- 4

अचानक विजय के मोबाइल पर कॉल की घंटी बजती है। वह कॉल प्राप्त करता है। वह दूसरी तरफ से एक आवाज सुनता है, "बेटा, बेटा।"

विजय- "कौन?"

"बेटा, मैं तुम्हारा पिता हूँ।"

विजय पूरी तरह से भावुक हो जाता है; उसके आँसू बहते हैं। पिछले 14 साल से विजय के पिता ने उनसे कभी बात नहीं की। वह इतना खुश था कि उसके पिता ने उसे फोन किया। वह अपनी भावना व्यक्त करता है, "पापा, मुझे आपकी याद आती है। पापा, आप मुझसे बात क्यों नहीं करते? मैंने क्या गलत किया है? कृपया हमारे घर आएं और हमारे साथ रहें।"

पिता- "बेटा, मैं तुमसे प्यार करता हूँ, तुम्हारी माँ तुमसे प्यार करती है, लेकिन हमारे पास मेरे बेटे नियम हैं, तुमने दूसरी जाति की लड़की से शादी की और बेटा न होना अच्छी बात नहीं है।"

विजय- "पापा, आज का समाज इसे किसी समस्या के रूप में नहीं देखता है।"

पिताजी- " समस्या है। मेरी प्रतिष्ठा है, हैसियत है। लोग हमारे बारे में क्या सोचेंगे, हमारे पास जीने के लिए समाज है। हमारे पवित्र ग्रंथ ने इस भेदभाव की रचना की है। पवित्र ग्रंथ पर सवाल उठाने वाले हम कौन होते हैं?"

विजय- "मैं आप से प्यार करता हूँ लेकिन नहीं चाहता कि पुराने रूढ़िवादी नियम हम पर शासन करें।"

पिताजी- "जब तक तुम अपनी पत्नी से तलाक नहीं देते और उसको निकाल नहीं देते तब तक मैं तुम्हारे घर नहीं आऊँगा और न ही तुमसे बात करूँगा। मेरी मानो अपनी जाति की किसी लड़की से शादी करलो और फिर एक बेटा पैदा करो।"

पिताजी कॉल काट देते हैं। वह अभी भी कल्पना नहीं कर सकता कि उसने जिस महिला से प्यार किया है उससे शादी करके समाज के साथ क्या गलत किया। मेरी बेटी ने समाज का ऐसा क्या बुरा किया है कि पिताजी उसका स्वागत नहीं करते? विजय पिता और मां के बारे में सोचता रहता है। वह बेचैन है, सो नहीं पा रहा है। टीवी चालू करता है। समाचार चैनल में कुछ देखता है।

“ब्रेकिंग न्यूज, संसद ने एक कानून पारित किया जो किसी को भी अपनी पसंद के अनुसार शादी पर रोक लगाती है। भारत के मुख्य पुजारी का कार्यालय भारत में सभी शादियों की व्यवस्था करेंगे। वह महिला-पुरुषों की सूची तैयार करेंगे। प्रत्येक व्यक्ति को उसके नाम के आगे आवंटित नाम के व्यक्ति के साथ ही शादी करनी होगी। अधिक जानकारी हमारे संवाददाता गीता से। गीता हमें बताइए कि सरकार ने क्या फैसला किया? वे इस कानून को कैसे लागू करने जा रही हैं?"

संवाददाता- "सरकार ने शादी करने के लिए व्यक्ति की उम्र कम कर दी है। नई उमर पुरुषों के लिए 16 और महिलाओं के लिए 14 है। उम्र में आने पर, भारत के मुख्य पुजारी के निर्णय के अनुसार सबकी अनिवार्य रूप से शादी की जाएगी। शादी ज्योतिष शास्त्र पर आधारित होगी। ज्योतिषी का निर्णय बाध्यकारी होगा। जो भी नए कानून के अनुसार शादी करने से इनकार करता है, उसे जेल जाना पड़ेगा और उसकी संपत्ति जब्त कर ली जाएगी। इसी तरह, सभी विवाह जो जाति, धर्म, पारिवारिक सहमति और ज्योतिष मैचों के अनुसार नहीं हैं, उन्हें रद्द करने की बात कही जाती है। रद्द की गई शादियों की सूची आधिकारिक वेबसाइट पर मिलेगी।"

उन्होंने आगे कहा, "नए कानून के अनुसार महिलाएं अपने पति को तलाक नहीं दे सकती हैं। न ही उसके पास कोई संपत्ति का अधिकार होगा। टैक्स और लोन में रियायतें उन शादीशुदा जोड़ो को दी जाएंगी जिनके कम से कम 2 लड़के होंगे। लड़की होने पर जोड़े को ऋण पर 2% अतिरिक्त ब्याज का भुगतान करना होगा।“

विजय को समझ नहीं आ रहा है कि भारत में क्या चल रहा है। विजय ने किसी ज्योतिषी की राय लिए बिना, दूसरी जाति की महिला से शादी कर ली। उनकी एक बेटी भी है। और अगर बेटी की वजह से लोन पर 2% ब्याज बढ़ जाता है, तो वह फिर से अपना ऋण चुकाने के लिए संघर्ष करना पड़ेगा। उसने अपने पत्नी को उठाने के लिए जोर से हिलाया। पत्नी उठकर खबर सुनती है। विजय जल्दी से अपना नाम खोजने के लिए वेबसाइट पर जाता हैं।

वह वेबसाइट पर सूची को ध्यान से देखता है। उसकी शादी रद्द बताई जा रही है और उसे उसके नाम के आगे लिखी हुई किसी महिला से शादी करनी पडेगी। विजय यह देखते ही रोता है, "मैं उस अनजान औरत से शादी नहीं करना चाहता। मैं तुम्हारे साथ रहना चाहता हूँ। हमारी एक बेटी है। वह हमारे बिना कैसे जीवित रहेगी? प्रिय सरकार, आप हमसे क्या चाहते हैं? आप हमारे जीवन को नरक क्यों बना रहे हैं?"

अचानक मोबाइल आवाज करता है। यह एक वेक-अप अलार्म है। विजय उठ जाता है। फिर से एक बुरा सपना। वह अपनी पत्नी और बेटी की ओर देखता है। वे हमेशा की तरह स्कूल के लिए तैयार हो रहे हैं। विजय के मन में आज का तनाव उठता है। बड़ी ऋण राशि। पत्नी के लिए नौकरी खोजना, परेशान करने वाला बॉस, पिता बात नहीं कर रहे हैं। जात का मुद्दा।

पापा को जागते देख बेटी पापा के पास आती है और आज के निबंध विषय पर बात करने लगती है, "डैडी, आज का निबंध इस बात पर है कि आप बड़े होकर जीवन में क्या बनना चाहते हैं? मैं पायलट बनना चाहती हूं। मैं ऊंची उड़ान भरना चाहती हूं। दुनिया को देखना और अपने माता-पिता को गौरवान्वित करना चाहती हूँ। इसके लिए मैं कड़ी मेहनत करूंगी, पायलट स्कूल में प्रवेश लूंगी और एक सर्वश्रेष्ठ पायलट बनूंगी।"

विजय ने सोचा, "यह कैसे संभव हो सकता है? मेरे जैसा गरीब व्यक्ति, कहा से इतना पैसे लाएगा।"

बेटी स्कूल के लिए निकल गई। आजाद विजय को लेने के लिए पहुंचा। वे दोनों मोटरसाइकिल पर सवार होकर ऑफिस के लिए रवाना हुए।

मोटरसाइकिल पर सवार, ऑफिस जाते वक्त विजय आजाद से पूछता हैं, "आजाद, क्या महिलाएं पायलट बन सकती हैं?"

आज़ाद- "क्यों नहीं! स्वतंत्र भारत में सब कुछ संभव है। बस पैसे होने चाहिए।"

विजय- "तो पुराने भारत में यह संभव नहीं था क्या?"

आज़ाद- "विजय, तुमने इतिहास की पढाई नहीं कि है क्या? महिलाओं को स्कूल जाने की अनुमति नहीं थी, उनके साथ गुलाम की तरह व्यवहार किया जाता था, और उन्हें मंदिर दासी और मंदिर नर्तकियों में जबरदस्ती डाल दिया जाता था। उनकी शादी बहुत कम उम्र में बूढ़े आदमी से कर दी जाती थी, और जब उन बूढ़े साथी की मृत्यु हो जाती है, तो युवा पत्नी को अपने पूरे जीवन के लिए एक विधवा का जीवन जीना पड़ता था। कुछ महिलाओं को सती जाना पड़ता था। उन्हें मजबूरन उनके पति की मृत शरीर की आग पर बैठ कर मर जाना पड़ता था। उनके लिए कोई शिक्षा नहीं थी। उस ज़माने में न ही वे लिख या पढ़ सकते थे। अब कम से कम वे कुछ पढ-लिख सकते हैं।"

रास्ते पर भारी ट्रैफिक था, आजाद की राय थी कि लाल सिग्नल उसके लिए ही बनाया गया है। उसे कभी हरी लाइट नहीं मिलती। दोनों को ऑफिस पहुंचने में पहले से ही देर हो रही थी। अचानक एक क्रॉसिंग पर ओवरटेक करते समय वे किसी के स्कूटर पर टकरा गये। आजाद ने कहा, "ओह, मैडम, क्या आप देख के गाड़ी नहीं चला सकते।"

एक युवती गियरलेस स्कूटर पर सवार थी। वह खूबसूरत और बोल्ड थी। वह उन पर चिल्लाई, "अरे, तुमने मेरे स्कूटर को क्यों मारा? बेवकूफ! तुमने मेरे साइड फेंडर को तोड़ दिया।"

आजाद- "तुमने पहले मेरी बाइक को टक्कर मारी, मैं अपने रास्ते पर जा रहा था। तुम हमारे तरफ क्यों आए?"

युवती- "ओए, तुम अपने बारे में क्या सोचते हो। एक थप्पड़ तुमको अच्छी तरह से समझने पर मजबूर कर देगा। तुम जानबूझकर मेरे स्कूटर पर टकरा गए, मैं आप पुरुषों को बहुत अच्छी तरह से जानती हूं। महिलाओं के लिए तुम किसी भी स्तर पर जा सकते हैं। रुको मुझे पुलिस को फोन करने दो।"

अब यह टक्कर महिलाओं और पुरुषों के समानता के अधिकार में बदल गई। विजय से आजाद कहा- "चलो यहाँ से चलते हैं, यह स्वतंत्र भारत है। हम हमेशा मुफ्त में कई चीजें प्राप्त करते हैं।"

विजय जानता हैं कि समाज हमेशा महिला का पक्ष लेगा, सिवाय अन्य जाती के लड़की से उसकी शादी, महिलाओं के लिए नौकरी, और उसकी बेटी। वे तेजी से गाड़ी चलाता हैं और कार्यालय पहुंचता हैं।

कार्यालय में विजय रीमा से कहता हैं, "रीमाजी, आप गुलाबी साड़ी में सुंदर लग रही हो।"

रीमा- "विजय, धन्यवाद। आशीष आपका इंतजार कर रहा है। उससे मिलिए।"

विजय सीधे आशीष के पास जाता है। वह जानता है कि आशीष अपनी बेटी की मेडिकल फाइल के बारे में बात करेगा जो उसने दी है।

आशीष- "हेलो विजय, तो अतिरिक्त आय अर्जित करने के लिए कोई प्रगति। मेरे पास एक योजना है, आप एक बीमा एजेंट हो सकते हैं या नेटवर्क मार्केटिंग से अतिरिक्त कमा सकते हैं। या कोई सामान भेच सकते हैं।"

विजय- "नहीं यार! मैं इनमें से कुछ भी नहीं कर सकता। मेरी बेटी के मेडिकल बिलों के बारे में, मैंने आपको जो दिया था, क्या हूआ?"

आशीष- "मैंने उनको फोन किया। उन्होंने कहा कि वह पूरा विश्लेषण तैयार कर सोमवार को बताएंगे।"

विजय को थोड़ी निराशा हुई। वह जानता है कि न तो वो डॉक्टर या इस ग्रह का कोई भी इंसान उसका ऋण के बोझ को कम नहीं कर सकते है। निराशा में उसने कहा, "ठीक है, अब यह व्यस्त समय है, चलो अपना काम करते हैं।"

इसी बीच रीमा ने टोका और अपनी डेस्क से चिल्लाई, "विजय, बॉस तुम्हें बुला रहा है।"

बॉस के केबिन में, "क्या है यह विजय! क्या तुम इस तरह से कपड़े पहनते हो! किस प्रकार की शर्ट पहन के आए हो? अपने जूते देखो, पुरे गंदे।"

विजय- "सर, धोया और साफ सुतरा, इस्त्री मार् के कपड़ा पहना है। मेरे जूते भी पॉलिश किए गए हैं।"

बॉस- "हो सकता है, लेकिन कुछ खास नहीं। यहाँ मैं चाहता हूँ कि तुम क्या करो, इन सभी दस्तावेजों ले लो, अब तुमको इन दस्तावेज़ों के आधार पर एक रिपोर्ट बनानी होगी।"

विजय फाइलों और दस्तावेजों को देखता है और इसे पूरा करने के लिए आवश्यक समय का विश्लेषण करता है, "यह एक दिन में पूरा नहीं हो सकता है।"

बॉस- "कोई बात नहीं, रविवार किस लिए है। घर पर बैठकर काम पूरा करो। और सोमवार को इसे मुझे दिखाओ।"

विजय- "मैंने अपनी बेटी से रविवार को बाहर ले जाने का वादा किया था।"

बॉस- "ले जाना। बच्चों को खेलने के लिए बगीचे में सिर्फ 30 मिनट की आवश्यकता होती है।"

विजय बहुत दुखी हो गया। क्या उसके पास परिवार के साथ रहने और अपनी बेटी के साथ जीवन जीने का विकल्प है? विजय को कुछ समज में नहीं आ रहा। वह बस फाइल लेकर रविवार के बारे में सोचते सोचते अपनी डेस्क पर चला गया। उसने अपने शहर में सुंदर बगीचे और शहर के कुछ खूबसूरत स्थानों पर जाने और अपने परिवार के साथ एक शानदार समय बिताने के लिए एक योजना बनाई थी।

5
पूर्वाग्रह और संस्कृति।

रविवार

आज रविवार है। प्रत्येक कामकाजी आदमी के जीवन में एक विशेष दिन। केवल वह दिन जहां कम से कम वह अपने और परिवार के लिए कुछ कर सकता है। विजय ने पहले से ही रविवार के लिए एक योजना बना के रखी थी।

सोते हूए पत्नी और बेटी को विजय बोलता हैं, "चलो पिकनिक के लिए तैयार हो जाओ।" सभी झट से उठ जाते हैं। एक सुंदर पिकनिक के लिए हर कोई ऊर्जा से भरा होता है।

प्राची को बाहर जाने के लिए बहुत कम समय मिलता है। कम से कम पिछले दो महीनों से वे कही भी अच्छे जगे घुमने नहीं गई थी। प्राची ने पूछा, "मैं आज क्या पहनू?" अब उसका एन्जॉय करने का समय था । वह सबसे अच्छा दिखना चाहती थी। उसने अपनी अलमारी की ओर देखा और बोली, "मैं उस नीले रंग के टॉप के साथ अपनी हॉट-पैंट पहनना चाहती हूं।"

विजय – "पहनो और दिखाओ कि तुम उसमें कैसे दिखती हो।"

जल्दी से, पत्नी नीले रंग के टॉप के साथ हॉट-पैंट पहनती है और पति के सामने खड़ी हो जाती है। "मैं कैसी दिख रही हूँ?" पत्नी ने पूछा।

जिस पर विजय ने जवाब दिया, "तुम बहुत हॉट और सेक्सी लग रही हो।" उसने आगे कहा, "क्या तुम इस कपडो में सहज महसूस कर पाओगे? हर कोई तुमको घूरेगा।"

पत्नी- "मैं इसे संभाल सकती हूँ। इसके बारे में चिंता मत करो।"

सब तैयार हो जाते हैं, गियरलेस स्कूटर में बैठते हैं, बेटी दोनों के बीच में बैठती है। वे शहर के नए बनाए पार्क के तरफ निकाल पड़ते हैं।

पार्क पहुंचने पर विजय ने कहा, "सरकार ने अच्छा काम किया है। बच्चों के खेलने के लिए पार्क खोले हैं।"

कुछ ही देर में भिखारियों ने उन्हें घेर लिया। वे पैसों के लिए गिड़गिड़ाने लगे। सभी 4 से 11 साल की उम्र के बच्चे थे जो पैसे मांग रहे थे। उनकी हालत दयनीय थी। गंदे कपड़े, गंदे हाथ, उनमें से कुछ पास आए और पूछा "अंकल, कृपया कुछ पैसे दे दो, हम बहुत गरीब हैं।"

विजय जानता था कि यही उनके लिए धंधा है। वह बच्चों पर चिल्लाया, "यहां से चले जाओ?"

एक और भिखारी ने एक छोटे बच्चे को अपनी गोद में उठा रखा था। "भाई, हमारे बच्चों के लिए कुछ दे दो। मेरा बच्चा भूखा है। उसके पास खाने के लिए कुछ भी नहीं है।"

बेटी, पत्नी और विजय ने उसकी दयनीय हालत को देखा। इसके अलावा, अन्य भिखारी जो पैसे मांग रहे थे, उन में से कई बच्चे उनकी बेटी की उम्र के थे और कई उससे छोटे। विजय को लगा कि मेरी समस्या बड़ी है, तो उनकी समस्या बहुत बड़ी होनी चाहिए। लेकिन हमारी नैतिकता ने हमें भिखारियों की तरफ ध्यान न देना और अपनी यात्रा जारी रखना सिखाया है। वे पार्क के अंदर चले गए। पार्क में सोनम खेलने वाली जगह पर खेलने चली गई। विजय और प्राची खास रोमांटिक समय बिताने के लिए एक अलग-थलग जगह पर बैठते हैं। दोनों एक-दूसरे का हाथ पकड़ते है। रोमांटिक हो जाते है और एक दूसरे की आंखों में देखते है।

अचानक कहीं से एक आदमी आता है और उन पर चिल्लाता है, "तुम लोग यहाँ क्या कर रहे हो? पता नहीं यह एक सार्वजनिक स्थान है। आप जैसे लोग हमारे समाज के लिए कलंक हैं। आपके माता-पिता क्या सोचेंगे।"

ऐसा लगता है कि वह आदमी गलती से विजय और प्राची को एक अविवाहित जोडा समज बैठा है। वह एक धार्मिक कार्यकर्ता की तरह दिखता था जिसका काम बगीचे में अविवाहित जोड़े को ढूंढना है। वह जींस और शर्ट पहने हुए एक मोटा और मजबूत आदमी है जिसमें शर्ट के कुछ शीर्ष बटन खुले हैं। वह तम्बाकू का पान चबा रहा है।

विजय उस गुस्से वाले आदमी को समझाने की कोशिश करता है, "देखो .."

अनजान व्यक्ति सुनने की स्थिति में नहीं है। वह अपने मुंह से तम्बाकू मिश्रण थूकता है और बीच में बोलता है "बात मत करो! और आप मैडम, कम से कम आपके पास कपडे पहनने का लिहाज होना चाहिए। समाज की यह उम्मीद नहीं है।"

विजय- "हम शादीशुदा हैं।" वह मोबाइल में फोटो दिखाता है ताकि यह साबित किया जा सके कि वे विवाहित हैं।

अनजान व्यक्ति अपने पान के मिश्रण को फिर से मुंह से थूकता है और बोलता रहता है- "आप अपनी उम्र से बहुत छोटे दिखते हैं। आप आजकल के लोगों को तो जानते हो। समाज अपने मूल्य को नीचे गिरा रहा है।" वह अपने मिशन के बारे में बात करना जारी रखता है; "हम 5 लोगों का एक समूह हैं। उन जोड़ों की तलाश में है जिनका शादी से पहले अफेयर चल रहा हो। आप तो जानते हैं, पिता की बात सुननी चाहिए, अपनी जाति में शादी करनी चाहिए। शादी से पहले इस तरह का प्यार हमारी संस्कृति में नहीं है। हमारे पास एक सुंदर संस्कृति और सुंदर कपड़ों की शैली है। हम सभी को भारतीय कपड़े पहनने चाहिए। जैसे साड़ी। मैडम

कृपया बगीचे में हॉट-पैंट न पहनें, कम से कम कुछ सामाजिक नैतिकता रखें।"

अनजान आदमी अपने साथी पुरुषों को बुलाने के लिए अपना हाथ हिलाता है और जोर से चिल्लाता है। "ओए बे ** चो*** बगीचे के दूसरी तरफ चलते है।"

विजय- "यह आदमी सामाजिक नैतिकता का आह्वान करता है और भारत में माता-बहनों के बारे में अच्छा भी नहीं बोल सकता। न ही थूकने की समझ है। वह बगीचे में थूक रहा है और इसे गंदा कर रहा है।"

विजय ने अपनी पत्नी से कहा, "चलो यहाँ से चलते हैं।"

पत्नी- "चलो जंगल में चलते हैं? कुछ अलग-थलग जगह, बस आप और मैं।"

विजय- "और हमारी बेटी भी।"

विजय- "चलो चलते हैं।" विजय अपने गियरलेस स्कूटर की सवारी जंगल में ले जाता है।जंगल हरियाली और सुंदर बड़े हरे-भरे पेड़ों से भरा हुआ है।

पत्नी- "बहुत सुंदर! यह कितना घना जंगल है! प्रकृति बहुत सुंदर है।"

बेटी- "प्रकृति सुंदर है और हम लोग उसे गंदा कर देते हैं। माँ, क्यों कुछ लोग सड़कों पर प्लास्टिक फेंकते हैं और सड़कों पर थूकते हैं। क्या वे अपने कृत्य के लिए शर्मिंदा महसूस नहीं करते।"

विजय- "यह भारत है। यहां सब कुछ संभव है।"

विजय अनजान जंगल के रास्ते पर गाड़ी चलाता हैं। वो रास्ता जंगल के एक गांव में समाप्त हो जाता हैं।

विजय- "यह कौन सी जगह है? यह किसी आदिवासी गांव की तरह दिखता है।"

पत्नी- "मैंने फिल्मों में देखा। ये लोग खतरनाक होते हैं और इंसान का मांस खाते हैं। जो कोई भी उनके यहां आता है उसे मार डालते है।"

उन्होंने कुछ महिलाओं को अपनी ओर आते देखा। विजय अजीब तरह से आश्चर्य से उनकी ओर देखता है और नरम आवाज में विजय बोलता है, "वे अजीब तरह से कपड़े क्यों पहने हैं।"

विजय और उनके परिवार से आदिवासी महिलाएं बोले- "ओकिनक ओकिनाक ऊ।"

पत्नी- "क्या?"

विजय- "मुझे लगता है, यहाँ से चलना चहिये।"

अचानक दूसरी महिला उनकी ओर दौड़ती हुई आती हैं और ख़राब अंग्रेजी में बोलती हैं। "धन्यवाद। अंदर आओ, अंदर आओ। मैं अपने जनजाति में सबसे जादा शिक्षित हूँ, 7 कक्षा तक पढ़ी लिखी हूँ। इसलिए, मैं थोड़ी हिंदी बोल सकती हूं।"

पत्नी ने जो कुछ भी सुना उसे वह सच नहीं लग रहा था। इस आधुनिक समय में महिलाएं इतनी कम शिक्षित कैसे हो सकती हैं? गांव में वह उच्च शिक्षित आदिवासी महिला सिर्फ 7 वीं कक्षा तक पढ़ी है। वह शिक्षा उनकी बेटी के बराबर है।

आदिवासी महिला ने आगे कहा, "महिलाओं ने सोचा कि आप सरकारी अधिकारी हैं जो हमारे यहां आए हैं। उन लोगो ने प्रोजेक्ट टाइगर की वजह से हम पर इस जगह को छोड़ने का दबाव बनाया। यह जगह बाद में टाइगर रिजर्व बन जाएगा। वैसे, हमारे घर आओ, नाश्ता पानी करने के लिए।"

विजय ने जवाब दिया, "ठीक है।" वे आदिवासी महिलाओं के घर की ओर चल दिए। चलते-चलते विजय के मन में डर लगने लगा। अज्ञात जंगल, अज्ञात आदिवासी और फिल्मों में आदिवासियों को खतरनाक जानवरों के रूप में दिखाते है। विजय को यह भी पता है कि आदिवासियों का आहार उनसे अलग होता है। वह कुछ भी खाने को तैयार नहीं था। विजय कानों में धीरे-धीरे पत्नी से बात करता है, "मुझे नहीं पता कि वे क्या खाते हैं। हम उनके हाथों से पकाहुआ खाना नहीं खाएंगे।"

पत्नी- "क्यों?"

विजय- "उनके हाथ गंदे हैं और मुझे लगता है कि वे अपने हाथ साफ करने के लिए हैंड वॉश का भी उपयोग नहीं करते हैं।" विजय के पास पत्नी को यह बताने का कोई और कारण नहीं था कि उन्हें आदिवासी घर में कोई जलपान क्यों नहीं करना चाहिए।

पत्नी- "जिस तरह से वह कपड़े पहनी है वह मुझे पसंद है।"

विजय- "वो आधी नंगी है। उसके पैर दिखाई दे रहे हैं। केवल उसकी कमर और छाती के चारों ओर एक कपड़ा पहने हुए। वह इस तरह कैसे रह सकती है? उसे शर्म नहीं आती?"

विजय ध्यान नहीं देता है उसकी पत्नी ने हॉट पैंट पहनी हुई है। उसके पैर भी दिखाई दे रहे हैं। लेकिन सामाजिक नैतिकता दूसरों के लिए बनी है।

आदिवासी महिला उन्हें अपने घर में स्वागत करती है। उन्हें लकड़ी की बेंच पर बैठाती हैं ,वे उनके लिए जलपान तैयार करने लगती हैं। वह उन्हें अपनी समस्याएं समझाती हैं, "हम गरीब हैं। हमारे पास पैसे नहीं हैं। हमारी भाषा एक विशेष भाषा है। केवल इस जनजाति द्वारा बोली जाती है। हमरे जनजाति में केवल हजार के आसपास ही लोग बचे हैं। कोई भी स्कूल हमारी भाषा नहीं पढ़ता। इसलिए, हमें स्कूल जाने में मुश्किल होती है। दूसरी भाषा में बोलना मुश्किल है। हमें पानी की कमी का सामना करना पड़ रहा है और यहां से 2 किमी दूर एक तालाब से पानी लाना पड़ता है। हमारी संस्कृति आपसे अलग है। हमारे अपने त्योहार हैं। इस देश में हमारे अलावा कोई और हमारा त्योहार नहीं मनाता। हम अपने त्योहार के दौरान एक साथ नृत्य करते हैं। अपने गहने खुद बनाते हैं। अब हमारी संस्कृति खतरे में है। हमारी संस्कृति इस जंगल पर निर्भर करती है। हमारे देवता, हमारे पूर्वज इस जंगल में रहते हैं। यह जंगल हमारी रक्षा करता है। हमें अपनी संस्कृति को जीवित रखने और सुरक्षित रखने के लिए बाहरी समाज से मदद की आवश्यकता है।"

विजय पूछता है, "क्या आप वोट देते हैं?"

आदिवासी- "हमरा नाम सूची में हैं। पर कोई भी हमारी बात नहीं सुनता। हमारा कोई प्रतिनिधित्व नहीं है और हम अल्पसंख्यक जनजाति हैं। कोई भी राजनीतिक नेता हमारी

समस्या को नहीं समझ रहा।"

पत्नी घर के कोने में रखी कुछ मूर्तियों को देखती है, जो उनके देवताओं के हो सकते हैं, "यह क्या है?"

आदिवासी- "यह हमारा जंगल भगवान है और दूसरा शेर भगवान है।"

पत्नी- "तुम् शादी कैसे करते हो?"

आदिवासी- "हम शादी नहीं करते। उस व्यक्ति के साथ रहते हैं जिसे हम पसंद करते हैं। हम अपनी पसंद से अपने साथी का चयन करते हैं। माता-पिता हमारी पसंद में हस्तक्षेप नहीं करते हैं। हम अपना बाकी का जीवन अपने चुने हुए साथी के साथ बिताते हैं।"

विजय- "क्या, कोई शादी नहीं! फिर बीमा पॉलिसी, नामांकन, बाल उत्तराधिकार, मातृत्व लाभ, स्कूली शिक्षा के बारे में क्या, इसलिए शादी नहीं करने का मतलब है कि आप अवैध तरीके से रह रहे होंगे?"

आदिवासी महिलाएं थोड़ी मुस्कुराती हैं और बात जारी रखती हैं, "जब महिलाएं एक ऐसे आदमी के साथ रहने और घर बसाने का फैसला करती हैं जिसे वह प्यार करती है। बदले में पुरुष महिलाओं के माता-पिता को उपहार के रूप में बकरियां या गाय देते हैं।"

पत्नी- "दहेज के रूप में।"

आदिवासी- "नहीं, नहीं, यह हमारा रिवाज है।"

पति- "तो तुम्हारे पास बहुत कम पैसे हैं।"

आदिवासी महिलाएं उन्हें जलपान देती हैं और जारी रखती हैं, "हमें पैसे की जरूरत है, लेकिन इससे भी अधिक हम चाहते हैं कि हमारी संस्कृति और परंपरा जीवित रहे। हम चाहते हैं कि संसद में अपनी आवाज हो। हम चाहते हैं कि हमारा जंगल जीवित रहे।"

प्राची की बेटी, "बच्चे बाहर खेल रहे हैं, क्या मैं उनके साथ खेल सकती हूं?"

प्राची- "नहीं बेटा, तुम गंदे हो जाओगे।"

उन्होंने अपनी बेटी को आदिवासी बच्चों के साथ खेलने से इनकार कर दिया। विजय ने अपनी समस्याओं के बारे में सोचा। "अगर वे अपना जीवन साथी चुन सकते हैं, तो मैं क्यों नहीं चुन सकता। मेरे पिता ने मुझसे संबंध क्यों तोड़ा? जाति और धर्म क्यों मायने रखता है?"

विजय और उसकी पत्नी जलपान खत्म करते हैं। विजय और पत्नी ने आदिवासी लोगों के साथ समय का आनंद लिया। सूर्य 30 मिनट में अस्त हो जाएगा। उन्होंने वहां से घर जाने का फैसला किया। विजय ने उनको आतिथ्य सत्कार के लिए धन्यवाद दिया। विजय, पत्नी और बेटी तीनों स्कूटर पर एडजस्ट होकर अपने घर चले गए।

घर पर प्राची किचन में डिनर तैयार कर रही है। विजय और बेटी टीवी पर फिल्म देखते हैं।

सनी देओल फिल्म में दिखाई देते हैं- "तारीख पर तारीख, तारीख पर तारीख, तारीख पर तारीख, तारीख पर तारीख मिलती रही हैं पर इंसाफ नहीं मिला, माय लार्ड। मिली है तो सिर्फ

ये तारीख। दो तारीखों के बीच अदालत के बहार वे कानून का धंदा करते हैं, जहां गवाह तोडे जाते हैं, ख़रीदे जाते हैं, मारे जाते हैं।

लोग अपने जमीन जायदाद तक भेज के केस लड़ते हैं और ले जाते हैं तो सिर्फ तारीख। औरतो ने अपने गहने जेवर यहां तक अपने मंगलसूत्र तक भेचे हैं इन्साफ के लिए। और उन्हें भी मिली हैं तो सिर्फ तारिख।"

विजय दूसरी फिल्म देखने के लिए चैनल बदलता हैं। इस चैनल में जय भीम फिल्म चल रही हैं।

कानून एक बहुत ही शक्तिशाली हथियार है। इस् हथियार से किस को बचते हैं इससे जरुरी कुछ नहीं होता। गरीब हो, पिडीत हो, हर एक को इंसाफ के लिए लड़ने का हक हैं। इस अदालत का फ़रज़ हैं इंसाफ दिलाए।

विजय और उनकी बेटी फिल्म देखते वक्त बेटी ने कहा, "यह कौन सी फिल्म है?"

विजय- "बेटा, जय भीम।"

बेटी- "उस बेचारी औरत के साथ बुरा बर्ताव क्यों किया जा रहा है?"

विजय- "क्योंकि, आ आ क्योंकि....."। वह जवाब नहीं दे सका की उस गरीब महिला के साथ बुरा बर्ताव क्यों किया जा रहा है?

फिल्म जारी रही..

कोर्ट का फैसला उसे हिम्मत भी देगा और होसला भी।

उन सभी ने रविवार का आनंद लिया और फिर विजय सोने चला गया।

6

विकल्प बनाम कानून का शासन।

सपना- 5

आज़ाद विजय को ऑफिस के लिए लेने आता है, "चलो ऑफिस चलते हैं, विजय?"

विजय ने शर्ट और ट्राउजर पहनी थी, जो वह ज्यादातर ऑफिस के लिए पहनता हैं। आजाद ने अजीब तरह से उसकी शर्ट और ट्राउजर की तरफ देखा और कहा, "आज तुमने क्या पहना है? आज सभी को धोती पहननी है। चारों तरफ देखो हर किसी ने धोती पहन रखी है। सब्जीवाला भैया, वह दुकानदार सबने धोती पहन रखी है।"

विजय ने आजाद की तरफ देखा, उसने धोती पहन रखी थी। उसने आश्चर्य से चारों ओर देखा, हर आदमी ने धोती पहन रखी थी। वह आजाद से पूछता है, "लेकिन क्यों? हर आदमी ने धोती क्यों पहन रक्खी है?"

आजाद- "धोती हमारी संस्कृति में है।"

विजय- "अगर किसी की संस्कृति में लुंगी पहनना है तो क्या होगा?"

आजाद- "उसे धोती ही पहननी पडेगी।"

आजाद- "जाओ धोती पहन के आओ।"

विजय- "मैं ऐसा करने वाला नहीं हूँ। चलो चलते हैं।"

आजाद- "आपकी इच्छा।"

विजय कार्यालय में प्रवेश करता है तो वह कपडे पहनने के व्यवहार को देखके चकित रहा जाता हैं। वह खुद से पूछता है, "हमारी फ्रंट डेस्क मैडम ने सिर पर पल्लू ओढ के साड़ी क्यों पहनी हुई है। मैंने उसे इस तरह कभी नहीं देखा। मिस टीना अपने पल्लू से चेहरा क्यों ढक रही हैं, और मैडम सीमा, पर्दे के पीछे क्यों छिप रही हैं? सब कुछ अजीब है! और हमारे ऑफिस के सभी मर्द धोती पहने हुए हैं। यह क्या हो रहा है?"

पुलिस कार्यालय में प्रवेश करती है। वरिष्ठ पुलिस अधिकारी चिल्लाते हैं, "यह एक पुलिस छापेमारी है। वे सभी लोग जिन्होंने धोती नहीं पहनी है और जिन महिलाओं ने पल्लू में अपना चेहरा छिपाकर साड़ी नहीं पहनी है, वे इस तरफ आ जाओ।"

विजय खुद को और कार्यालय में सभी व्यक्तियों को देखता है, आश्चर्य यह है की वह पतलून में एकमात्र व्यक्ति था।

पुलिस ने विजय की ओर इशारा करते हुए कहा, "आओ, तुम्हे धोती न पहनने के कारण गिरफ्तार करते है।"

विजय- "लेकिन धोती न पहनना अपराध कैसे हो सकता?"

पुलिस अधिकारी, "जज से कहो, वह आपको न्याय जरूर देंगे।"

पुलिस अधिकारी विजय को पुलिस वैन में खींचते हैं। और वे उन्हें सीधे अदालत में ले जाते हैं। कोर्ट में सुनवाई चल रही है। विजय अपनी बारी का इंतजार कर रहा है। उसकी बारी दो आदमियों के बाद है जो उसके सामने खड़े हैं। जज न्याय देने में व्यस्त हैं।

जज- "अगला मामला प्लीज।"

वकील- "इस आदमी ने सिर्फ अमीरों के लिए बने कॉलेज में एडमिशन लेने की हिम्मत की।"

जज- "ठीक है! उसे 5 साल के कारावास में भेज दो, अगला मामला।"

वकील- "इस शख्स ने अपनी कार से सड़क पर चल रहे शख्स की हत्या कर दी।"

जज- "तुम्हारा नाम क्या है?"

आरोपी- "मैं आप के गांव का रहने वाला हूँ। श्री शेर सिंह का बेटा।"

जज- "ओह! मैं तुम्हारे पिता को जानता हूँ। जब मैं छोटा था तो वह मुझे टॉफी दिया करते थे। उसे छोड़ दो। दोषी नहीं पाया गया।"

वकील- "लेकिन माय लार्ड, गंभीर अपराध।"

जज- "यह फास्ट कोर्ट है। पिछले एक साल से भारत में कोई भी मामला लंबित नहीं है, हर एक मामले को एक घंटे के भीतर हल किया गया है। तो इसमें देरी कैसे हो सकती है? आप नहीं जानते हैं क्या। न्याय में देरी का मतलब न्याय से वंचित होना है। इस मामले में न्याय दिया गया। छोड़ दो।"

वकील- "यह विजय है। आ... हाँ... आ... आ... उ... करने का आरोप। उसकी अपराध पत्र में यहां क्या लिखा है, नहीं पढ़ पा रहा हूँ। वर्तनी की कुछ गलतियां हैं।"

जज- "कोई बात नहीं! उसे जेल में डाल दो और मरते दम तक फांसी पर लटका दो।"

विजय- "मैंने कुछ नहीं किया। मेरी क्या गलती है।"

जज- "मुझे तुम्हारा चेहरा पसंद नहीं है।"

विजय- "लेकिन यह एक स्वतंत्र भारत है। आप मेरे साथ ऐसा नहीं कर सकते। सिर्फ धोती न पहनने के लिए मौत। फिर अन्य धर्मों और आदिवासी लोगों के बारे में क्या? मैं अपनी इच्छानुसार क्यों नहीं पहन सकता?"

जज- "कानून बदल दिया गया हैं। संविधान में संशोधन किया गया है। न्यायपालिका अब अलग नहीं हैं। अब हम सरकार के अधीन हैं। सरकार की इच्छा अनुसार निर्णय दिया जायेगा। आपके मामले में, मुझे आपका चेहरा पसंद नहीं है। और वैसे, अन्य धर्मों और आदिवासियों की परवाह कौन करता है?"

विजय- "माय लार्ड, कृपया मुझे छोड़ दो। मैं हमेशा धोती पहनूंगा।"

जज- "मुझे सोचने दो, ठीक है! सिर्फ इस बार। अगली बार अगर हमें पता चलता है कि आप धोती नहीं पहन रहे हैं तो मैं आपको सजा दूंगा। उसे छोड़ दो।"

विजय- "थैंक यू। माय लार्ड।" फैसले के तुरंत बाद विजय को रिहा कर दिया जाता है। विजय एक दुकान से धोती खरीदता है और सीधे अपने घर चला जाता है। अगले दिन, वह एक नई धोती पहनता है और कार्यालय के लिए तैयार हो जाता है।

आजाद विजय को ऑफिस के लिए बुलाता है, "विजय, चलो।"

विजय जल्दी से बाहर आता है; वह जींस पहने आजाद को देखता है और पूछता है, "आजाद तुमने जींस पैंट क्यों पहनी है।"

आजाद- "तुमने टीवी नहीं देखा। कल रात 9 बजे आपात घोषणा हुई थी। धोती और साड़ी की कमी हो गई हैं। लोगों को तब तक जींस पहनना है जब तक कि धोती का पर्याप्त स्टॉक नहीं बन जाता है।"

विजय- "लेकिन मैं धोती पहन के आया हूँ।"

आजाद- "जाओ, जींस पहन के आओ।"

विजय- "नहीं, मैं नहीं कर सकता। मैंने जज से वादा किया था कि मैं धोती ही पहनूंगा। इसलिए, अगर वह मुझे पकड़ लेता है, तो मेरी हालत मरे की तरह हो जाएगी।"

आजाद- "कोई बात नहीं! चलो चलते हैं"

विजय चारों ओर देखता है, वह सभी पुरुषों और महिलाओं को जींस पहने हुए देखता है। विजय ऑफिस पहुंचता है और रीमा का अभिवादन करता है, "गुड मॉर्निंग, रीमा, मैंने तुम्हें जींस में कभी नहीं देखा। आप हमेशा साड़ी पहनती थीं।"

रीमा- "मुझे जींस पहनने की आदत नहीं है। मैं जींस में सहज महसूस नहीं करती, अपनी संस्कृति में नहीं हैं। मैं केवल साड़ी पहनना चाहती हूं।"

विजय- "फिर क्यों जींस?"

रीमा- "सरकार ने जींस पहनना अनिवार्य कर दिया।"

फिर से, पुलिस टीम छापे के लिए कार्यालय में आई, "जो कोई भी जींस नहीं पहना है वह इस तरफ आए।"

विजय आगे आया,

पुलिस- "तुमने जींस क्यों नहीं पहनी है?"

विजय- "जज ने मुझसे कहा था कि धोती ही पहने रहना नहीं तो वो मुझे सजा देगा।"

अपने आदमियों से पुलिस अधिकारी, "उसे कोर्ट में जाओ"

कोर्ट रूम में उन्होंने विजय को उसी जज के सामने खड़ा कर दिया।

जज- "तुम फिर से वापस आ गए।"

विजय– "मैंने आप से वादा किया था कि मैं धोती ही पहनूंगा। मैं जींस में कैसे बदल सकता हूं?"

न्यायाधीश- "कानून बदल गया हैं।"

विजय- "इतनी जल्दी, कम से कम मुझे अनुकूलन के लिए कुछ समय चाहिए।"

जज- "घोषणा रात 0900 बजे की गई और दुकानें 0930 बजे तक खुली रहीं। जींस खरीदने के लिए पर्याप्त समय मिला। इसलिए, कोई बहाना नहीं। राज्य के पास उनकी इच्छा के अनुसार कानूनों को बदलने की शक्ति है। उसे जेल में डाल दो।"

विजय- "मुझे क्षमा कर दो, प्लीज। मुझे जेल में मत डालो। मेरी एक बेटी और एक पत्नी है।"

विजय आश्चर्य से उठता है, यह एक और सपना था। वह बेटी को देखता है। वह स्कूल के लिए एक नया आउटफिट ट्राई कर रही हैं। बेटी की स्कूल में फैंसी ड्रेस प्रतियोगिता है।

बेटी ने कहा, "पिताजी, फैंसी ड्रेस में मुझे क्या पहनना चाहिए? मैं साउथ स्टाइल, बंगाली, गुजराती या किसी भी संबलपुरी, कोल्हापुर, कश्मीरी की तरह हो सकता हूं। या मुझे पश्चिमी ड्रेस पहनना चाहिए, या मुझे मदर टेरेसा या झांसी की रानी की तरह दिखना चाहिए। या एक व्यापारी, पायलट, या डॉक्टर के जैसे कपड़े पहनना चाहिए। कौन सा सबसे अच्छा है?"

विजय- "पायलट बन जाओ। एक पायलट पोशाक पहनो। मैं आपके लिए एक पायलट पोशाक लाऊंगा।"

मम्मी- "नहीं, डॉक्टर बन जाओ। उनके पास शक्ति है।"

विजय और उसकी पत्नी फैंसी ड्रेस को लेकर बहस करते हैं।

बेटी- "मैं गुजराती ड्रेस पहनना चाहती हूं।"

विजय- "यह अच्छा नहीं लगेगा।"

पत्नी- "हम गुजराती नहीं हैं, इसलिए हम उसे पहन नहीं सकते।"

बेटी- "फिर महाराष्ट्रीयन।"

पत्नी - "नहीं।"

बेटी- "मेरे पास कोई चॉइस है या नहीं. या मुझे हमेशा आपके हिसाब से कपड़े पहनने होगे। मैं खुद के लिए चुनूंगी।"

आजाद बाहर से चिल्लाते हैं, "चलो यार, कार्यालय में जाते हैं।" विजय और आजाद मोटरसाइकिल पर अपनी यात्रा के दौरान। विजय ने कहा, "तुमने रविवार को क्या किया?"

आजाद- "मैंने क्रिकेट और फिल्में देखीं और पूरी तरह से आराम किया।"

विजय को लगता है कि आदिवासी महिलाएं की परेशानी सुनने वाला कोई नहीं। रीमा, वह कैंसर से मर रहे पिता को कैसे संभल रही है। खुद ऋण के बोझ में फंसा हैं, उसके पिता उसके शादी और बच्चे से नाराज हैं। वह कम तनखा पर काम करने पर मजबूर हैं।

उसने सारी उम्मीद खो दी कि यह तकलीफ खत्म हो जाएगी। वह चाहता हैं की एक जादू हो जाय और उसका बोझ और ऋण गायब हो जाए। उसकी बेटी का निबंध- सभी के साथ समान व्यवहार किया जाता है, वास्तविकता से बहुत दूर दिखता है।

विजय आजाद से पूछता है, "आजाद, क्या भारत में समानता मौजूद है? क्या कानून और सरकार हमारे साथ समान व्यवहार करती है?"

आजाद ने जवाब दिया, "मेरे दोस्त, कोई समानता नहीं है। जब तक वे इस देश में समानता स्थापित नहीं होती, तब तक कुछ भी अच्छा नहीं हो सकता।"

विजय ऑफिस पहुंचता है, अपने ऑफिस में उसका सहयोगी आशीष थोड़ा तनाव में लग रहा था। वह विजय को एक कोने में बुलाता है।

आशीष- "मैं आपसे आपकी बेटी के मेडिकल डायग्नोसिस और बिलों के बारे में बात करना चाहता हूं।"

विजय यह जानने के लिए उत्सुक था कि क्या कोई आशा की किरण है, कम से कम कुछ अच्छी खबर होनी चाहिये ताकि उसे अपने ऋण बोझ को कम करने में मदद मिल सके।

आशीष- "दिल्ली का मेरा डॉक्टर दोस्त एक सामाजिक कार्यकर्ता भी है। उन्होंने कहा कि बिल अतिरंजित लगते हैं।"

विजय- "तुम्हारा क्या मतलब है?"

आशीष- "पहले सबकुछ बताओ? तुम को कैसे पता चला कि बेटी को ऑपरेशन की आवश्यकता है?"

विजय– "बेटी को पेट में तेज दर्द था और थोड़ा बुखार भी था। हमने उसे अपने घर के पास क्लिनिक में दिखाया। उसने एक दवा लिख के दिया। फिर उसी रात वह दर्द से जोर-जोर से चिल्लाने लगी। हमें समझ में नहीं आ रहा था कि हम क्या करें? इसलिए हम उसे अस्पताल ले गए। रात के समय ओपीडी बंद था। हम एक सरकारी अस्पताल में ले गए जो हमारे घर के पास है। डॉक्टर ने उसकी जांच की, दवाएं दीं और कहा कि चिंता मत करो, सब ठीक हो जाएगा। पर सुबह-सुबह दर्द बढ़ गया। उसकी माँ डर गई और रोने लगी। हम उसे निकटतम निजी अस्पताल ले गए और विभिन्न परीक्षण किए गए। शाम को डॉक्टर ने कहा कि मरीज गंभीर रूप से बीमार है और उसे तत्काल सर्जरी की आवश्यकता है।"

आशीष- "ठीक है, विजय यहाँ परिणाम है। उन्होंने आपको बेवकूफ बनाया। आपकी बेटी को ऑपरेशन की आवश्यकता नहीं थी। दर्द सिर्फ एक सामान्य पेट संक्रमण था; कई बच्चों को होता है। जिसे 2000 रुपये से कम मूल्य की दवाओं में ठीक किया जा सकता है। 20 लाख रुपये बर्बादी थी।"

विजय को यकीन ही नहीं हो रहा था कि उसने क्या सुना। वह हैरान रह गया! जैसा कि किसी ने उसके पैरों के नीचे की जमीन को हटा दिया हो।"

आशीष ने आगे कहा, "हमें अधिक जानकारी के लिए और दस्तावेजों की आवश्यकता है। तो, इस फोन नंबर को लो और बेटी के मेडिकल इतिहास के बारे में दस्तावेज व्हाट्सएप

करो। हम कल शाम को बैठक कर इस मामले के बारे में बात करेंगे।"

विजय आगे काम नहीं कर सका। उसका मन मेडिकल बिलों में लगा हुआ था। "मेरे साथ ऐसा कैसे हो सकता है? केवल मैं ही क्यों? मुझे मूर्ख बनाने से डॉक्टरों को क्या मिलता है? मेरी बेटी का ऑपरेशन मेरी जेब से पैसे प्राप्त करने के लिए की गई एक प्रक्रिया थी।"

अचानक बॉस उसकी डेस्क पर आ जाता है। विजय पीला नजर आ रहा था। अपने काम पर ध्यान केंद्रित नहीं कर पा रहा था।

बॉस ने चिल्लाते हुए कहा, "तुम विजय, हमारे कार्यालय में सबसे मूर्ख आदमी, क्या तुम्हारे पास कोई प्रतिष्ठा या आत्मसम्मान है? क्या तुम इस तरह से काम करते हो? यदि तुम काम नहीं कर सकते, तो इस कार्यालय को छोड़ दें। तुम्हारे लिए आखिरी मौका हैं । अगर तुम काम नहीं कर सकते, तो मैं तुम्हें नौकरी से निकाल दूंगा, और यह आग तुम्हारे जीवन और परिवार को बर्बाद कर देगी। फिर किसी भी नौकरी के पुनर विचार के लिए मेरे पास दौड़कर मत आना।

बॉस ने आगे कहा, "विजय, कल एक उच्च स्तरीय बैठक है। इस बैठक के लिए यह आवश्यक वस्तुओं की सूची है। मैं चाहता हूं कि बैठक से पहले सभी सामग्री उपलब्ध हों और सभी चीजें जगह पर हों। अगर तुम इस बार असफल हो जाते हो, तो मैं तुमको नौकरी से निकाल दूंगा।"

सभी लोग विजय की तरफ देखने लगे। विजय बॉस के सामने गूंगे की तरह खड़ा था। बॉस के पास अपना दबदबा दिखाने का यह मौका था, बॉस ने कहा, "तुम अपनी मानसिकता को देखो, कोई धेय नहीं, कोई लक्ष्य नहीं, मुझे समझ में नहीं आ रहा है कि हमारी कंपनी को तुम जैसे लोगों की जरूरत क्यों है। तुम सेब की टोकरी में एक गंदा सेब हो। दूसरों को गंदा कर दोगे। बकवास कही का।"

बॉस चला जाता है; सभी सहकर्मी अपने काम पर वापस चले जाते हैं। विजय का दिल दुखों से भरा हुआ है। वह सोचता रहा, "डॉक्टर ने मुझे धोखा दिया। मेरी बेटी के पेट दर्द को दवाओं से ही ठीक किया जा सकता है, वह भी 2000 रुपये की कीमत से भी कम। ऑपरेशन पैसे कमाने की चाल थी। ऑपरेशन की कोई जरूरत नहीं थी। काम के घंटे पूरे होने के बाद विजय आजाद के साथ कार्यालय से निकल जाता हैं । वह अब कारों, भोंगो की कोई आवाज नहीं सुन सकता, वह सिर्फ दोपहिया वाहन में आजाद के पीछे बैठा है, भावना से आघातग्रस्त। एक मृत ज़ोंबी की तरह।

पत्नी दरवाजा खोलती है, लेकिन उसके सेक्सी लुक्स और दिलकश मुस्कान उसे अच्छा महसूस कराने में नाकामयाब रहती है। विजय सोचता रहता है, "मैं सिर्फ एक छोटा सा क्लर्क हूं जो प्रति माह इस 35,000 रुपये वेतन के लिए दिन-रात काम कर रहा हूं। तब से मैंने एक अच्छा इंसान बनने की पूरी कोशिश की है। लेकिन क्यों, मेरी बेटी का सिर्फ पैसों के लिए अनुचित तरीके से ऑपरेशन किया गया। वे बुरे हैं।" विजय ने बेटी को बेडरूम में पढ़ते हुए देखा। वह अकेले रोता है और बेटी के भविष्य और पत्नी के योगदान के विचार उसके दिमाग

में आते हैं, "मेरी बेटी पायलट बनने का सपना देखती है। पहले से ही कर्ज में डूबा यह छोटा गरीब पिता अपने बच्चे का सपना कैसे पूरा करेगा। मेरी पत्नी ने जीवन में बढ़ने के लिए अपनी सभी इच्छाओं को छोड़ दिया और मुझ पर भरोसा किया, कि मैं मजबूत रहूंगा और एक अच्छा पति और पिता बनूंगा। उसने किसी से बात नहीं की। बिस्तर पर चला गया।

7

विचारों और अभिव्यक्ति की स्वतंत्रता

सपना- 6

कार्यालय में विजय ने बैठक के लिए सभी इंतजाम किए। उन्होंने जलपान, स्वागत उपहार और फूलों की सजावट के लिए सभी व्यवस्थाएं कीं। विशेष स्वच्छता, सभी प्रस्तुतियों और बैठक के लिए कंप्यूटर। सभी गणमान्य व्यक्ति पहुंचते हैं और बैठक शुरू होती है।

गणमान्य व्यक्ति (अधिकारियों के साथ बैठक में)- "क्या आप इस मेज पर रखी मशीन को देख सकते हैं।"

वह मीटिंग टेबल पर रखा हूआ एक गैजेट की ओर इशारा करता है। यह गैजेट एक छोटे से घुमावदार सतह डिश एंटीना की तरह होता हैं जो कंप्यूटर और स्पीकर से जुड़ा होता है। उन्होंने आगे कहा, "मैंने एक ऐसी मशीन का आविष्कार किया है जो विचारों को पढ़ सकती है।"

बैठक में एक अन्य व्यक्ति ने कहा, "यह संभव नहीं हो सकता है!"

गणमान्य व्यक्ति - "यह संभव है, विज्ञान ने काफी प्रगति की है। विचार पढ़ना आसान है। इस कंप्यूटर में विशेष रूप से आर्टिफिशियल इंटेलिजेंस सॉफ़्टवेयर है जो सभी अभिव्यक्तियों को पढ़ सकता है, मस्तिष्क तरंगों को स्कैन कर सकता है, दिल की धड़कन पढ़ सकता है, और इस डिजिटल दुनिया में सभी जानकारी तक पहुंच सकता है इसे फेसबुक, इंस्टाग्राम, डिजिटल रिकॉर्ड, गूगल खोज कीवर्ड, और सभी खाते के विवरण पढ़ सकता हैं। आर्टिफिशियल इंटेलिजेंस, इन सभी डेटा की गणना करेगा, विश्लेषण करेगा और डिकोड करेगा कि वह अपने दिमाग में क्या सोच रहा है।"

नई मशीन को लेकर सभी गणमान्य लोग उत्सुक होने के साथ-साथ असमंजस में भी थे। उनमें से एक ने पूछा, "वास्तव में, हम सभी के विचारों को सुन सकते हैं।"

गणमान्य व्यक्ति - "सभी विचार नहीं, आप धार्मिक विचारों, राजनीतिक विचारों को सुन सकते हैं, सुरक्षा के लिए हमने यौन विचारों को सेंसर किया है। आप जानते हैं कि भारत में यौन विचारों की अनुमति नहीं है। इस मशीन से हम बता सकते हैं कि किस तरह का व्यक्ति क्या सोचता है। हम एक व्यक्ति या कई व्यक्तियों को स्कैन कर सकते हैं। इस प्रकार, हम एक समूह में एक सामान्य विचार को फ़िल्टर कर सकते हैं और यह पता लगा सकते हैं कि समूह कैसे व्यवहार करता है।"

अधिकारियों में से एक, इस उपकरण की जांच करने के लिए उत्सुक है। खुशी से कहता है, "चलो इस कार्यालय से किसी पर जांच करते हैं। किसी ऐसे व्यक्ति को बुलाएं जो इस बैठक में नहीं है, चलो उस पर परीक्षण करते हैं।"

बॉस चपरासी से बोलता है, "उस गधे विजय को बुलाओ?"

विजय मीटिंग रूम में आता है। वह इधर-उधर देखता है। सभी गणमान्य व्यक्ति मेज पर अजीब तरह से दिखने वाली वस्तु को घूर रहे हैं।

बॉस गणमान्य व्यक्तियों से कहता हैं,"सर, यह विजय है।"

बॉस विजय को उस उपकरण के सामने खड़े होने का निर्देश देता हैं। विजय निर्देशित अनुसार उस उपकरण के पास जाता है। उन्होंने मशीन को चालू किया और मशीन विजय के सिर को स्कैन करने लगी।

विजय अपने साथ हुई बातों को लेकर तनाव में था। वह मन ही मन सोचता है, "मैं 20 लाख रुपये कैसे दूंगा। उस डॉक्टर ने मुझे बेवकूफ बनाया। बीमारी सिर्फ पेट दर्द था और उस बकवास डॉक्टर ने मेरी बेटी का ऑपरेशन किया और अब मैं कर्ज में डूबा हुआ हूं। मैं ऐसे जाल में कैसे फंस सकता हूं?"

कुछ ही समय के भीतर, मशीन से आवाज आई, "नमस्कार, मेरा नाम फ्यूचरा है। खड़ा व्यक्ति विजय है। वह सोच रहा है- "मैं 20 लाख रुपये कैसे दूंगा। उस डॉक्टर ने मुझे बेवकूफ बनाया। बीमारी सिर्फ पेट दर्द था और उस बकवास डॉक्टर ने मेरी बेटी का ऑपरेशन किया और अब मैं कर्ज में डूबा हुआ हूं। मैं ऐसे जाल में कैसे फंस सकता हूं?"

विजय ने जो सुना उसपर विश्वास ही नहीं हो रहा था, यह मशीन कैसे कह सकती है जो अभी वो सोच रहा था।

इस मशीन ने बैठक में सभी को चकित कर दिया। यह देखकर गणमान्य व्यक्ति पुष्टि करता है, "देखो, यह मशीन काम करती है।"

एक अन्य व्यक्ति, "विजय, क्या आप उसी के बारे में सोच रहे हो?"

विजय स्वीकार करने में शर्मा रहा था। उसने कहा, "नहीं।" झट से मशीन ने जवाब दिया, "विजय सोच रहा है, - यह मशीन मेरे विचारों को कैसे पढ़ सकती है और विजय ने अपनी घबराहट के कारण कहा।"

महानुभाव- "क्या आप नहीं देख सकते कि यह एक महान मशीन है।"

बॉस जोर-जोर से हंसा और हंसते हुए हावभाव में उन्होंने विजय से कहा, "विजय, क्या तुम गधे हो? मेरा मतलब है कि डॉक्टर ने तुमसे पैसे चूस लिए और आपने ऑपरेशन के लिए 20 लाख रुपये खर्च किए जिसकी जरुरत नहीं थी।"

महानुभाव ने जोर से हंसते हुए कहा, "एक विद्वान व्यक्ति इतना मूर्ख कैसे हो सकता है?"

बॉस को अपनी शक्ति दिखाने का मौका मिला, वह शुरू करता है, "यह आदमी पहले से ही मूर्ख है। कोई भी काम ठीक से नहीं कर सकता, कोई भी उसे बेवकूफ बना सकता है। देखिए वह मूर्ख की तरह खड़ा है।"

महानुभाव- "हाँ, वह एक बेवकूफ की तरह दिखता है। पढ़े-लिखे लोग इस तरह के जाल में नहीं फंसते हैं।"

बैठक में शामिल सभी व्यक्तियों ने हंसते हुए कहा, "क्या मूर्ख और हारा हुआ आदमी है, यह भी नहीं देख सकता कि ऑपरेशन सही है या गलत। एक विद्वान व्यक्ति को संदर्भित नहीं कर सकता। उसे किसी उच्च प्रतिष्ठित सरकारी मान्यता प्राप्त अस्पताल में जाना चाहिए था।"

बॉस- "मूर्खों से हम उम्मीद ही क्या कर सकते हैं?"

कैसे विजय की अज्ञानता ने उसे लगभग 20 लाख रुपये के कर्ज में डाल दिया। वे सभी विजय की मूर्खता पूर्ण हरकत के लिए उस पर हंसते हैं। तभी अप्रत्याशित रूप से मशीन ने कहा, "विजय सोच रहा है- यह मूर्ख, डरपोक, उल्लू का पट्ठा और गधा बॉस मेरा मजाक उड़ा रहा है। बैठक खत्म होने के बाद में उसे देख लूँगा। बाहर आने दो उसे।"

बॉस आग बबूला हो जाता है। उसका चेहरा लाल हो जाता हैं, वह चिल्लाया, "तुम मुझे डरपोक, उल्लू समझते हो, और तुम मुझे क्या मारेंगे।"

विजय ने जवाब दिया, - "नहीं सर।"

बॉस गुस्से में उस पर चिल्लाता है, "तुम मेरे बारे में ऐसा सोचते हो?"

विजय- "नो सर।"

बॉस फोन उठाकर नंबर डायल करता है और कहता है, "मैं पुलिस को फोन करूंगा। तुम मुझे मारना चाहते हो। तुम मेरे बारे में अपमानजनक बातें कहते हो।"

बॉस पुलिस को फोन करता है। पुलिस ने भरोसा दिलाया की कि वे कुछ ही समय में उसके कार्यालय पहुंच जाएंगे। विजय की राय थी कि पुलिस को आने में समय लगेगा। लेकिन उसे विश्वास नहीं हो रहा था की कैसे पुलिस कम से कम समय के भीतर पहुंच गई। बॉस विजय को गिरफ्तार करने के लिए इशारे करता हैं। इसके बाद उन्होंने विजय को हथकड़ी लगा दी। विजय उसे छोड़ देने के लिए भीख मांगता है; वह निर्दोष है लेकिन पुलिस उसकी नहीं सुनती है।

इसके बाद पुलिस ने बॉस को शांत करने के लिये आश्वासन दिया, "हमने विजय को गिरफ्तार कर लिया है और उसे जज के पास ले जाएगे।"

विजय, जो पहले से ही मुसीबत में है, अतिरिक्त परेशानी में पड़ जाता है। पुलिस उसे ऑफिस के सभी स्टाफ के सामने ऑफिस से पुलिस वैन तक खींचकर ले जाती है। पुलिस अपनी पुलिस वैन में बकरी की तरह कठोरता से धक्का देती है और उसे पुलिस स्टेशन ले जाती है। वे उसे जंजीर में बंधे गधे की तरह देखते हैं। एक पुलिसकर्मी उसके पास आता हैं और उसे बेड़िया पहना देता हैं। विजय की एड़ियों के चारों ओर बंद लोहे की चेन की एक श्रृंखला बांध देता हैं। फिर इस बेड़िया को 3 मीटर की चेन से जोड़ देता हैं और इस चेन को एक काज में बंद कर देता हैं। विजय घर में जंजीरों से बंधे कुते की तरह दिखाई दे रहा था।

विजय दया, मानवता और सम्मान के लिए चिल्लाता है, "कृपया! मुझे बेड़ियों में मत डालो। मुझे अपने हाथों और पैरों को हिलाने दो। मैं किसी को नुकसान नहीं पहुंचाऊंगा।“

पुलिस ने हंसते हुए जवाब दिया, "यह बेड़िया पहनाना एक अनिवार्य प्रक्रिया है, इससे कोई फर्क नहीं पड़ता कि आप किस प्रकार के व्यक्ति हैं।"

पुलिस कुछ पल के लिये के लिए वहां से चली गई; विजय ने कुछ पुलिसवालों को रजिस्टर में कुछ लिखकर हंसते और चाय के साथ बिस्कुट खाते हुए देखा। अब तक विजय को भूख लगी थी। उन्होंने उसे खाने के लिए कोई खाना नहीं दिया। पुलिस ने दीवार से चेन को निकाला और उसे पालतू जानवर की तरह उसे लंबी रस्सी से खींचा और वैन में धक्का दे दिया। और पुलिस ने उसे वैन के अंदर डालने के लिए लात मारी। वे उसे सीधे कोर्ट ले गए।

अदालत व्यस्त नहीं दिख रहा था। कोर्ट परिसर में बहुत कम लोग मौजूद थे। खासकर, बेड़ियों में और जंजीरों में जकड़े हुए कुछ लोगों के साथ कुछ पुलिस कर्मी मौजूद थे। वे उसे कोर्ट रूम में ले गए। अब विजय की बारी थी।

न्यायाधीश वकील से पूछते हैं, "उसका अपराध क्या है?"

वकील- “वह बॉस के बारे में बुरा सोचता है। वह मन ही मन सोचता है कि बॉस गधा है। उसके दिमाग में वह अपने बॉस को मारने की धमकी देता है।"

जज- "तो, हम उसे कैसे सजा दे सकते हैं? वह सोच सकता है कि उसे क्या पसंद है। सोचना दंडनीय अपराध नहीं है।"

वकील- "सरकार ने एक नया कानून पारित किया। बॉस के बारे में कुछ भी बुरा सोचना एक दंडनीय अपराध है।"

जज- "क्या! ऐसा कब हूआ?"

वकील- "आज सुबह 11 बजे। हमें उस कानून की एक डिजिटल कॉपी मिली हैं।"

विजय- "लेकिन मैंने 2 घंटे पहिले सोचा। पारित कानून से पहले।"

वकील- "तो क्या, आजकल एक्ट पास करने से पहले किया गया काम भी दंडनीय है।"

जज- "बॉस के बारे में बुरा सोचने के लिए उसे जेल में डाल दो।"

विजय- "सर, प्लीज मुझे छोड़ दो। सर, मैंने अपनी बेटी के लोन के बारे में भी सोचा और कैसे अस्पताल ने मुझे बिलों पर धोखा दिया। कृपया उस डॉक्टर को दंडित करें।"

जज- "यह मेरा मुद्दा नहीं है। उसे जेल में डाल दो।"

विजय- "प्लीज मुझे छोड़ दो सर, मैं निर्दोष हूँ। आप मेरे साथ ऐसा कैसे कर सकते हैं? मैं भारत में रहता हूं। कम से कम मुझे यह सोचने दो कि मैं क्या कर सकता हूं। संविधान सोचने की आजादी देता है। कृपया मुझे छोड़ दो।"

अचानक उसे अपने चेहरे पर पानी के छीटे महसूस होता है। वह उठ जाता है। वह अपने हाथों की ओर देखता है। कोई बेड़ियां नहीं। उन्होंने सोचा कि कम से कम भारत में सपने देखने के लिए कोई सजा नहीं है। वह अपनी पत्नी की ओर देखता है, वो बेटी को स्कूल के लिए तैयार कर रही है।

डॉक्टर ने आपको बेवकूफ बनाया है; उन्होंने सिर्फ पैसे के लिए आपकी बेटी को मौत के जोखिम में डाल दिया। 20 लाख रुपये का लोन है। आप भुगतान कैसे करेंगे? आपको न्याय कैसे मिलेगा? उसका दिमाग गाड़ी की तरह चल रहा है और लगातार खुद से बात कर रहा है।

विजय को याद है कि वह आशीष से किए गए वादे के अनुसार कोई भी अतिरिक्त दस्तावेज या प्रमाण या मेडिकल पेपर लाना हैं। वह अपनी बेटी के मेडिकल दस्तावेज लेकर अपने बैग में डाल लेता है। बेटी स्कूल के लिए तैयार है। पसंदीदा नाश्ता मैगी खा रही हैं।

मैगी खाते हुए बेटी बोलती है, "आज मैं गैलीलियो के बारे में स्कूल में एक भाषण कहने जा रही हूं। उन्होंने कहा था कि पृथ्वी सूर्य के चारों ओर घूमती है। लेकिन किसी ने उनपे विश्वास नहीं किया. उस वक्त की मान्यताओ को अस्वीकार किया और इसलिए उन्हें जेल में डाल दिया। लोगों का मानना था कि सूर्य पृथ्वी की परिक्रमा करता हैं। लेकिन गैलीलियो ने कहा- नहीं। उन्होंने कोपरनिकस सिद्धांत का समर्थन किया और कहा कि पृथ्वी सूर्य की परिक्रमा करता है। लेकिन किसी ने उसकी बात नहीं सुनी।"

विजय ने टोकते हुए कहा, "मेरी प्यारी बेटी, पहले अपना नाश्ता खा लो। फिर बात करो"

बेटी आगे बढ़ती है, "डैडी, टीचर ने कहा- रोम में लोगों को उनकी धार्मिक पुस्तकों को न सुनने, या पूजा नहीं करने या कुछ भी कहने के लिए दंडित किया जाता था जो धर्म के अनुसार नहीं है। गैलीलियो को दंडित किया गया क्योंकि वह सामान्य से कुछ अलग सोचता था।"

विजय ने अपनी बेटी की स्पीच को पूरी तरह से नहीं सुना। उसे ऑफिस जाने की जल्दी थी। विजय सोच रहा था कि मेरी जिंदगी कैसे बेहतर हो सकती है? कोई मुझे मूर्ख कैसे बना सकता है? ऐसा सिर्फ मेरे साथ ही क्यों होता है? मैं पैसे के लिए संघर्ष क्यों कर रहा हूं? वे बच्चों के जीवन की परवाह क्यों नहीं करते हैं? लोग पैसे कमाने के लिए गैरकानूनी तरीके के लिए क्यों जाते हैं? लोगों में नैतिकता की कमी क्यों है? मैं अपने सामाजिक और आर्थिक जीवन से क्यों जूझ रहा हूं?

विजय अपने घर से निकलकर सड़क पर खड़ा हो गया। वह आजाद का इंतजार कर रहा था। आजाद आ गया, विजय पीछे बैठा और ऑफिस के लिए निकल गया।

विजय ऑफिस की तरफ बढ़ता है। अंदर घुसते ही उसके ऑफिस के सभी साथी उसे घेर लेते हैं। विजय के मुद्दों के बारे में खबर उनके कार्यालय में जंगल की आग की तरह फैल गई।

सभी को पता चला कि डॉक्टर द्वारा उसके साथ धोखाधड़ी की गई है। ऑफिस में गपशप शुरू हो गई। कुछ दोस्त विजय के साथ हुई घटना के बारे में पूछताछ करने और उसे शांत करने के लिए आगे आए, "यह कैसे हुआ?" "आपको सावधान रहना चाहिए था," "कुछ लोग बहुत बुरे हैं! "मजबूत रहो।"

वैसे भी विजय को आज की बैठक के लिए मीटिंग हॉल तैयार करना है। अपने कार्य को पूरा करने के बाद। आशीष विजय को ऑफिस में एकांत जगह पर ले जाता है। आजाद और उनके कुछ करीबी दोस्त साथ हैं।

आशीष थोड़ी देर के लिए रुकता है, एक लंबी सांस लेता है और कहता है, "उन्होंने पुष्टि की कि आपकी बेटी को ऐसा कोई बड़ा मुद्दा नहीं था जिसके लिए ऑपरेशन की आवश्यकता थी। मैंने दिल्ली में अपने डॉक्टर मित्र से बात की और उन्होंने कहा कि मेडिकल रिपोर्ट, पर्चे और बिलों को देखकर यह सुनिश्चित है कि ऑपरेशन की कोई आवश्यकता नहीं थी।"

आशीष ने आगे कहा,"आपकी बेटी का ऑपरेशन किसने किया? उसका नाम क्या है? विजय अभी भी उलझन में है और बोलता है, "उसका नाम आ... वी...डेंट था, हाँ वेदांत .. डॉक्टर वेदांत।"

उनके एक दोस्त ने कहा, 'वह डॉक्टर कहलाने के लायक भी नहीं है। ऐसे लोगों को इस दुनिया में रहने का कोई अधिकार नहीं है और उन्हें मार दिया जाना चाहिए।"

एक अन्य मित्र उनके बयान की पुष्टि करता है, " ऐसे आदमी को मार देना चाहिए।"

इस समय तक विजय गुस्से से आग बबूला हो जाता है। उसके हाथ कांप उठते हैं। खून गरम हो जाता हैं। पशु शक्ति जाग जाती हैं। उसने सोचा, "उस आदमी, तथाकथित डॉक्टर ने मेरे जीवन को नरक बना दिया। मैं एक अच्छा सुखी जीवन जीता। लेकिन अब दुखो का मुझ पर पहाड़ पड़ा हैं। मेरे दोस्त सही हैं, ऐसे डॉक्टरों को जीने का कोई अधिकार नहीं है, मैं उसे मार दूंगा, मैं उसके पूरे परिवार को नष्ट कर दूंगा। उसने मुझे दर्द दिया है और मैं उसे दर्द वापस दूंगा। यही एकमात्र समाधान है।"

विजय गुस्से भरी आवाज में बोलता है, "मैं अपना बदला लूंगा। मैं भ्रष्ट अस्पतालों के उनके किले को नष्ट कर दूंगा। हर किसी को मार डालूँगा जिसने मेरे जीवन को नष्ट कर दिया है।"

एक दोस्त, "मैं एक ऐसे व्यक्ति को जानता हूं जो इसमें हमारी मदद कर सकता है। उसका नाम है- रेड्डी भाई। इस इलाके का सबसे बड़ा डॉन। वह इस शहर का सबसे ताकतवर अपराधी है। हर कोई उससे डरता है। बस उससे पूछो। वह आपकी समस्या का समाधान कर सकता है। वह अस्पताल को नष्ट कर सकता है। उस डॉक्टर की कार को जला सकता हैं। उसका हाथ काट सकता हैं और उसे मार भी सकता हैं।"

विजय पर अब उसके अनियंत्रित गुस्से का नियंत्रण है। उसके हात काप रहे थे। वह एक निर्णय लेता है, "मैं रेड्डी भाई से मिलने जा रहा हूं। मुझे उसका फ़ोन नंबर दो।"

विजय का दोस्त उसे रेड्डी भाई का नंबर देता है। विजय अपना मोबाइल फोन निकालकर नंबर पर कॉल करने लगता है। आजाद टोकते हुए कहता हैं, "कूल विजय, हम रेड्डी भाई से मिलने जाएंगे लेकिन आज नहीं कल।" विजय लगातार कॉल करता रहता है। आजाद फिर से टोकते हैं और उठे हुए स्वर में कहते हैं, "क्या तुम मेरी बात नहीं सुन रहे हो, मिलने जाएंगे लेकिन आज नहीं कल।"

विजय सिहर उठता है, वह अपने दोस्त के अनुरोधों पर कोई ध्यान नहीं देता है। वह रेड्डी भाई से मिलने के लिए निकास द्वार की ओर बढ़ता है। विजय गुस्से में अपने दोस्त आजाद की बात मानने से इनकार कर देता है और चिल्लाता है, "मैं चाहता हूं कि आज उस डॉक्टर की मौत हो जाए। बस आज।"

आजाद समझ गए कि विजय समझने की स्थिति में नहीं है। अगर उसे अकेला छोड़ दिया जाए तो वह खुद को नुकसान पहुंचा सकता है। आज़ाद उसे अकेला नहीं छोड़ना चाहता था, वह मान गया, "चलो चलते हैं। मोटरसाइकिल पर बैठो।"

विजय और आजाद रेड्डी भाई से मिलने के लिए निकल पड़े। विजय आजाद के पीछे बैठा है। वे सड़क पर कुछ किलोमीटर आगे बढ़े और ट्रैफिक जाम में फंस गए। वे एक इंच भी हिल नहीं पा रहे थे। सड़क कारों और मोटरसाइकिलों से भरी हुई थी। फूटपाथ पर काफी लोग थे। उन्होंने लंबे समय से इस तरह का ट्रैफिक नहीं देखा है। आजाद कहता हैं, "आज इतना यातायात कैसे हो सकता है।"

आजाद वहां से गुजर रहे एक पैदल यात्री से पूछता हैं, "आज इतना ट्रैफिक क्यों है?"

पैदल यात्री - "बड़े नेता यहां आ रहे हैं। आगे उस मैदान में एक बड़ा संमेलन है।"

आजाद लोगों के आगे बढ़ने की दिशा की ओर देखते हैं। वे एक बड़े मैदान की ओर बढ़ रहे हैं। यह मैदान लोगों से खचाखच भरा हुआ था। जमीन के केंद्र में, मंच पर बैठने की विशाल व्यवस्था की गई थी। लोग अपने चहेते नेता के भाषण देने के लिए कुर्सियों पर बैठे थे। ऐसा लग रहा था जैसे कोई नेता या वीआईपी व्यक्ति भाषण देने आ रहा हो।

आजाद किसी भी तरह विजय को शांत कराना चाहता हैं। वह उसका ध्यान भटकना चाहता है इसलिए वह कार्यक्रम में जाने का प्रस्ताव देता है, "विजय, चलो कार्यक्रम में चलते हैं। पहले उनका भाषण सुनते हैं।

विजय अभी भी गुस्से में बोला, "नहीं आजाद, मैं रेड्डी भाई से मिलना चाहता हूं।"

आजाद- "विजय, सिर्फ 5 मिनट के लिए सुनो। मैं उनका भाषण सुनना चाहता हूं।"

विजय- "तुम मेरे दोस्त नहीं हो। यदि तुम हो तो मेरी बात सुनो।"

आजाद- "मैं तुमसे भी यही कह सकता हूँ। मैं तुमको लेने के लिए हर रोज तुम्हारे घर आता हूं। जब से हमने इस कार्यालय में नौकरी कर रहे है, तब से हम एक साथ हैं। और तुम कहते हो कि तुम मेरे दोस्त नहीं हो। तुम मेरे लिए 5 मिनट नहीं निकाल सकते विजय।"

विजय चुपचाप रहा। विजय दोस्ती की कीमत जानता है। आजाद ने हमेशा मदद की और कठिन समय में विजय के साथ रहा इसलिए भाषण सुनने के लिए 5 मिनट का समय

निकालना कोई बड़ी बात नहीं है। वे मैदान की ओर चले गए। एक नेता मंच पर आए। उन्होंने अपना स्थान ग्रहण किया। लोग अपने चहेते नेता को देखकर चीख पड़े। भाषण शुरू हो गया।

नेता माइक के पास आए और बोले, "भारतीय इतिहास में पहली बार लोग चुन सकते हैं कि वे किसे राजा बनना चाहते हैं। यह इतिहास के किसी भी हिस्से में किसी के लिए भी उपलब्ध नहीं था। राजा कानून बनाता था। न्याय देता था, और तानाशाह था । वह जो कहता, हमें वही करना पड़ता। हमें उनकी बाते सुनना पड़ती। उसकी इच्छा के अनुसार सोचना पड़ता। और फिर आए हमारे संस्थापक पिता। नीव रखी गईं। न्याय हमारे पक्ष में है। तीन खंभों वाली यह इमारत खड़ी रहेगी। इस ऐतिहासिक समय रेखा में कभी भी ऐसा पल नहीं था, जब आप खुद एक राजा के जैसे शक्तिशाली हो सकते हैं। आप उसे चुनौती दे सकते हैं और पूछ सकते हैं, अरे राजा! आपने हमारे लिए क्या किया है? तुम मेरे घर में प्रवेश नहीं कर सकते। यह मेरा घर है, मेरी दृष्टि है, मेरा मिशन है। मुझे वह कमाने दो जो मैं चाहता हूं। मुझे खर्च करने दो जैसे मैं पसंद करता हूं, मुझे वहां जाने दो जहां मैं जाना चाहता हूं। मैं तुम्हें शक्ति देता हूँ। वह शक्ति जो सुपरमैन की तुलना में अधिक शक्तिशाली है। बैटमैन और किसी भी अन्य सुपरहीरो की तुलना में अधिक शक्तिशाली है जो आप कल्पना भी नहीं कर सकते हैं। यह शक्ति आप में है। हमें यह शक्ति हमारे पिता ने दी है। संस्थापक पिता ने। उन्होंने कहा- न्याय हमारे पक्ष में है। हमारी तरफ, भारत के आम लोगों के पक्ष में। उन्होंने कहा- अस्थिरता लाने वाले खूनी तरीकों को छोड़ दो।

युद्ध शांति पैदा नहीं कर सकता अगर यह बुरी इच्छाओं के लिए है, हिंसा लंबे समय तक भाईचारे के साथ एक राष्ट्र नहीं बना सकता। अहिंसा बरबाद भी कर सकता है और अस्थिरता पैदा कर सकती है। फिर क्या बचा है? न्याय पाने के लिए हमारे पास क्या बचा है? यह सबसे शक्तिशाली हथियार है जो हर किसी के पास है।यह हैं - 'संवैधानिक तरीका'।

वे आपको सभी तरीको से सुनेंगे। आपका दर्द जो भी हो, आपकी बात सुनी जाएगी।

वे आपको अदालतों के जरिये सुनेंगे,

वे आपको प्रतिनिधित्व के माध्यम से सुनेंगे।

वे आपको चुनावों के जरिये सुनेंगे।

आप अपनी स्वतंत्रता के माध्यम से बोल सकते हैं।

आप अपने अधिकारों के माध्यम से बोल सकते हैं।

यह संविधान है मेरे दोस्त सबसे शक्तिशाली हथियार यह हर किसी के पास है।

यह वह आत्मविश्वास है जिसे कोई भी पूरे दिन पहन सकता है और जी सकता है।"

भाषण चल रहा है, विजय आजाद से पूछते हैं, "यह आदमी कौन है? यह नेता कौन है?"

आजाद- "मैं उसके बारे में बहुत कम जानता हूँ। उसका नाम प्रीतम है।"

"आम्बेडकर ने कहा था कि 'न केवल भारत ने पहले एक बार अपनी स्वतंत्रता खो दी है, बल्कि उसने अपने कुछ लोगों की बेवफाई और विश्वासघात से इसे खो दिया है।"

राष्ट्र आपकी कल्पनाओं पर निर्भर नहीं करता है मेरे दोस्त। न ही अपने चाबुक पर। यह हर अभिन्न व्यक्ति पर निर्भर करता है जो इसे चलाता है। सत्य में शक्ति होती है और भय को गिरना पड़ता है। राष्ट्र को आपकी जरूरत है। मजबूत बनें। समानता लाने वाली विविधता के लिए प्रतिबद्ध बने। उन जीवंत रंगों के लिए, जो इस राष्ट्र को ढक लेता है।

भारत के इतिहास में, यह पहली बार है कि शुद्ध न्याय का रास्ता खुला है। इसके लिए आपकी ईमानदारी की आवश्यकता है।“

कविता -2 पिंजरे से पक्षियों को मुक्त करें

वह जारी रखता हैं, “इस कविता को बहुत ध्यान से सुनें।

मैंने अपनी सारी उम्मीदें खो दीं,
फिर से खड़े होने की उम्मीद,
फिर से देखने की उम्मीद,
युद्ध जीतने की उम्मीद।
लेकिन किसी ने कहा,
"सूरज पूर्व में उग आया है, मेरे दोस्त।
हवा चलने लगी है,
उठो, उठो,
यदि आप नहीं कर सकते हैं, तो भी उठो। यदि आप दर्द में हैं, तो भी उठो।
बस कर दो!
दुनिया आपकी मदद के लिए बुला रही है।
पिंजरे से पंछी मुक्त होना चाहते हैं।
वे जिंदगी चाहते हैं, उसे जीने के लिए स्वतंत्र हैं।
मैंने कहा, मैं हवाओं में मजबूत खड़ा हूँ,
अब
दर्द की बारिश होने दो,
सूरज को जलने दो,
पहाड़ को बढ़ने दो।
मैं चलता हूं, मैं चलता हूं और मैं अंत तक चलता हूं
पंछीयों को पिंजरे से मुक्त करने के लिए।

विजय ने प्रीतम के भाषण को गहराई से और उत्सुकता से सुना। उनकी आभा ने उन्हें मंत्रमुग्ध कर दिया, उन्होंने कहा, "यह कुछ अलग है।"

विजय शांत हो गया है। प्रीतम की वाणी ने उन्हें मोहित कर दिया। आजाद ने कहा, "क्या हम रेड्डी भाई से मिलने जाएंगे या हम अपने घर जाएंगे।" आजाद ने उसकी तरफ देखा और

कहा, "शायद हम कल उससे मिलेंगे।"

विजय ने जवाब दिया, "ठीक है।"

आजाद और विजय अपनी मोटरसाइकिल से अपने घर की ओर बढ़ते हैं। विजय को उसके घर छोड़ देता है।

विजय थोड़ा शांत हो गए हैं लेकिन अभी भी नाराज हैं। मन ही मन सोचते हुए, "मैं उसे नहीं छोड़ूँगा। मैं उससे बदला लूंगा। उसने मेरी जिंदगी तबाह कर दी।"

विजय बेडरूम में प्रवेश करता है। प्राची पति की तरफ देखती है। विजय का चेहरा गुस्से में और दुखी है। वह जानती थी कि उससे बात करने का यह सही समय नहीं है और रसोई में काम करती रहती हैं। विजय बिस्तर पर बैठ गया। उसने अपनी बेटी की तरफ देखा। वह अपनी नोट बुक में कुछ लिख रही हैं। विजय को नींद आ गई।

8

राष्ट्रपति के प्रति ईमानदारी

सपना- 7

विजय को इतना गुस्सा आ रहा था कि वो आधी रात को ही उठ जाता है। अपना गियरलेस स्कूटर लेता है और सीधे रेड्डी भाई की ओर ड्राइव करता है। रेड्डी भाई की हवेली में जाता है। हवेली गेट में सुरक्षा गार्ड से मिलता है। उनसे रेड्डी भाई रो मिलने की अनुमति देने का अनुरोध करता है। सुरक्षा गार्ड विजय को रेड्डी भाई के गिरोह के प्रभारी दाहिने हाथ आदमी से मिलने का निर्देश देता है। रेड्डी गैंग का प्रभारी, गैंग के सभी आदमियों की देखभाल करता हैं। वह रेड्डी भाई की सभी अवैध गतिविधियों का समन्वय करता है।

विजय प्रभारी से मिलता है और रेड्डी भाई से मिलने का अपना इरादा बताता है जिस पर प्रभारी जवाब देते हैं, "रेड्डी भाई, इस शहर में सबसे शक्तिशाली व्यक्ति हैं। आप ऐसे ही नहीं मिल सकते। वह बहुत व्यस्त हैं।"

विजय- "मैं चाहता हूँ कि रेड्डी भाई मेरी मदद करें।"

प्रभारी- "रेड्डी भाई आपकी मदद क्यों करेंगे?"

विजय- "मुझे एक समस्या है। डॉक्टर ने मुझे धोखा दिया। उसने बेटी के ऑपरेशन के नाम पर मेरे पैसे ले लिए। अब मेरे सिर पर बहुत सारा कर्जा है। कृपया रेड्डी भाई को बताओ, मैं उनकी मदद के लिए उनसे भीख माँगता हूं। मैं उस डॉक्टर को मारना चाहता हूं।"

प्रभारी- "क्या! रेड्डी भाई तेरे जैसे लोगों की मदद नहीं करते। जादा पैसा देने पर ही समस्याओं का समाधान करेगे। काम करने के लिए शुल्क करोड़ों में होगा। तू इसका भुगतान नहीं कर सकता।"

विजय- "लेकिन कम से कम, मुझे रेड्डी भाई से बात करने की अनुमति दें।"

प्रभारी- "ठीक हैं, मैं मदद कर सकता हूं, अगर तू हमारे गिरोह के लिए काम करने का वादा करता हैं तो। अगर तू हमारे गिरोह के लिए काम करता हैं, तो हम सभी तेरे मदद करने के लिए आएंगे। रेड्डी भाई तुझे काम के लिए पैसे भी देंगे। अगर तू तैयार हैं तो मैं तुझको

रेड्डी भाई से मिलने के लिए ले जा सकता हूं।"

विजय सोचता है, वर्तमान नौकरी उसके कर्ज का भुगतान करने के लिए पर्याप्त नहीं है। कम से कम रेड्डी भाई समस्या का समाधान तो कर ही सकता हैं। विजय कहता हैं, "मैं तैयार हूँ। मैं रेड्डी भाई के लिए काम करूंगा।"

प्रभारी- "ठीक है, फिर रेड्डी भाई से मिलने चलते हैं।"

प्रभारी विजय को हवेली की गलियों से एक कमरे में ले जाते हैं जहां रेड्डी भाई गिरोह के सदस्यों के साथ बैठक करने के लिए जल्द ही आएंगे।

विजय से प्रभारी, "तुम यहां इंतजार करो, रेड्डी भाई जल्द ही आएंगे।"

रेड्डी भाई कमरे में आते हैं। वह केवल उसके लिए बनाई गई बड़ी सिहासन जैसे आकार की कुर्सी पर बैठता है। प्रभारी बातचीत शुरू करता हैं।

प्रभारी-"बॉस, यह हमारा नया सदस्य है और वह हमारी गिरोह के लिए काम करेगा। वह चाहता है कि उसके दुश्मन डॉक्टर को मार दिया जाए।"

रेड्डी भाई- "उसे बताओ, क्या काम करना है? और उसे, गिरोह के प्रति वफादार रहने के लिए बताओ। वैसे हम तेरे काम और वफादारी को पहले देखेंगे। अगर मैं तेरे काम से संतुष्ट होता हूँ तो मेरे आदमी उस डॉक्टर को मारने में तेरी मदद करेंगे।"

प्रभारी विजय को गिरोह के बारे में समझाता हैं, "हमारा गिरोह रेड्डी गैंग है। हमारे बॉस मालिक रेड्डी भाई सबसे शक्तिशाली हैं। हमारा एक दुश्मन गिरोह हैं - शकील गैंग। वे हमारे दुश्मन हैं। उनसे बात नहीं करना हैं। अगर शकील गैंग का कोई आदमी तुझको मारने की कोशिश करता है या तुझसे बात करता है तो उसे मार डालो।"

वो विजय को एक विशाल गोदाम में ले गया। यह गोदाम रेड्डी भाई के सभी अवैध उत्पादों के लिए एक भंडार है। प्रभारी बताता हैं, "तुझको को इस गोदाम की सुरक्षा करना है। किसी भी व्यक्ति को इस इमारत में प्रवेश नहीं करना चाहिए। इस बिल्डिंग को घेरकर गिरोह के अन्य सदस्य तेरे साथ रहेंगे।"

प्रभारी अपनी जेब से पिस्तौल निकालता है, "यह बंदूक ले लो।"

विजय ने अपने जीवन काल में कभी बंदूक नहीं देखी है। वह तनाव में आ गया। प्रभारी उसे पिस्तौल काम करने और गोली मारने के तरीके के बारे में समझाते हैं। वह चेतावनी देते हैं, "अगर शकील गैंग का कोई सदस्य इस जगह पर आता है या इस जगह पर हमला करता है तो गोली मार देना।"

विजय जवाब देता है, "ठीक है।"

प्रभारी चला जाता हैं। विजय गोदाम की रखवाली करता है। विजय जानता है कि वह जिस गरीबी का सामना कर रहा है, उससे बचने का यही एकमात्र तरीका हो सकता है। घंटों पहरा देने के बाद उसके मोबाइल की घंटी बजती है। विजय कॉल उठाता है, "हेलो ! मैं शकील गैंग का आदमी अफजल बोल रहा हूँ।"

अफजल- "तुम हमारे गैंग में क्यों नहीं शामिल हो जाते हो। हम तुम को रेड्डी गैंग से 3 गुना ज्यादा पैसा देंगे। तुमको बस रेड्डी गैंग के बारे में जानकारी देनी होगी।"

विजय- "मैं रेड्डी गैंग के प्रति वफादार हूं।"

अफजल- "थोडा और सोच लो। शकील गैंग रेड्डी गैंग से बेहतर है। फिर से सोचो विजय। रेड्डी भाई एक दुष्ट व्यक्ति हैं। वह अपने गैंग के सदस्यों के साथ अच्छा व्यवहार नहीं करता। न ही वह पर्याप्त मजदूरी का भुगतान करता है। रेड्डी की हत्या में मेरी मदद करो और शकील गिरोह में शामिल हों जाओ। हम आपको 10 करोड़ रुपये देंगे। आप करोड़पति बनना चाहते हैं ना?"

विजय थोड़ी देर सोचता है, "रेड्डी ने उनकी मदद करने का वादा भी नहीं किया था। लेकिन अफजल ने रेड्डी भाई को मारने के लिए पैसों की पेशकश की। 10 करोड़ रुपए बहुत हैं। वह अपना कर्ज चुका सकता है और जैसा चाहे वैसा ही जीवन जी सकता है।"

वह इस क्षेत्र में नया हैं। आत्मविश्वास पाने के लिए कुछ समय की आवश्यकता होगी। यह मामला जिंदगी और मौत का मामला है। अगर कुछ भी गलत हो जाता है तो वे विजय को मार सकते हैं। वे उसके परिवार की हत्या कर सकते हैं। उसने रेड्डी गैंग के साथ रहने का फैसला किया क्योंकि उसने पहले रेड्डी से संपर्क किया था। वह अफजल को जवाब देता है, "हम रेड्डी गैंग के प्रति वफादार हैं।"

अफजल- "रेड्डी का समय खत्म हो गया है, मेरी सहायता करो।"

विजय मोबाइल काट देता है। वह फोन पर हुई सारी बातचीत बताने के लिए प्रभारी की ओर भागता हैं। वह बताता है कि शकील गैंग रेड्डी भाई की हत्या की साजिश रच रहा है। यह खबर उसके गैंग में जंगल की आग की तरह फैलती है। यह खबर सुनते ही रेड्डी भाई शकील भाई को चुनौती देने के लिए बुलाता हैं। अंतिम लड़ाई के लिए। जो जीतेगा वह क्षेत्र का सबसे बड़ा डॉन होगा। उन्होंने शहर से दूर एक एकांत निर्दिष्ट स्थान पर मिलने का फैसला किया। यह उनके लिए प्रभुत्व का अंतिम युद्ध होगा।

निर्धारित स्थान पर। रेड्डी भाई और उसके गिरोह के सदस्य एक तरफ खड़े हैं जबकि शकील और उसके गिरोह के सदस्य दूसरी तरफ खड़े हैं। रेड्डी शकील गैंग की ओर देखते हैं। इसके बाद वह अपने वफादार आदमियों को देखता है। और कहता है, "मेरे आदमी सबसे वफादार हैं।"

शकील भाई अपनी शक्ति दिखाता हैं, "मेरे आदमी मेरे प्रति सबसे वफादार हैं।"

रेड्डी भाई अपने गिरोह के सदस्यों की ओर इशारा करते हुए कहते हैं, "वे वह सब कुछ करते हैं जो मैं उन्हें करने के लिए कहता हूँ।"

शकील भाई ने जोश में कहा, "मेरे आदमी वही करते हैं जो मैं कहता हूं।"

रेड्डी भाई – "मेरे आदमी मेरे लिए मर सकते हैं।"

शकील भाई- "मेरे आदमी मेरे लिए किसी को भी मार सकते हैं।"

रेड्डी और शकील भाई एक-दूसरे के प्रति अपने आदमियों की वफादारी के बारे में डींगे मारते हैं। वे यहां गैंगवार शुरू करने आए हैं। स्थिति बहुत गंभीर हैं। अचानक एक और शक्तिशाली आदमी कहीं दूर से आते हूए दिखाई देता हैं। वह उनकी ओर चलने लगता हैं। उसने कोट और ट्राउजर पहन रखा हैं। वह एक बहुत ही सौम्य आदमी लग रहा हैं। उसके चेहरे पर मुस्कान हैं। जैसे उसे मौत का डर नहीं हो। उसके पास एक अद्‌भुत आभा हैं जिसे समझाया नहीं जा सकता। वह गिरोह के दोनों सदस्यों के बीच में खड़ा हो जाता हैं। पूरी तरह से आत्मविश्वास और मुस्कुराते हुए। रेड्डी और अफजल भाई के पास उनकी तरफ देखते रहने के अलावा कोई चारा नहीं था। वह बोलना शुरू करता है, "हर किसी को मेरा प्रणाम, मैं प्रेसिडेंट हूँ।"

वह जारी रखता है, "हाँ, प्रेसिडेंट, मैं आदमी गैंग का प्रेसिडेंट हूँ।"

रेड्डी और शकील भाई- "आप अपने गैंग को क्या कहते हैं? मैंने भारत के प्रेसिडेंट, अमेरिका के प्रेसिडेंट के बारे में सुना है। आप किस प्रकार के प्रेसिडेंट हैं?"

प्रेसिडेंट- "मैं आदमी गैंग का प्रेसिडेंट हूं। मैं अपने सदस्यों को शक्तियां देता हूं। उनके साथ अच्छा व्यवहार करता हूँ। उनकी शिक्षा, भोजन और आश्रय की व्यवस्था करता हूँ, उनके अधिकारों की रक्षा करता हूँ, उनके स्वास्थ्य और धन की देखभाल करता हूँ। उनके धन को बढ़ाने के लिए प्रत्येक प्रयास करता हूँ। वे जो करना चाहते हैं उसे करने के लिए समय देता हूँ। मैं सभी के साथ समान व्यवहार करता हूं। निर्धारित प्रक्रिया के अनुसार दंडित करता हूँ। यदि उन्होंने अच्छा किया है तो उनकी प्रशंसा करता हूँ और उन्हें उपहार देंता हूँ। मेरे सदस्य मेरे अभिन्न अंग हैं और मैं उनका अभिन्न अंग हूं। हम चर्चा करते हैं कि हमें कैसे आगे बढ़ना चाहिए और यह सुनिश्चित करते हैं कि यह सब को स्वीकार्य हो।

हमारे पास सबसे अच्छी व्यवस्था है। कोई भी सिर्फ पैसे के लिए मेरे साथ नहीं है। हम एक हिस्सा हैं। मेरा एक हिस्सा मेरे सदस्यों में है और सदस्यों का हिस्सा मेरे अंदर है। हम मोती के हार हैं। मेरे सदस्यों के पास चुनने की शक्तियां हैं। स्वशासन के लिए कानून बनाने की शक्ति। हम एक-दूसरे को भाई की तरह मानते हैं। जरूरतमंद और एक-दूसरों की मदद करते हैं। हर किसी के मूल्यों का सम्मान करता है। हमारे सदस्य विविध जगह से आते हैं लेकिन हम एक हैं।"

रेड्डी और शकील भाई- "हमारे सदस्य हमारे गिरोहों को नहीं छोड़ेंगे, हमने उन्हें ब्रेनवॉश किया है। वे आपके साथ शामिल नहीं होंगे।"

प्रेसिडेंट- "हम अभिन्न अंग हैं मेरे मित्र। मेरे पास आओ, अधिकार और स्वतंत्रता प्राप्त करो।"

रेड्डी और शकील भाई, "आपके लोग हमारे आदमियों के साथ नहीं लड़ सकते। हमारे आदमी शक्तिशाली हैं।"

प्रेसिडेंट - "गुलामों की सेना युद्ध नहीं जीत सकती, मेरे दोस्तों। तुम्हारी सेना गुलाम आदमियों की है। वे मेरे आदमियों से नहीं लड़ सकते जिन्होंने खुद को गुलामी से मुक्त कर

लिया है। मेरे आदमी सोच सकते हैं और कार्य कर सकते हैं। वे हमारी एकता और मूल्यों और भाईचारे के लिए लड़ सकते हैं।"

प्रेसिडेंट ने आगे कहा- "युद्ध केवल हथियारों से नहीं जीता जा सकता है। यह अपने आदमियों की स्वतंत्रता से जीता जाता है। मन और विचारों की स्वतंत्रता। मेरे आदमी अंदर से आजाद हैं, आप उन्हें रोक नहीं सकते।"

रेड्डी भाई और अफजल भाई के सभी गैंग के आदमी प्रेसिडेंट की बातें सुन रहे थे। वे अपने कान लगा के बात सुन रहे थे। गिरोह के सदस्यों के लिए यह कुछ नया था। उन्होंने कभी भी इस बात पर ध्यान नहीं दिया या विश्वास नहीं किया कि ये सच में हो सकता है- बराबर होना। रेड्डी भाई के अधीन काम करने वाला व्यक्ति रेड्डी भाई के बराबर कैसे हो सकता है? शकील भाई के अधीन काम करने वाला कोई व्यक्ति उन्हें अपने सदस्यों के कल्याण के लिए कैसे निर्देशित कर सकता है? समूह में सन्नाटा पसरा हुआ था। गिरोह के सभी सदस्य, लगभग 200 के आसपास, प्रेसिडेंट से प्रेरित थे। उन्होंने आदमी गैंग के प्रेसिडेंट के साथ शामिल होने का फैसला किया। गिरोह के सभी सदस्यों ने अपने हथियार छोड़ दिए और प्रेसिडेंट के पास आकर कहा, "हम सभी आदमी गैंग के प्रेसिडेंट के साथ शामिल होंगे। हम आदमी गैंग के प्रेसिडेंट का हिस्सा होंगे। रेड्डी भाई और शकील भाई ने आज तक हमें बेवकूफ बनाया है। हम अज्ञात कारणों पर लड़ रहे थे। अब हमारे पास हमारा रक्षक है जिसके लिए हम लड़ सकते हैं। वह हैं आदमी गैंग के प्रेसिडेंट।"

सभी सदस्य एक नारा लगाते हैं, "हम एक हैं।"

विजय जोर से चिल्लाता है, "हम एक हैं। हम एक हैं।"

विजय अपनी आँखें खोलता हैं, यह महसूस करता हैं की यह एक सपना था।

बदला लेने के लिए विजय का गुस्सा अब तक कम हो जाता हैं। वे कल की तरह क्रोध से भरा नहीं हैं। वह अभी भी अपने जीवन के बारे में सोच रहा हैं। सपना अब खत्म हो गया, वास्तविकता का सामना करने का समय है। असलियत कुछ और ही हैं। वह जिस कष्ट का सामना कर रहा है, वह उसके मन और शरीर के लिए असहनीय है। वह अपने बिस्तर के कोने में बैठ गया और बिना शोर मचाए रोया। अंदर ही अंदर उसका दर्द कोई नहीं सुन सकता। पत्नी और बेटी अपनी दिनचर्या कर रही हैं। उन्हें उस तनाव के बारे में नहीं पता जिसका वह सामना कर रहा है। उसे बस इतना देखना है कि न्याय पाने का रास्ता कही से मिल जाए। न्याय, न्याय और केवल न्याय! अब वह तथाकथित न्याय पाने के लिए किसी भी स्तर पर जा सकता है।

विजय ऑफिस के लिए निकल जाता है। पत्नी उसे परेशान नहीं करती है। कार्यालय में विजय और आजाद मामलों पर चर्चा करने के लिए सहयोगियों के साथ बैठते हैं।

आशीष ने पूछा, “रेड्डी भाई से मिले थे क्या?"

विजय- "नहीं।"

रीमा- "तुम पुलिस के पास क्यों नहीं जाते?"

आजाद- "यह एक अच्छा दृष्टिकोण है, पुलिस।"

सहकर्मी- "पुलिस कुछ नहीं करेगी। वे बैठें रहेंगे और बस ठंडा हो जाएंगे।"

विजय – "मैंने जो भाषण सुना, कल का भाषण शक्तिशाली था। वह नेता कौन है? उसे कोई जानता है। उसका नाम शायद, मुझे लगता है आ..आ.., प्रीतम हैं।"

रीमा गूगल पर सर्च करती है, "अरे देखो, उसका एक ब्लॉग है। वह लिखते हैं वह यह है कि- हर कोई न्याय चाहता है। न्याय हमारे पक्ष में है। न्याय उस व्यक्ति के साथ नहीं है जो इसका दुरुपयोग करता है। लेकिन यह उस व्यक्ति के साथ है जिसके पास नैतिकता हैं, संवैधानिक नैतिकता। आप में संवैधानिक विश्वास पैदा करें। वह आत्मविश्वास जो आपको अकेले खड़ा होने में मदत कर सकता है और वो आत्मविश्वास जो आपको युद्ध जीता सकता है। आपके पास जो अधिकार हैं, वह आपकी शक्ति है। कभी भी अपनी शक्ति उस व्यक्ति को न दें जो इस का दुरउपयोग करता है। जान लीजिए कि आपके पास शक्ति है। इसका इस्तेमाल करें। आपके पास शक्तियों से भरा बैग है। यह शक्ति मिली हैं - हम भारत के लोग से। व्यवस्था आपको न्याय देने के लिए डिज़ाइन किया गया है। पूरी ऊर्जा, समय और धन केवल आपको न्याय देने के लिए लगाया जाता है। हमें केवल नैतिकता की आवश्यकता है। एक नैतिकता जो हमारे संविधान से ली गई है। 'संवैधानिक नैतिकता'।"

विजय सीमा को ब्लॉग पढ़ने से रोकता है। वह पुलिस में शिकायत करने के लिए बेताब है। वह आजाद से कहता है, "चलो पुलिस स्टेशन चलते हैं।"

आजाद- "ठीक है।"

विजय और आजाद अपनी बाइक पर थाने के लिए रवाना हुए। हमेशा की तरह भारी यातायात था। अचानक एक गाय बीच सड़क पर आ गई और वे उस पर टकरा गए। आजाद कहता हैं, "विजय, मैं बाइक चलाने से तंग आ चुका हूं। गाय, किसी भी समय, किसी भी जगह, गाय। लोग अपनी गायों को अपने घर में क्यों नहीं रखते? वे ट्रैफिक जाम कर रहे हैं और एक इंच भी आगे नहीं बढ़ते हैं।"

वे थाने पहुंच जाते हैं। एक मेज के पास जाते हैं। कुर्सी पर एक पुलिस अधिकारी बैठा हैं। आजाद उससे पूछता है, "हम शिकायत करना चाहते हैं।"

पुलिस- "शिकायत क्या है?"

विजय बताते हैं कि उनके साथ क्या हुआ। वह चिकित्सा दस्तावेजों की कार्बन प्रतियां दिखाता है और ऋण और डॉक्टरों और अस्पतालों के बारे में सब कुछ बताता है। इस पर पुलिस ने कहा, "यह सुनकर बहुत दुख हुआ कि आपको इस तरह की समस्या का सामना करना पड़ा। कोई बात नहीं। हमारा हेड कांस्टेबल आपकी शिकायत लिखेगा। हम जांच करने के लिए अस्पताल जाएंगे।"

विजय जब पुलिस से बात कर रहा था, तभी एक अन्य व्यक्ति परेशानी में पुलिस स्टेशन में आता हैं और जल्दबाजी में दिखाई दे रहा था। हैरान आदमी ने कहा, "सर, सर, मैं बहुत बड़ी समस्या में हूं, कृपया मेरी मदद करें।"

पुलिस- "तुम्हारी क्या समस्या है?"

हैरान आदमी- "मेरी गाय गायब है; मुझे नहीं पता कि यह कहां है। ऐसा लगता है कि किसी ने चोरी की है।"

पुलिस- "ठीक है, तुम्हारा नाम क्या है?"

हैरान आदमी- "मेरा नाम शिवानंद गुरुक्कल है।"

पुलिस- "ठीक है, हेड कांस्टेबल पहले इनकी शिकायत लिखो। आप वहां जाइए वह आपकी शिकायत लिखेंगे।"

विजय टोकता है, "हमारी शिकायत।"

पुलिस- "उसे पहले अपनी शिकायत दर्ज करने दें, वह जल्दी में है। केवल 5 मिनट प्रतीक्षा करें। ठीक है"

हैरान आदमी की लापता गाय की शिकायत को पूरा करने के बाद विजय अपनी शिकायत बताता है। विजय अपनी सभी समस्याओं का वर्णन करता है और उसे अपनी शिकायत देता है। हेड कांस्टेबल उसके सभी वर्णित शिकायतों को लिखता है, और उसके हस्ताक्षर लेता है। विजय जल्द समाधान के लिए गिडगिडाता हैं, "सर, कृपया मेरे शिकायत का निवारण जल्दी करें। मैं मुसीबत में हूं। बड़ी मुसीबत में।"

हेड कांस्टेबल- "हाँ सर, हम अपनी पूरी कोशिश करेंगे। आप जानते हैं कि इस स्टेशन में कर्मचारियों की कमी है। पहले से ही कई शिकायतें लंबित हैं, हम अपने काम को ईमानदारी से चलाने के लिए अपनी पूरी कोशिश करते हैं।"

विजय और आजाद कुर्सी से उठने वाले थे। हेड कांस्टेबल ने बैठने के लिए इशारा किया, उन्होंने आगे कहा, "लोगों को लगता है कि पुलिस भ्रष्ट है, पुलिस सभी प्रकार के बुरे काम करती है। वे लोगों के साथ अच्छा व्यवहार नहीं करते हैं। ऐसा नहीं है। लोग यहां तब आते हैं जब उन्हें आखिरी उम्मीद होती है। जब वे सब कुछ खो देते हैं, तो वे हमारे पास आते हैं। अब भ्रष्टाचार, परेशानी कहां है? हम केवल आपके लिए हैं। लेकिन हमारी भी सीमाएं हैं। हम भी सामान्य इंसान हैं। लोग हमारा समर्थन नहीं करते हैं। न ही वे हमें देखते समय हमारे साथ अच्छा व्यवहार करते हैं। कभी-कभी हमें उन चीजों को करना पड़ता है जो हम नहीं चाहते हैं। हमारे पास अपने बच्चे और पत्नी हैं। मुझे उनकी सुरक्षा की भी फिकर करनी पड़ती हैं। हम आपकी सुरक्षा के लिए रैलियों में गर्मी में खड़े रहते हैं। हम सुचारु यातायात के लिए सड़क पर खड़े रहते हैं। कभी-कभी अपराधियों द्वारा धमकी दी जाती है। कई बार हमें उस व्यक्ति को रिहा करना पड़ता है जिसने रैली में हम पर पथराव किया है।"

विजय टोकता है, "ठीक है, सर वापस कब आना है?"

हेड कांस्टेबल- "हम आपको फ़ोन करेंगे। चिंता मत करो।"

विजय और आजाद उठते हैं और पुलिस स्टेशन छोड़ देते हैं। दोनों समझ जाते हैं कि पुलिस को समय लगेगा। आजाद विजय को उसके घर छोड़ देता है। विजय घर में प्रवेश करता है। वह परेशान है, उदास है। वह दुखी है। पत्नी उसे देखती है। पत्नी हमेशा उसकी

चुप्पी के बारे में पूछना चाहती थी, लेकिन कभी पूछने की हिम्मत नहीं की। अब तक पत्नी ने उसे परेशान नहीं किया। पत्नी पिछले दो दिनों से लगातार उसको देख रही है। वह सुस्त और उदास दिख रहा है।

पत्नी हस्तक्षेप करती है, "प्रिय पति, क्या बात है? आप बहुत तनाव में लग रहे हो? आपने हमसे ठीक से बात नहीं की है।"

विजय अपनी पत्नी से झूठ बोलता है, "कुछ भी नहीं, कार्यालय में थोड़ा तनाव और काम का दबाव था। मैं थक गया हूं, कल बात करते हैं।"

पत्नी- "कम से कम अपनी बेटी से तो बात करो।"

पत्नी बेटी की तरफ देखते हुए बोली- “सोनम, यहां आ जाओ।"

बेटी एक पेंटिंग के साथ दौड़ती हुई आती है। वह अपने पिता को अपनी पेंटिंग दिखाती है। उसने एक चार्ट पेपर पर एक पेंटिंग बनाई।

बेटी- "पिताजी, मेरी पेंटिंग देखिए। मैंने एक घर बनाया। हड़प्पा सभ्यता में सारे घर ऐसे ही हुआ करते थे जैसे मैंने बनाया हैं। घर में कई कमरे होते थे और घर के सामने सड़क होती थी। कुछ घरों को बहुमंजिला भी बनाया गया था। पिताजी, हड़प्पा भारत की सबसे पुरानी सभ्यता थी। 5000 साल पुरानी। उन्होंने घर बनाने के लिए ईंटों का इस्तेमाल किया, हमारा भारत इतिहास और संस्कृति में समृद्ध है। टीचर ने कहा कि, सिंधु घाटी सभ्यता में लोग अपने काम में एक-दूसरे की मदद करते थे, उनके पास हमारे जैसे पैसे नहीं थे। कोई सोना और चांदी नहीं।“

विजय अपनी आँखों में टूटा हुआ सपना देख सकता था। अपनी बेटी को पायलट बनाना उसके लिए लगभग असंभव कार्य है। डॉक्टर बनाना असंभव के करीब है, अपनी बेटी को खुश देखना अभी भी असंभव है, ऐसी जिंदगी जिससे उसका भविष्य मजबूत हो – वे कल्पना नहीं कर सकता। और एक अच्छी सामाजिक स्थिति और शक्ति एक बहुत बड़ा लक्ष्य है।

विजय ने नकली मुस्कुराहट देते हुए कहा, "सोनम, गुड नाइट सोने का समय हो गया है।"

विजय बिस्तर पर गया, सोने की कोशिश की। "पैसा, ऋण से मुक्ति, न्याय, वे कहाँ हैं?” उसके मन में गतिरोध बना हुआ हैं। उसने सोने का नाटक किया लेकिन काफी देर तक जागता रहा। रात के 11:30 बज चुके है। उसने पत्नी और बेटी की ओर देखा। वे गहरी नींद में थे।

9

अधिकार, जो हमारे पास कभी नहीं थे

सपना- 8

विजय अपनी आँखें खोलता है। वह आस-पास देखता है। उसका घर बदल गया हैं। वह कहीं और है। वह उठता है। बाहर जाता हैं। वह किसी गांव जैसे इलाके में है। सभी घर मिट्टी और पत्ती और बांस से बनी छतों से बने होते हैं। उस जगह पे कुछ बकरियां, गाय और बैल घूम रहे है। बच्चे खेल रहे है। सभी ग्रामीणों ने कुछ अलग तरह से कपड़े पहने हुए है जो उन्होंने अपने जीवन में नहीं देखा। यह कुछ ऐतिहासिक गांव के सेटअप की तरह लग रहा था। एक आदमी उसके पास आया। वह उसे देखकर मुस्कुराता है। विजय पूछता है, "मैं कहाँ हूँ?"

आदमी- "मूर्ख मत बनो! तैयार हो जाओ, हमें एक मकसद के लिए जाना हैं।"

गांव के एक शख्स ने एक शंख बजाया। इस आवाज को सुनकर, उन्होंने देखा कि गांव के केंद्र में 100 पुरुष एक साथ इकट्ठा हुए। इसके बाद महिलाओं और बच्चों ने पुरुषों का अनुसरण किया। सभी एक विशाल पेड़ के पास गांव के केंद्र में इकट्ठे हुए। ऐसा लगता है कि वे इस जगह पर हमेशा गांव की बैठकें करते हैं। बूढ़ा आदमी पेड़ के पास खड़ा था। सामने युवक खड़े थे और उनके पीछे महिलाएं और बच्चे।

बूढ़ा आदमी ने भीड़ को संबोधित किया, "हमारे पास लड़ने का एक मकसद है। हमारे अस्तित्व, और हमारे बच्चों के लिए लड़ना हैं। क्या आप उस शहर को देख सकते हैं? उनके पास जीवन की सभी सुविधाएं हैं और देखो हमारे पास क्या है, कुछ भी नहीं! अब हम प्रतिज्ञा करते हैं कि हम आज रात तक सभी महगी वस्तुओ को अपने गाव में लाएंगे। हम उस शहर पर हमला करेंगे। जीत हमारी होगी।"

सभी आदमी चिल्लाते हैं- "हम उन्हें मार डालेंगे, उन्हें काट डालेंगे।"

विजय निर्देशित दिशा की ओर देखता है। दूर वह एक शहर देख सकता है। एक विशाल दीवार और शहर। विजय उस आदमी से पूछता है जिससे वह मिला था, "यह सब किस बारे में है?"

आदमी- "तुम्हें नहीं पता क्या, हम आज रात हड़प्पा जा रहे हैं और उन सभी महंगी वस्तुओं को पकड़ कर ला रहे हैं। अगर किसी ने हमें रोकने की कोशिश की, तो हम उन्हें मार देंगे।"

विजय- "कौन-कौन सी महंगी वस्तुएं। आपका मतलब सोना, चांदी, पैसा।"

आदमी- "आह! यह क्या है?"

विजय समझाने की कोशिश करता है, "सोना, चांदी, पैसा, रुपया, बिटकॉइन।"

आदमी- "तुम किस बारे में बात कर रहे हो? मैं समझ नहीं पा रहा हूं।"

विजय- "फिर हम क्या ढूँढ रहे हैं?"

आदमी- "गाय, बकरी, भैंस"

विजय- "बस गाय-बकरियों के लिए तुम दूसरों को मारना चाहते हो।"

आदमी- "गायों के बिना हम कैसे जीवित रह सकते हैं। हमारी अधिकांश गायें मर चुकी हैं और अन्य बीमार हैं। इसलिए, हमें खेती और दूध के लिए अधिक गायों की आवश्यकता है। इसलिए, जो कोई भी हमें रोकेगा उन्हें मार डालेगे।"

बूढ़ा आदमी इस गांव में सबसे वरिष्ठ लग रहा है। वह कहते हैं, "किंवदंती है कि अधिकारों का एक बैग है जिसे हड़प्पा में छिपाकर रखा गया है। अधिकारों की यह थैली जिसे भी मिलेगी उसे सारी शक्तियां मिल जाएंगी।"

उसे सुनकर खड़े पुरुष और महिलाएं भ्रमित हो जाते हैं। उन्होंने अपने जीवनकाल में कभी भी अधिकार शब्द नहीं सुना। एक व्यक्ति सवाल करता है, "कौन सी शक्तियां?"

बूढ़ा आदमी जवाब देता है, "अधिकारों की शक्ति।"

"अधिकारों की शक्ति क्या है?" किसी ने पूछा।

बूढ़ा आदमी- "बहुत शक्तिशाली शक्ति हैं। जिसके पास यह है, उसके साथ गुलाम की तरह व्यवहार नहीं किया जा सकता है। निर्दोष पाते ही उसे रिहा कर दिया जाएगा और सम्मान के साथ जिंदगी जी सकता है। वह जीवन को चुन सकता है कि वह कैसे जीना चाहता है। वह शहरों और जिलों का प्रमुख भी बन सकता है। सही होने पर कोई भी उसे जेल में नहीं डाल सकता। वह अपना जीवन साथी चुन सकता है और उसे मजबूर नहीं किया जा सकता है। वह बोल सकता है जो उसे सही लगता है और कोई भी इस आदमी को दंडित नहीं कर सकता है। वह जो पसंद करता है उसे खा सकता है। जब वह सोता है तो उसे कोई परेशान नहीं कर सकता है। वह जहा चाहे जा सकता है। वह शक्तिशाली होगा। किसी को भी उसके घर से नहीं हटाया जा सकता और न ही उसकी जमीन से।"

उनके भाषण ने खड़े कई पुरुषों और महिलाओं को आश्चर्यचकित कर दिया। किसी ने कहा "वाह, क्या ऐसी कोई चीज है जिसे अधिकारों का बैग कहा जाता है।"

बूढ़ा आदमी- "हाँ वहाँ है, लेकिन वह बैग को प्राप्त करने और इसका उपयोग करने के लिए, कुछ प्रतिबद्धता करनी होगी। किसी भी आदमी को तब तक नहीं मार सकता जब तक उस पर हमला नहीं किया गया हो। उसे दूसरों के साथ गरिमा के साथ व्यवहार करना होगा। महिलाओं और बच्चों के प्रति सम्मान दिखाना होगा और उनके साथ गुलामों की तरह व्यवहार नहीं किया जा सकता।"

कई महिलाएं इसे अपने जीवन से जोड़ कर देखती हैं और अपनी समस्याओं को बताती हैं।

एक महिला ने आगे आकर कहा, "उन्होंने मुझे अपना पसंदीदा खाना खाने से रोकने के लिए मजबूर किया क्योंकि मेरी गाय और पति मर चुके थे।"

एक आदमी- "मैं हर दिन काम करता हूं और गायों के लिए चारा लाता हूं। फिर भी, मुझे खाने के लिए पर्याप्त भोजन नहीं मिलता है।"

एक और आदमी- "उन्होंने एक संदिग्ध चोरी के लिए मुझे इतनी बुरी तरह पीटा कि मैं लगभग मर चुका था। मैंने किसी की गाय नहीं चुराई है।"

एक और महिला- "जब मैंने पति को कहा कि तुम कायर हो तो उसने मुझे डंडे से पीटा।"

अन्य व्यक्ति- "मुझे मेरे घर से हटा दिया गया था जो मैंने बनाया था और जंगल में रहने के लिए मजबूर किया गया।"

उनमें से कई चिल्लाए, "मुझे वह बैग चाहिए। अधिकारों का बैग।"

बूढ़े आदमी ने विजय की ओर देखा। वह उन लोगों के बीच खड़ा था जो शहर पर हमला करने के लिए हड़प्पा जा रहे थे। विजय की ओर इशारा करते हुए, "तुम अलग लग रहे हो, मनमोहक हो, मेरा दिल कहता है कि यह बैग तुम्हारा ही होगा।"

विजय अभी भी गायों के लिए युद्ध को लेकर उलझन में है। वह सोचता हैं, "हम गायों को वापस कैसे लाएंगे? क्या हमें सिर्फ गायों के लिए लोगों को मारना चाहिए?" वह बूढ़े आदमी से कहता है, "मुझे अधिकारों की थैली की चिंता नहीं है, मुझे गायों की अधिक चिंता है। हम गायों को कैसे लाने जा रहे हैं। क्या होगा अगर कोई हमें देखता है?"

बूढ़ा आदमी- "तो चलो गायों को ले आते हैं। यदि आप इस लड़ाई में मर जाते हैं, तो हमारी आने वाली पीढ़ीया आपको एक नायक के रूप में याद रखेगी।"

विजय भीड़ की ओर देखता है। वह अपनी पत्नी और बेटी को खड़ा नहीं पाता है। वह अपने दोस्त से पूछता है जो उससे पहले मिला था, "पहले मुझे बताओ कि मेरी पत्नी और बेटी कहां हैं।"

आदमी- "अगर आप इस लड़ाई में मारे जाते हैं। हम आपको याद करेंगे मेरे दोस्त, और आपके सामान का ख्याल रखेंगे। अब हमले के लिए तैयार हो जाओ।"

हर कोई अपने हथियारों को हमले के लिए तैयार कर रहा है। रात आ गई। वे सभी बूढ़े आदमी के निर्देश का इंतजार कर रहे हैं। वह अंगूठा ऊपर करता है, "हमला।" विजय सहित सभी युवक हड़प्पा की ओर भागते हैं।

विजय ने हडप्पा की ओर जाते हुए दूसरे आदमी को कहा, "आप उस थैली को प्राप्त करने की कोशिश करो?"

दूसरा आदमी- "मुझे गायें चाहिए, मेरे बच्चे दूध और भोजन की कमी से मर रहे हैं। मैरे पास खेती के लिए कोई मवेशी नहीं हैं।"

विजय- "तो फिर मुझे अधिकारों का थैली लेने दो।"

आदमी- "यह किंवदंती है, अधिकारों की उस थैली को किसी ने नहीं देखा है। या आप इसे 5000 साल के बाद प्राप्त कर सकते हैं, जब आपका पुनर्जन्म होगा। हा हा हा।"

विजय अपनी आँखें खोलता है। वह अपने बेडरूम में है। एक बुरा सपना था। अधिकारों की थैली के बारे में सोचते हुए उठता है, "वैसे, क्या अधिकारों की थैली नाम की कोई चीज भी है? क्या ये अधिकार मनुष्य को शक्तिशाली बना सकते हैं? विजय का बदला लेने का गुस्सा कम हो जाता है। वह खुद को दोषी ठहराता है और आश्वस्त करता है कि भारत में कुछ भी अच्छा नहीं हो सकता। अतीत में उसके साथ कुछ भी अच्छा नहीं हुआ और न ही अब होगा। विजय अब उदास मन की अवस्था में है। वह ऑफिस के लिए निकल जाता है।"

मोटरसाइकिल से ऑफिस जाते समय आजाद सड़क और फुटपाथ की तरफ देखता है। सड़क पर कई युवा वयस्क पुरुष चल रहे हैं, सभी एक ही दिशा की तरफ जा रहे हैं,आजाद ने विजय से कहा, "विजय क्या तुम देख सकते हो, आज यातायात अधिक है। सड़क पर इतने सारे युवा लड़के क्यों जा रहे हैं? और इस जगह पर इतनी भीड़ क्यों है?"

विजय ने जवाब दिया, "मुझे नहीं पता?"

आजाद थोड़ा मजा लेने के लिए मजाक करता हैं, "इस तरह की युवतियों की भीड़ होनी चाहिए। तब मुझे कोई समस्या नहीं है। मैं केवल युवा लड़कों की इस भीड़ से तंग आ चुका हूं।"

आजाद अपनी मोटरसाइकिल रोकता है और पास से गुजर रहे एक युवा लड़के से पूछता है, "अरे, यहां भीड़ क्यों है?"

युवा लड़का जवाब देता हैं, "आज सेना की भर्ती है।"

आजाद विजय से कहता है, "कम से कम हमें सेना में जाने का मौका मिलना चाहिए था, सही विजय?"

विजय- "हाँ ठीक है।"

आजाद किसी तरह उस भीड़ में से मोटरसाइकिल निकालकर अपने ऑफिस पहुंच जाते हैं। बॉस हमेशा की तरह, विजय के काम करने के तरीके से नाराज हैं। वह अपनी मेज पर काम करता रहता है। वह इस नौकरी को अपने हाथ से जाने देने का जोखिम नहीं उठा सकता या साहस नहीं कर सकता है। लंच ब्रेक के दौरान, समूह मिलता है।

आशीष विजय से पूछता है- "थाने में क्या हुआ?"

विजय- "ज्यादा कुछ नहीं, उन्होंने हमारी शिकायत दर्ज की। उन्होंने कहा कि वे फोन करेंगे लेकिन मेरे पास अब तक कोई फोन नहीं आया है। अन्य क्या तरीके हैं ताकि हम

अपना पैसा वापस पा सकें और उस अपराधी को सलाखों के पीछे डाल सकें?"

आशीष- "आप इस क्षेत्र से हमारे संसद सदस्य को यह मामला क्यों नहीं बताते? कम से कम वह हमारी मदद तो कर ही सकते हैं।"

विजय जवाब देता है, "नहीं।"

आशीष- "हाँ, हमने उसे चुन कर दिया है। वोट दिया हैं। संकट में फंसे लोगों की मदद करना उनकी जिम्मेदारी है।"

विजय- "कोई और तरीका।"

आशीष- "आप प्रधानमंत्री कार्यालय या राष्ट्रपति कार्यालय में प्रतिनिधित्व क्यों नहीं लिखते।"

विजय- "वो क्या है?"

आशीष- "इस मामले में उनकी मदद के लिए उन्हें एक पत्र लिखें।"

रीमा- "मंदिर में जाकर भगवान से प्रार्थना करो।"

आशीष- "मंदिर में प्रार्थना करने से आपकी कोई मदद नहीं होगी। इससे पुजारी को अपनी जेब भरने में मदद मिलेगी।"

रीमा- "एक रेहम दिल बाबा है उसके पास सभी को अच्छा बनाने की शक्तियां हैं। वह आपकी सभी परेशानियों को गायब कर देगा। यह सब आपकी राशि पर निर्भर करता है। काम करने के लिए मुहूर्त खोजें।"

विजय उलझन में था। सभी तरीके उसकी समस्या को हल करने के लिए असंभव लगते हैं। आजाद एक समाधान देते हैं, "पहले व्यक्ति से शुरू करते हैं, चलो इस क्षेत्र के राजनीतिक नेता से मिलते हैं।" विजय ने इस विचार पर सहमति व्यक्त की।

ऑफिस टाइम पूरा करने के बाद वे दोनों मोटरसाइकिल पर सवार होकर अपने इलाके के राजनीतिक नेता से मिलने गए। वे उसकी हवेली में पहुँच गए। उसका घर बहुत बड़ा था। एक विशाल द्वार के साथ विशाल चारदीवारी थी। वह चौकीदार से उन्हें घर में प्रवेश करने देने के लिए कहता है। विजय बताता हैं, "हम मुसीबत में हैं और हमें संसद सदस्य की मदद की आवश्यकता है।"

चौकीदार- "ठीक है, वहाँ बैठो, वह थोड़ी देर में आ जाएंगे।"

चौकीदार उन्हें एक कमरे में निर्देशित करता है। वे उस कमरे की ओर चले गए। उस कमरे में पहले से ही कम से कम 6 से 7 व्यक्ति संसद सदस्य (एमपी) का इंतजार कर रहे थे। कुछ मिनटों के बाद संसद सदस्य (एमपी) पहुंचे।

पहला व्यक्ति- "सर, मेरे बेटे को नौकरी की जरूरत है। कृपया मदद करें। हम आपकी पार्टी से हैं। हमने पार्टी फंड के लिए मदद की है और अगर मेरे बेटे को नौकरी आप दिला देते हो तो मैं आपको 10 लड्डू देने के लिए तैयार हूं।"

एमपी- "ठीक है, यह हो जाएगा। अगला।"

दूसरा व्यक्ति- "मैं आपके क्षेत्र के एक मंदिर का पुजारी हूं। हॉल आपके नाम पर बनाया जाएगा और आपको समर्पित किया जाएगा। पुजारियों को समस्याओं का सामना करना पड़ रहा है; उन्हें बाहर जाने में कठिनाई होती है क्योंकि मंदिर के गेट के पास एक झुग्गी है। हम मंदिर के लिए विकास का अनुरोध करते हैं और झुग्गी के लोगों को मंदिर से बहुत दूर रहने के लिए दूसरी जगह स्थानांतरित कर ने के लिए अनुरोध करते है। अगर ऐसा किया जाता है तो हमारे भक्त आपको 100 लड्डू देंगे।"

एमपी- "हो गया समजो। हम इस मामले को देखेंगे।"

अब समय आ गया था कि विजय अपनी समस्या बताए।

विजय- "सर,....." (सांसद को अपनी सारी समस्या बताता है)

एमपी- "आप जिस अस्पताल की बात कर रहे हैं, वह एक प्रतिष्ठित अस्पताल है, वे आपके साथ ऐसा नहीं कर सकते। कोई न कोई गलती जरूर हुई होगी। वैसे भी, मैं अस्पताल प्रबंधन से बात करूंगा। वैसे, क्या आप उन पुजारियों में से हैं जो आपके पाहिले आए थे? आपका चेहरा उनमें से एक की तरह दिखता है।"

विजय- "नहीं, मैं एक कॉर्पोरेट ऑफिस में 35000 रुपए की सैलरी के पर काम करता हूँ। मेरे पिता बंबू के व्यापारी थे। हमारे सामने आए पुजारी से हमारा कोई संबंध नहीं है।"

एमपी- "कोई बात नहीं, हम इस मामले को देखेंगे।"

विजय सांसद का अभिवादन करता है और मीटिंग रूम से निकल जाता है। चौकीदार के पास जाता है। वह चौकीदार से पूछता है, "सांसद को खाने के लिए लड्डू पसंद है यहा हर कोई बता रहा है कि वे उसे लड्डू देंगे।"

चौकीदार बताता हैं, "एक लड्डू का मतलब 1 लाख रुपये होता है। अगर उनका काम हो जाता है तो वे उस राशि का भुगतान करेंगे।"

विजय और आजाद अपनी मोटरसाइकिल पर सवार होकर अपने घर के लिए निकलते हैं। वे विजय के घर पहुंचे। मोटरसाइकिल से उतरकर अपने घर की ओर बढ़ता हैं। उसके मोबाइल की घंटी बजती है। मोबाइल स्क्रीन पर दिखाता है ... कॉलिंग प्रेमचंद । विजय लड़ो या भागो मोड में चला जाता है। वह कॉल प्राप्त करता है। प्रेमचंद विजय पर चिल्लाता हैं, "अरे तुम, मुझे कितनी बार तुम्हें बताना पडेगा ? मुझे ब्याज के साथ मेरा पैसा दे दो? तुम मुझे भुगतान कब करने जा रहे हो?"

विजय दोहरी मुसीबत में, "कृपया सर, मेरे मुद्दों पर विचार करें। कृपया, मैं जल्द ही भुगतान कर दूंगा।"

प्रेमचंद जवाब देते हैं, "याद रखो, इसे जल्दी से भुगतान कर दो । तुम्हारे लिए अंतिम चेतावनी।"

विजय अपने घर में प्रवेश करता है, लेकिन पत्नी दूसरे मूड में है। विजय ने उससे पिछले तीन दिनों में से ठीक से बात नहीं की है। न ही उसने ठीक से जवाब दिया। वह हमेशा सुस्त, थका हुआ और तनावग्रस्त दिखता था।

पत्नी को घर की देखभाल करनी पड़ती है। प्राची उसे अपनी समस्याएं बताती है, "घोषणा हूई है कि पानी की कमी होगी। अगले 5 दिनों तक पानी की आपूर्ति बंद कर दी जाएगी।"

विजय - "ठीक है।"

पत्नी आगे कहती है- "हम किराने की खरीदारी के लिए नहीं गए हैं। दाल खत्म हो गई है, हमरे पास कोई चावल और आटा नहीं बचा। हमें नमक, मैगी, मिर्च और प्याज की आवश्यकता है।" प्राची ने सभी लंबित वस्तुओं की सूची के बारे में बात की।

विजय- "ठीक है।"

वह आगे कहती हैं, "आप सब्जी मंडी में कब जाएंगे? सड़क के किनारे यह विक्रेता उच्च मूल्य पर सब्जियां बेचता है।"

विजय- "ठीक है।"

पत्नी- मैं एक एनजीओ (गैर सरकारी संगठन) में गई थी। उन्होंने कहा कि जब भी मेरी मदद की जरूरत होगी वे मुझे फोन करेंगे। हमने कई उत्पीड़ित महिलाओं की समस्याओं का समाधान किया है। एक महिला के पति ने दहेज के लिए उसकी पिटाई कर दी। एक और, एक महिला थी जिसका पति शराब पीने वाला था उसके बेटे और बेटी को पैसे नहीं देता था। इस वजह से बच्चे स्कूल में परेशान थे। अन्य मामले में, महिला नौकरी करना चाहती थीं लेकिन उनके पति और ससुर ने उन्हें काम नहीं करने दिया।"

विजय- "ठीक है।"

विजय अभी भी उदास है। पत्नी की बातों पर ध्यान नहीं दे रहा हैं। विजय हिम्मत जुटाता है, उसकी आखो से आंसू बह रहे है। और अपने मन की बात कहता है, "प्रिय पत्नी, हमें मूर्ख बनाया गया है, धोखा दिया गया है। हमारी बेटी को किसी ऑपरेशन की जरूरत नहीं थी, ऑपरेशन सिर्फ डॉक्टरों द्वारा पैसे कमाने का खेल था।"

पत्नी चकित हो गई, "तुम्हारा क्या मतलब है, विजय? और यह कैसे संभव हो सकता है, डॉक्टर ने रिपोर्ट, एक्स रे और स्कैन दिखाए? उन्होंने ऑपरेशन की जरुरत के ओर ध्यान दिलाया। एक प्रतिष्ठित अस्पताल हमारे साथ ऐसा क्यों करेगा?"

विजय ने आगे कहा, "पैसे की खातिर उन्होंने हमसे हमारे 20 लाख रुपये ले लिए और हमारी बेटी की जान जोखिम में डाल दी।"

पत्नी का सिर घूम रहा था, उसने अभी जो सुना उसपर विश्वास नहीं हो रहा था । वह उन दिनों को याद करती है जब वह बहुत रो रही थी- डॉक्टर से भीख मांग रही थी कि वह जल्द से जल्द उसका इलाज करवाए। जब सोनम को अस्पताल में भर्ती कराया गया था। आनन-फानन में डॉक्टर उनके पास आए और उन्हें बताया कि उनकी बेटी को पेट में गंभीर समस्या है। जल्द से जल्द सर्जरी की जरूरत है या फिर उसकी जान को खतरा है। वह अपने रोने पर काबू नहीं रख पा रही थी। वह बस इतना ही देख सकती थी कि बेटी का जीवन मुश्किल में था।

लेकिन अब एक नई कहानी सामने आई, सर्जरी की जरूरत नहीं थी, सामान्य दवाएं पेट दर्द को ठीक कर सकती थीं। विजय और पत्नी ने इस मामले पर विस्तार से चर्चा की। उसने पत्नी से कहा कि पुलिस में शिकायत दी गई है। उन्होंने इस क्षेत्र के सांसद से मुलाकात की जिन्होंने उन्हें मदद का आश्वासन दिया। विजय के आश्वासन के साथ पत्नी थोड़ा आराम महसूस कर सकती है।

समय बीत गया, आधी रात हो चुकी है। धीरे-धीरे उन्हें नींद आ गई।

10

समानता, अवसर और जिम्मेदारी

सपना- 9

विजय अपनी आँखें खोलता है; वह खुद को एक गांव में पाता है। यह गांव मध्ययुगीन युग के एक गांव की तरह दिखता है। सभी पुरुष धोती पहने हुए हैं, महिलाएं सिर पर पल्लू लेकर साड़ी में हैं, कुछ पुरुष काम कर रहे हैं, कुछ मिट्टी के बर्तन बना रहे हैं, कुछ कपड़े बुन रहे हैं, कुछ लोहे की वस्तुएं बना रहे हैं, कुछ मोतीयो पर काम कर रहे हैं। महिलाएं मिट्टी के बर्तनों में पानी ला रही हैं। तभी एक व्यस्त सड़क के बीच में कुछ लोग आते है। सभी सफेद धोती पहने हुए हैं और कुछ के पास तलवारें और एक के पास ढोल हैं। वह ढोल नामक एक बड़ा संगीत वाद्ययंत्र साथ लाये है। एक आदमी अपने थैले से एक कपड़ा निकालता है। यह राजा का एक फरमान है।

ढोल ने ध्वनियां बजाईं- "धुन धुन धुन", "सुनो सुनो सुनो सुनो। महाराज ने अपनी सेना के लिए नए प्रशिक्षुओं की भर्ती करने का फैसला किया है। सेना में शामिल होने के इच्छुक सभी वयस्क उम्मीदवार कल सुबह 6 बजे किले के द्वार के पास पहुंच सकते हैं।"

विजय खुश महसूस करता हैं कि कम से कम उसे अपना कौशल दिखाने और कुछ पैसे कमाने का मौका मिला। विजय खुद से बात करता हैं, "मैं सेना में भर्ती होना चाहता हूं। चलो चलते हैं।"

अगले दिन, कई वयस्क पुरुष किले के द्वार के पास इकट्ठा होते हैं। प्रभारी अपनी पुस्तक में उम्मीदवारों के नामों की प्रविष्टियां कर रहे हैं। कई युवा उम्मीदवार अपने नाम और विवरणों के सत्यापन का इंतजार कर रहे हैं। उस द्वार के पास सीमा आ गई। सीमा विजय की पुरानी दोस्त थी।

विजय- "सीमा तुम यहाँ क्या कर रही हो?"

सीमा- "मैं सेना में भर्ती होना चाहती हूँ।"

विजय- "क्या तुम यहां देख सकते हो कि प्रतीक्षा कर रहे सभी व्यक्ति पुरुष हैं। महिलाएं सेना में नहीं आ सकतीं।"

सीमा- "लेकिन मैं अपने राज्य के लिए लड़ना चाहती हूं और लोगों की सेवा करना चाहती हूं। मैं परिवार की एकमात्र देखभाल करने वाली हूं और पैसे की कमी का सामना कर रही हूं।"

विजय- "लेकिन सेना पुरुषों के लिए ही है। किसी भी महिला को अनुमति नहीं है। यदि तुम निश्चित नहीं हो तो द्वारपाल से पूछ लो।"

विजय सीमा को द्वारपाल के पास ले जाता है और उससे पूछता है, "क्या महिलाओं को सेना में अनुमति है।"

द्वारपाल जोर-जोर से हंसते हुए बताता हैं, "मेरे पूरे जीवन में किसी ने यह सवाल नहीं पूछा। ऐसा कैसे हो सकता है? उन्हें अनुमति कैसे दी जा सकती है? भगवान ने उन्हें घर में काम करने के लिए बनाया हैं, सेना में नहीं। क्या मूर्खतापूर्ण सवाल है!"

विजय ने सीमा से कहा, "देखो, मैंने तुम्हें बताया था।"

सीमा निराश हो जाती है, उसे दुख हो रहा था। वह अस्वीकार किए जाने से उदास दिल के साथ वापस चली जाती है।

द्वारपाल वहां मौजूद सभी उम्मीदवारों को, "योग्यता जांच के लिए सभी उम्मीदवार कतार में आए।"

व्यक्तियों की योग्यता की जांच करने के लिए कई अधिकारी थे। बारी-बारी से वे सबकी योग्यता पूछ रहे थे। एक छोटा सा साक्षात्कार करके उन्हें अगले परीक्षण के लिए आगे बढ़ा रहे थे।

विजय को साक्षात्कारकर्ता, "आपके कौशल क्या हैं?"

विजय- "मैंने तलवार, कराटे, पहाड़ चढना, घुड़सवारी सीखी है। मेरे पास मजबूत शरीर है।"

साक्षात्कारकर्ता- "ठीक है, तुम्हारे पिता जी क्या करते हैं?"

विजय- "मेरे पिताजी बंबू के व्यापारी थे।"

साक्षात्कारकर्ता- "क्या बांस का व्यापारी! आपके परिवार में से कोई भी जो सेना में गया हो?"

विजय- "कोई नहीं। मैं पहला हूं।"

साक्षात्कारकर्ता ने उसे देखा और कहा, "आप अस्वीकार कर दिए गए हैं।"

विजय को पूरा भरोसा था कि उसका चयन हो जाएगा। अस्वीकृति अनपेक्षित थी। उसने पूछा, "लेकिन क्यों?"

साक्षात्कारकर्ता बताता हैं, "आप योद्धा वर्ग से नहीं हैं। आप एक व्यापारी वर्ग से हैं। हमारे राज्य की नीति है की, हम सेना में योद्धा वर्ग के व्यक्तियों का ही चयन करेंगे।"

विजय- "लेकिन मैं लड़ सकता हूँ। मेरे पास सेना के लिए सभी आवश्यक कौशल हैं।"

साक्षात्कारकर्ता- "हो सकता है लेकिन आपको योद्धा वर्ग में पैदा होना चाहिये।"

विजय- "विज्ञापन में यह शर्त नहीं कही गई थी।"

साक्षात्कारकर्ता - "यह सब बताने की जरुरत नहीं, आज तक व्यापारी वर्ग से कोई भी सेना में भर्ती के लिए उपस्थित नहीं हुआ।"

विजय-"मैं अंदर जाना चाहता हूँ, तो क्या करूं?"

साक्षात्कारकर्ता परेशान हो गया, उसने कहा- "महाराजा के पास जाओ। यदि वे अनुमति देते हैं तो आप प्रवेश कर सकते हैं।"

विजय महाराज से मिलने जाने के लिए जल्दी से वहाँ से निकल जाता है। महाराज का राजमहल उसके गांव से 2 दिन की पैदल दूरी पर था। वह लगातार दो दिनों तक चलता रहा और अंत में महाराजा के महल पहुंचता हैं। उसने द्वारपाल से महाराजा से मिलने के लिए महल में प्रवेश करने की विनती की। आश्चर्य की बात थी कि आज सार्वजनिक दरबार का दिन था जहां कोई भी व्यक्ति महाराज से मिलने उनकी समस्या का समाधान करने के लिए आ सकता था। वह मुख्य द्वार से प्रवेश करता है। महाराज का भव्य बड़े महल को देखकर उन्हें आश्चर्य हुआ। महल इतना विशाल था कि उसे विश्वास नहीं हो रहा था कि यह घर केवल एक महाराज के परिवार के लिए हैं। वहां खड़े सिपाही ने विजय को दरबार-ए-आम की ओर निर्देशित किया जहां महाराज आम लोगों की प्रार्थना सुन रहे हैं। विजय महाराजा के दरबार में जाता है। दरबार में आम लोगों भरे थे। बाईं ओर आम लोग अपनी प्रार्थना प्रस्तुत करने के लिए कतार में खड़े थे। जबकि दाईं ओर मंत्री अपने आसन में बैठे हैं। भगवा वस्त्र में एक अन्य व्यक्ति महाराज के सिंहासन के पास ही बैठा था। दरबार शानदार, विशाल था। इन दीवारों पर चित्र भरे थे। उन्होंने अपने जीवनकाल में इस तरह की चित्रशैली कभी नहीं देखी। महाराज का सिंहासन सोने और कीमती पत्थरों से बना था। विजय के पास महाराज को बताने के लिए प्रार्थना थी।

विजय ने महाराज को प्रणाम करते हुए कहा, "महाराज की जय हो! महाराज मैं आपकी सेना में शामिल होना चाहता हूं लेकिन आपके भर्तीकर्ता ने मुझे अस्वीकार कर दिया क्योंकि मैं एक व्यापारी का बेटा हूं।"

महाराज ने उनके मंत्रियों की ओर देखा, मुस्कराते हुए कहा, "वे सही कह रहे हैं। योद्धा वर्ग का व्यक्ति ही नियुक्ति कीया जा सकता है। आप अपने पिता के व्यवसाय का चयन करो।"

विजय- "लेकिन मैं योद्धा बनना चाहता हूँ।"

महाराज ने शांति से कहा, "आप अपने वर्ग के अनुसार सपने देखो। हमारे समाज के मानकों के अनुसार केवल योद्धा वर्ग के लोग ही सेना में हो सकते हैं।"

उनके एक मंत्री ने उन्हें कुछ मदद देने के लिए टोका, "महाराज बहुत उदार हैं। सेना में प्रवेश के लिए पूछने के अलावा, कोई और चीज मांगो, महाराज आपको देंगे।"

विजय- "ठीक है, फिर महाराज होने की प्रक्रिया और योग्यता बताइए और मैं महाराज कैसे बन सकता हूं।"

महाराज घुस्सा हो जाते हैं और उनके सभी मंत्रियों का चेहरा स्थिर हो जाता है। महाराज ने कहा, "मूर्ख, तुमने मुझे चुनौती देने की हिम्मत कैसे की!"

विजय को समझ नहीं आ रहा था की हर किसी ने गुस्से में उसकी ओर क्यों देखा? उन्होंने शांति से कहा, "मैं चुनौती नहीं दे रहा हूं, केवल पूछ रहा हूं। महाराजा बनने के लिए मुझे किन योग्यताओं और प्रक्रियाओं का पालन करना चाहिए?"

महाराज- "महाराज बनने के लिए आपको महाराज का पुत्र होना होगा।"

विजय- "फिर राजा के बारे में?"

महाराज- "वही, राजा का पुत्र ही राजा बन सकता है।"

विजय- "मुझे जागीरदार बना दो।"

महाराज - "आप काफी मजबूत और अलग हैं। मैं जागीरदार के बारे में सोच सकता हूं। माननीय मंत्री जी, कोई भी जागीरदारी रिक्त है।"

मंत्री जी- "महाराज हाँ, एक खाली है, जागीरदारी की कीमत 10,000 रूपया है।"

महाराज- "मुझे 10,000 रूपया दे दो और यह जागीर प्राप्त करो।"

विजय- "मेरे पास इतने पैसे नहीं हैं। लेकिन मेरे इलाके के लोग मेरा समर्थन करते हैं। मैं सड़कें, पानी की टंकियां बना सकता हूं, लोगों की मदद कर सकता हूं और लोगों की सेवा कर सकता हूं।"

महाराज- "आपको यह सब करने की जरूरत नहीं है। बस राजस्व एकत्र करें। बस इतना ही है।"

विजय भगवा वस्त्र पहने एक व्यक्ति को महाराज के बाएं बैठे हुए देखता है।

विजय- "आप के बगल वाला व्यक्ति कौन है?"

महाराज- "वह राज पुरोहित है।"

विजय- "फिर, मैं राज पुरोहित बनना चाहता हूँ।"

राज पुरोहित- "इस आदमी को मार डालो! उसे नहीं पता कि वह क्या कह रहा है?"

महाराज – "तुम पुजारी नहीं हो सकते; तुम एक व्यापारी हो।"

विजय- "फिर कृपा करके सीमा को राज पुरोहित बना दो। उसे सेना में प्रवेश से मना कर दिया गया था। वह योद्धा वर्ग से है।"

महाराज- "क्या तुम पागल हो, केवल पुरुष ही राज पुरोहित हो सकता है।"

विजय- "फिर मेरे पास कौन सा रोजगार, पद बचा है जो मैं अपने जीवन को बदलने के लिए प्राप्त कर सकता हूं।"

अब तक उनके अतार्किक प्रश्नों ने महाराज को परेशान कर दिया। उन्होंने कहा, "आप उस पेशे का पालन करो जिसे भगवान ने आपके लिए बनाया हैं। मेरा समय बर्बाद मत करो।"

महाराज अपने सिपाहियों को आदेश देता है, "सिपाहीयो! इस आदमी को बाहर ले जाओ।"

महाराजा के पहरेदारों ने विजय को महल के द्वार के बाहर फेंक दिया। वह महल के द्वार के बाहर थोड़ी देर के लिए खड़ा रहा। महल के भव्यता ने और उस महल को बनाने में खर्च किए गए धन के बारे में उसे मंत्रमुग्ध कर दिया। वह सोचता रहा, "महाराज ने हमारे कठिन परिश्रम कर के कमाए पैसे से इस महल को बनाया हैं। हम पैसे कमाने के लिए कड़ी मेहनत करते हैं और वह कर वसूलता है। यह हैं जहा सब कर जाता है।"

विजय महल की भव्यता से निराश होने के साथ-साथ मंत्रमुग्ध दिख रहा था। द्वार के बाहर एक खड़ा आदमी विजय को देखता है। अनजान आदमी विजय के पास आता हैं और बोलता हैं, "बहुत दुखी लग रहे हो।" उसने आगे कहा, "मैं आपकी समस्या को समझ सकता हूं। मैंने देखा है कि महाराजा ने आपके साथ कैसा व्यवहार किया। हर समस्या के लिए समाधान हो सकता है।"

विजय- "तुम कौन हो?"

अनजान- "मैं तुम्हारी जाति का व्यक्ति हूँ, महाराज हमारे लोगों के साथ बहुत बुरा व्यवहार करते हैं। हमने इस महाराज से आजादी पाने का फैसला किया है। इस महाराज को बदलने का एकमात्र उपाय युद्ध है। यह महाराज हम जैसे पुरुषों को आगे बढने का मौका नहीं देते हैं। हम अपने नेता के नेतृत्व में एक रोना का निर्माण कर रहे हैं। हमारे समूह में शामिल हो जाओ और हमारे नेता को महाराजा बनाओ। तब हम आजाद हो जाएंगे।"

विजय हैरान रह गया। वह समझ नहीं पा रहा था कि आजादी प्राप्त करने के लिए किसी को क्यों मारना है? राजा को अहिंसक तरीकों से क्यों नहीं बदल सकते? उन्होंने अज्ञात से कहा, "महाराजा बनने के लिए, क्या यही एकमात्र समाधान है। अहिंसक तरीका भी हो सकता है।"

अनजान ने जवाब दिया, "केवल महाराज की हत्या करके हम महाराज बन सकते हैं।"

विजय- "फिर लोगों को यह तय करने दो कि महाराज कौन होंगे। उन्हें जनता चुनेगी। मतदान करके एक अच्छे व्यक्ति को महाराज बनाएगी।"

अनजान- "आप कैसे बकवास बाते कर रहे हैं!"

विजय- "चुनाव करके अच्छे इंसान का चयन करें। बस इतना ही करना हैं।"

अज्ञात- "यह इतना सरल नहीं है।"

विजय- "आप जिस व्यक्ति का चयन करेंगे वह आपकी समस्याओं का समाधान करेगा। वह आपके मुद्दों और समस्याओं के लिए आपका प्रतिनिधित्व करेंगे।"

अनजान- "क्या आप पागल हो! प्रतिनिधि क्या है? राजा के पास शक्ति है। युद्ध ही सिंहासन को बदल सकता है। वे इस राज्य में आप जैसे व्यक्ति की समस्याओं के बारे में कभी नहीं सुनेंगे। महाराज अपनी पत्नी के लिए, अपनी भूमि के लिए युद्ध छेड़ेंगे, और राजा आपको पसंद नहीं करते हैं तो वह आपको मार डालेगे। सब कुछ उनकी इच्छा के अनुसार

है। वह अपने लिए और अपने परिवार के लिए कोई भी इमारत बना सकते है। वह दूसरों की परवाह नहीं करते है।"

विजय- "क्या आपका नया राजा जो बनेगे वह बजट विवरण देगे। क्या वह हमें खर्चो की रिपोर्ट देंगे? क्या वह किसानों और गरीबों को कर मुक्त करेगा? अगर बहुसंख्यक आबादी उन्हें नापसंद करती है तो क्या वह अपना सिंहासन छोड़ देंगे?"

अज्ञात- "यह कैसे हो सकता है, कृषि आय का प्रमुख स्रोत है। वर्तमान महाराज फसल उत्पादन का 70% लगान के रूप में लेते हैं। हमारे नए महाराज लगान पर केवल 50% लेंगे, देखो कितना काम ले रहे हैं। वैसे ये बजट क्या होता है? और हमारे महाराज सिंहासन से सिर्फ इसलिए क्यों नीचे उतरेंगे क्योंकि बहुसंख्यकों को यह पसंद नहीं है? ऐसा नहीं हो सकता है।"

विजय- "महाराज के लिए लगान के रूप में उत्पादन का 50% हिस्सा, यह बहुत अधिक है। यह लगभग शून्य होना चाहिए।"

अज्ञात- "हास्यास्पद मत बनो। इस दुनिया में कोई भी महाराज लगान को 50% से कम नहीं लेते है। सभी 50% से अधिक लगान लेते हैं। हमारे महाराज के साथ रहो। हमारे समूह में शामिल हों। हम आपको खेती करने के लिए जमीन देंगे। इतनी जमीन कि आपकी पूरी भावी पीढ़ी शांति से बैठकर खा सकती है।"

विजय- "क्या आपके महाराज इस बात का वचन दे सकते हैं कि मेरी आने वाली पीढ़ी युद्ध, आक्रामकता, अकाल और सूखे से सुरक्षित रहेगी। क्या वह वचन दे सकता है कि कोई अन्य राज्य हम पर हमला नहीं करेगा?"

अज्ञात- "यह किस प्रकार का प्रश्न है!"

विजय ने आगे कहा, "और ऋण के बारे में क्या? क्या आपके नए महाराज किसानों के लिए कर्ज माफी करेंगे?"

अनजान- "कम से कम नए महाराज ब्याज दर तो कम कर देंगे। लेकिन वह कर्ज माफी नहीं कर सकते। आपका ऋण कितना है?"

विजय- "20 लाख रूपया।"

"क्या! यह नहीं हो सकता। यह बहुत ज्यादा है। यह हमारे राज्य की कुल संपत्ति से अधिक है" अज्ञात ने कहा। अज्ञात व्यक्ति सोचता है कि या तो वह आधा पागल है या पूरी तरह से पागल है। उनसे बात करना समय की बर्बादी है। इसलिए, वह उसे यह बताते हुए चल देता है कि वह जल्दी में है और उसे कहीं जाना है। अज्ञात आदमी चला जाता है।

विजय खुद को पूरी तरह से टूटा हुआ देखता है। 20 लाख रुपये का कर्ज। ज्यादा कमाई का मौका तलाशने की कोशिश की, लेकिन महाराज ने इनकार कर दिया। उसकी बात कोई क्यों नहीं सुनता? न्याय पाने के लिए क्या प्रक्रिया है? वह चिंता के बिना एक गरिमापूर्ण जीवन कैसे जी सकता है? वह राजमहल की ओर देखता है। अगर लोगों ने उस राजा का चुनाव द्वारा चयन किया होता तो वह हमारी समस्याओं से निपटने में हमारी मदद करता।

विजय इस बारे में सोचता कि वह महाराजाओं और राजाओ के वक्त में क्यों पैदा हुआ, उनके धन और परिवार के सुरक्षा के लिए सेना को लड़ना पड रहा। इतिहास में एक समय ऐसा आएगा जब मेरे पास यह तय करने की शक्ति होगी कि राजा कौन होगा।

सपना टूटता है। वह खुद को बिस्तर पर देखता है। सुबह-सुबह कोई महाराज या मंत्री नहीं है। केवल वह और उसका परिवार। उसे अपना संघर्ष खुद करना है। वह अपनी कभी न खत्म होने वाली समस्याओं को देखता है। उसके दिमाग में वही शब्द घूमते हैं, "उन्होंने मुझे बेवकूफ बनाया है। डॉक्टर ने पैसे के लिए जबरदस्ती बेटी की जान जोखिम में डाल दी।"

उसने अपनी पत्नी की ओर देखा। वह चिंतित और तनाव में दिख रही थी। पत्नी का चेहरा रोने जैसा हो गया था।

पत्नी विजय के पास आती है और उसे गले लगाती है और आंसू बहाती है। वह उसके दर्द को समझ सकता था। लेकिन वह भी टूट चुका है। एक टूटा हुआ आदमी एक टूटी हुई महिला को सहारा दे रहा है। वह पूछती है, "विजय, अब हम क्या करेंगे?"

विजय- "मुझे लगता है कि किसी वकील से मिलना चाहिये।"

पत्नी- "मुझे बताओ कि अगर मैं कुछ भी मदद कर सकती हूं तो।"

विजय- "पता लगाओ कि क्या आपका एनजीओ हमारी मदद कर सकता है।"

पत्नी- "ठीक है, मैं उनसे पूछूँगी।"

विजय ऑफिस के लिए निकलता है, ऑफिस जाने के दौरान विजय बोलता है, "आजाद, हम शाम को एक वकील से मिलने जाएंगे।" आजाद ने जवाब दिया, "मैं एक उत्कृष्ट वकील को जानता हूं जो इसे संभाल सकता है।" अपने कार्यालय का काम पूरा करने के बाद वे दोनों एक वकील से मिलने के लिए चले गए।

विजय और आजाद वकील के कार्यालय में प्रवेश करते हैं। वे कुर्सी पर बैठते हैं; वे चारों ओर देखते हैं कमरे में काफी सारे प्रकार की पुस्तके होती हैं। वह बैग से अपने कागजात निकालता है। इसे वकील को दिखाता हैं। वह सभी दस्तावेजों को देखता है और कहता है, "हु! गंभीर समस्या हैं, इसे हल किया जा सकता है।"

विजय और आजाद खुश हो जाते हैं और उनके चेहरे पर मुस्कान आ जाती है।

वकील- "संविधान देश का मौलिक कानून है। सब कुछ संविधान के अनुसार है। संविधान व्यक्तियों को न्याय की गारंटी देता है। हमारे पास संविधान का भाग 3 है जहां सभी मौलिक अधिकार दिए गए हैं। भारतीय संविधान का अनुच्छेद 21 जीवन का अधिकार देता है। इसका मतलब है कि कोई भी व्यक्ति या राज्य जीवन और विकल्प नहीं ले सकता है। इस मामले में, अस्पताल ने आपकी बेटी के जीवन को खतरे में डाल दिया।"

वह आगे कहते हैं, "भारतीय दंड संहिता की धारा 415 है जो कहती है कि धोखाधड़ी एक दंडनीय अपराध है। शरीर को नुकसान पहुंचाना, जानबूझकर बेईमानी के माध्यम से पैसे को प्रेरित करना दंडनीय है। हमें एक ऐसे ताकतवर अस्पताल से लड़ना होगा, जिसके पास शक्ति, पैसा और संसाधन है। वे अपना वकील रखेंगे। एक बहुत ही कठिन काम। इसलिए,

मेरी फीस 4 लाख रुपये होगी।"

विजय चौंक गया और बोला, "4 लाख रुपये! लेकिन मेरे पास इतना पैसा नहीं है। मैं पहले से ही कर्ज में डूबा हुआ हूं। मैं छोटे चिल्लर के लिए संघर्ष कर रहा हूं और 4 लाख मेरे लिए लगभग असंभव है। पैसा नहीं होना न्याय नहीं होने के बराबर है क्या।"

विजय ने एक विराम लिया और कहा, "मैंने सुना है कि एक आम व्यक्ति भी कोर्ट केस लड़ सकता है, किसी वकील की आवश्यकता नहीं है।"

वकील- "तो फिर खुद ही लड़ो। आप इस राशि को न्याय के लिए नहीं दे रहे हैं बल्कि अपनी अज्ञानता के लिए इस राशि का भुगतान कर रहे हैं। आप ने अस्पताल को आपकी अज्ञानता के लिए 20 लाख का भुगतान किया। कानून में आपकी अज्ञानता के लिए आपको मुझे 4 लाख रुपये देने होंगे। यदि आप अज्ञानी हैं तो आपको अपना काम करने के लिए सभी लोगों को भुगतान करना होगा। मैं आपको चुनौती देता हूं। इसे स्वयं करें। सीखें, ज्ञान प्राप्त करें और दिखाएं कि आप कितने जानकार हैं।"

विजय अभी भी उलझन में हैं और बुरी तरह चौंक गया हैं। वह सोचता रहा, "मैंने अज्ञानता के लिए एक बड़ी राशि का भुगतान किया। बर्बाद किया गया पैसा अज्ञानता के अलावा और कुछ नहीं था। इन सभी दिनों में मैं जिस संघर्ष से गुजर रहा हूं, वह सिर्फ अज्ञानता है। अज्ञानता इतनी महंगी है। मैंने अज्ञानता के कारण अपनी बेटी के जीवन को खतरे में डाल दिया।"

विजय को पता था कि 4 लाख रुपये बिल्कुल भी नहीं हैं। उन्होंने वकील का अभिवादन किया और उस जगह से चले गए। वकील के कार्यालय से बाहर निकलते समय वह और आजाद चुप थे। उन्होंने इससे सबक भी लिया। अज्ञानता की कीमत बहुत अधिक होती है। विजय और आजाद मोटरसाइकिल पर बैठते हैं, विजय बोलता हैं, "अब क्या, मैं उन सभी लोगों के पास गया जहां मैं जा सकता हूं। कहां है न्याय आजाद? कहां है?"

आजाद- "क्या तुम जानते हो कि हम रेड्डी भाई से मिलने के रास्ते में एक भाषण सुनने गए थे। क्या हम उससे मिल सकते हैं? उनके भाषण से मुझे विश्वास है कि यह आदमी हमारी समस्या का समाधान कर सकता है।"

विजय- "तो चलो चलते हैं।"

आजाद- "पता नहीं वो कहाँ रहते है। वह क्या करते है, लेकिन उनके भाषण से लगता हैं की वह इस चीज पर हमारी मदद कर सकते है। कम से कम वह हमें रास्ता तो बता ही सकते हैं। मैं खोज करूंगा कि वह कहां रहते है और उससे मिलने जाएंगे। अब हम अपने घर चलते हैं।"

आजाद विजय को उसके घर छोड़ देता है। विजय अंदर आता है। पत्नी अभी भी घबराई हुई है। पड़ोसी महिलाओं के साथ बैठी हूई हैं।

पड़ोसी महिला- "ओह, बहुत बुरा हुआ भैया, भाभी मुसीबत में है। जरूरत पड़ने पर हम आपकी मदद करेंगे। मैंने अनंतविद्या बाबा को आपके मुद्दों के बारे में फोन किया, वह

आपकी मदद करेंगे।"

विजय- "क्या! पूरी शिक्षित दुनिया मेरी मदद करने में विफल रही। वह बाबा हमारी क्या मदद करेगा?"

पड़ोसी महिला- "अनंतविद्या बाबा ने एक मंत्र धागा दिया बस इसे कलाई के चारों ओर लपेट लो सब कुछ ठीक हो जाएगा।"

विजय- "जो भी हो, मैं उस धागे को नहीं बाँधूंगा। मैं अपना रास्ता खोज लूंगा।"

पड़ोसी महिला- "जैसा आप ठीक समझो।"

पड़ोसी महिला घर से चली गई।

पत्नी पति के पास जाती है, सुबह विजय ने एनजीओ से मदद मांगने के लिए कहा था। पत्नी उसके बारे में बात करते हैं, "मैंने अपने एनजीओ को हमारी समस्या बताई कि उन्होंने मदद करने के लिए मना कर दिया। उनका कहना था कि वे केवल महिलाओं की समस्याओं का समाधान करते हैं। महिलाओं के अधिकारों से संबंधित समस्याएं।"

विजय- "मेरी बेटी पर अनचाहे ऑपरेशन हूआ हैं। और फिर, वे किस महिलाओं की समस्या चाहते हैं। क्या यह सब मेरी समस्या है?" उसने आगे कहा, "प्रिय पत्नी, मुझे आपकी मदद चाहिए, कृपया पता करो कि यह प्रीतम कौन है। मुझे लगता है की शयद वह एक महान वक्ता हैं। उन्होंने शानदार भाषण दिया। कृपया खोजें, क्या वह किसी भी तरह से हमारी मदद कर सकता है?"

पत्नी के चेहरे में कुछ खुशी दिखाई दी। पति ने उससे मदद के लिए अनुरोध किया। पत्नी ने अपने स्मार्टफोन पर इंटरनेट पर सर्च किया। उसे कुछ सुराग मिलता है, "मिल गया! प्रीतम द्वारा लेख, वह लिखते हैं कि, आ, संवैधानिक नैतिकता का विकास करें।"

विजय- "हाँ! ये संवैधानिक नैतिकता क्या है।"

पत्नी- "वह लिखते हैं कि जब तक सामाजिक लोकतंत्र हासिल नहीं किया जाता है, तब तक संवैधानिक नैतिकता प्राप्त करना मुश्किल है।"

विजय- "क्या वह हमारी समस्या का समाधान कर सकता है?"

पत्नी आगे कहती है, "वह कहता है कि दुनिया आपके पक्ष में है, आप इसके बारे में अंजान हैं। आप हमेशा अपने चरित्र और अनैतिकता के कारण गलत रास्ता चुनते हैं। व्यवस्था आपको न्याय देने के लिए बनायी गयी है। आपकी समस्याओं और जरूरतों को सुनने के लिए। अनैतिकता है- यदि आप अपने आप के प्रति सच्चे नहीं हैं तो कोई भी आपके लिए खड़ा नहीं होगा। भारत में आगे बढने के लिए, संवैधानिक नैतिकता के लिए अपना सारा सच्चा चरित्र दिखाएं।"

विजय- "वह कहाँ रहता है?"

पत्नी- "पता नहीं, कोई पता नहीं दिया गया। उनके द्वारा लिखी गई एक सुंदर कविता है। शीर्षक लेख 21.

(प्राची जोर से पढ़ती है)

कविता 3 अनुच्छेद 21

किसी भी व्यक्ति को - मैं कहता हूं कि किसी भी व्यक्ति को,
किसी भी व्यक्ति को - यहां तक कि संविधान भी नहीं कहता है कि किसी भी व्यक्ति को,
उसके जीवन से वंचित नहीं किया जाएगा।
तो फिर जीवन क्या है मेरे प्यारे संविधान
जीवन चुनना है - आप क्या चाहते हैं,
जीवन चुनना है- आप किसे चाहते हैं,
जीवन तय करना है- आप क्या बनना चाहते हैं,
जीवन तय करना है - आप कौन बनना चाहते हैं,
जीवन केवल सांस लेना नहीं है।
अपने जीवन को जिएं मेरे दोस्त, लेकिन याद रखें कि आपके पास आपके साथी भाई भी हैं।
प्रिय संविधान मैं और अधिक चाहता हूँ, कुछ और,
फिर मैं आपको लिबर्टी देता हूं मेरे दोस्त।
फिर लिबर्टी क्या है?
लिबर्टी एक वाहन और सफलता के लिए सड़क है।
बस नियमों का पालन करें और गंतव्य तक पहुंचने के लिए सुरक्षित गाड़ी चलाये।
ओ संस्थापक पिता, 'मुझे जीवन की रोशनी मिल गई है'
सफलता प्राप्त करने के लिए कड़ी मेहनत करते हुए दूसरों के जीवन और विकल्पों को न छीनें।
विजय- "अच्छी कविता हैं। धन्यवाद, पत्नी। मैं थोड़ा परेशान हूं।"
पत्नी मोबाइल पर खूबसूरत गाना बजाती है।

कविता 4

न ही मैं मस्जिद में विश्वास करता हूं,
और न ही मैं काफिर के अनुष्ठानों में,
न ही मैं अशुद्ध में शुद्ध हूँ,
न ही मैं वेदों में निहित हूँ,
न ही मैं नशीले पदार्थों में मौजूद हूं,
न ही मैं भ्रष्ट आदमी में हूँ,
न ही मैं खुशी या दुःख में,
न ही मैं अशुद्धों के बीच शुद्ध,

न मैं पानी हूँ और न ही पृथ्वी,

न मैं आग हूं और न ही हवा,

बुल्ला को नहीं पता कि मैं कौन हूं

(- बुल्ले शाह द्वारा, 17 वीं शताब्दी। रब्बी शेरगिल के संगीत एल्बम से कॉपी किया गया)

विजय अपने गहरे मन की खामोशी में चला गया, विजय मन ही मन चिल्लाते हुए चिल्लाता है, "मैं कौन हूँ?

एक और गाना बजाया गया-

कविता 5

कबीरा कहे ये जग् अंधा

अंधी जैसी गाय

बछडा था तो मार गया

अंधी जैसी गाय

बछडा था तो मार गया

झुठी चाम चटाय

(कबीर कहते हैं कि यह दुनिया अंधी है, कबीर कहते हैं कि यह दुनिया अंधी है

अंधी गाय का बछड़ा मर चुका है लेकिन उसके मालिक ने गाय को चटाने के लिए कृत्रिम बछड़ा बनाया, ताकि गाय अधिक दूध दे सके)

(- संत कबीर द्वारा, 15 वीं शताब्दी। जब्बार पटेल की फिल्म डॉ बाबासाहेब अम्बेडकर से कॉपी किया गया)

विजय गाना सुन रहा था। उसकी पत्नी टोकती है, "मुझे उनका पता मिल गया है।" विजय मोबाइल स्क्रीन को देखने के लिए पत्नी की ओर भागता है। पता साफ लिखा हुआ था। वह उसका पता नोट करता है और आजाद को फोन करता है और उसे कल सुबह अपने घर आने के लिए कहता है। वे उनसे मिलने जाएंगे।

उनके लिए यह न्याय पाने लिए एक अंतिम आस हो सकती है। अगर ये विफल रहता है तो विजय के पास न्याय पाने के लिए कोई विकल्प नहीं बचता है। वह एक बिना सपने की रात सोता है।

11

व्यवस्था में विश्वास

विजय प्रीतम से मिलता है

अगले दिन विजय उठता है। जाने के लिए तैयार। आजाद और विजय प्रीतम से मिलने के लिए अपनी मोटरसाइकिल पर निकले। विजय आजाद को प्रीतम का पता बताता है और सड़क को निर्देशित करता है। आजाद अज्ञात सड़कों और गलियों में वाहन चलाते हैं, पैदल चलने वालों से उनके घर के बारे में पूछते हैं और अंत में उसके घर पहुंचते हैं।

प्रीतम का घर दो मंजिला बड़ा घर है। बाहर से साधा लग रहा था। विजय घंटी बजाता है और प्रीतम दरवाजा खोलता है।

प्रीतम ने विजय से पूछा, "तुम कौन हो?"

विजय- "मुझे बहुत बड़ी समस्या है, कृपया मदद करें।"

प्रीतम- "तुम्हारी क्या समस्या है?"

विजय उसे अपनी सारी समस्याएं समझाता है।

प्रीतम- "अंदर आओ, बैठो। चलो चाय पीते हैं।"

वे सोफे पर बैठ गए। उन्होंने घर के चारों ओर देखा। अच्छी सजावट के साथ एक बुकशेल्फ, एक मनी प्लांट के साथ एक आधुनिक घर। मेज पर बुद्ध की एक छोटी सी मूर्ति रखी हूई थी।

प्रीतम उनके लिए चाय लेकर आता है। कुर्सी पर बैठकर कहता है, "मैं समझता हूं, उन्होंने बिना वजह आपकी बेटी का ऑपरेशन किया, आपने 20 लाख रुपये दे दिए हैं, आप कर्ज में डूबे हुए हैं।"

प्रीतम- "बस इतना तो ठीक है, लेकिन क्या दिक्कत है?"

विजय- "मैंने अपनी समस्या बताई।"

प्रीतम- "नहीं, तुमने मुझे अपनी समस्या नहीं बताई। आपने अपना दर्द बताया। आपके पास जो दर्द है, जो पीड़ा आपको है। आपने मुझे अपने कष्टों और पीड़ाओं के बारे में बताया।

समस्या क्या है?"

विजय ने कुछ देर सोचा। वह उलझन में पड़ गया। "क्या समस्या है?"

प्रीतम- "विजय, अगर कोई मरीज डॉक्टर के पास जाता है। वह अपना दर्द बताता है; आप दर्द बता रहे हैं। समस्या नहीं है। यदि आप एक समाधान चाहते हैं, तो आपको समस्या का पता होना चाहिए। पहले समस्या विशेषज्ञ बनें।"

प्रीतम चाय की चुस्की लेता है और कहता है, "क्या तुम्हारी बेटी जीवित है?"

विजय- "हाँ, ये किस तरह का सवाल है?"

प्रीतम- "फिर, क्या दिक्कत है? आपने 20 लाख रुपये का भुगतान किया, तो आपको अपनी बेटी और परिवार के लिए भोजन खरीदने में मुश्किल होगी। आप कचरे के डिब्बे से खा रहे होंगे या भीख मांग रहे होंगे।"

विजय- "नहीं, मेरी तनख्वाह मेरे परिवार के लिए खाना खरीदने के लिए पर्याप्त है।"

प्रीतम- "ओह! फिर आपको बिजली के बिलों का भुगतान करने में सक्षम नहीं होगे और उन्होंने आपके बिजली के कनेक्शन को काट दिया होगा।"

विजय- "मैं भुगतान कर सकता हूँ और मेरे पास बिजली का कनेक्शन है।"

प्रीतम- "ओह! फिर आप एलपीजी सिलेंडर नहीं खरीद सकते।"

विजय- "मैं एलपीजी सिलेंडर खरीद सकता हूँ।"

प्रीतम- "फिर लोन के लिए ब्याज 50% होना चाहिए।"

विजय- " नहीं , ब्याज 15% है।"

प्रीतम- "फिर, किसी ने कहा होगा, मुझे लोन दे दो नहीं तो तुम्हारी सारी किडनी निकाल दूंगा।"

विजय- "नहीं।"

प्रीतम- "फिर, तुम्हारी बेटी गलियों में भीख मांग रही होगी क्योंकि तुम्हारे पास पैसे नहीं हैं।"

विजय- "नहीं, मेरी बेटी एक अच्छे स्कूल में पढ़ रही है।"

प्रीतम- "तब तुम्हारी पत्नी भूखी है, और उसके पास पहनने के लिए उचित कपड़े नहीं हैं।"

विजय- "नहीं, उसके पास पहनने के लिए अच्छे कपड़े हैं।"

प्रीतम- "फिर, सरकार ने आपके घर पर बुलडोजर चलाया होगा।"

विजय- "नहीं।"

प्रीतम- "फिर तुम बिल्कुल ठीक हो। आपको कोई समस्या नहीं है। मेरी सलाह मानो। अपने जीवन में वापस जाओ।"

विजय- "लेकिन सर, हम आपके पास आए हैं, एक उम्मीद के साथ।"

प्रीतम- "फिर बताओ कि तुम्हारी क्या समस्या है?"

विजय- "मैंने आप को पहले ही बता दिया था। डॉक्टर ने मुझे बेवकूफ बनाया। मेरे पास 20 लाख रुपए का कर्ज है।"

प्रीतम- "वे समस्या के लक्षण हैं, समस्या नहीं। भले ही मैं आपको 20 लाख रुपये दे दूं। यहां तक कि अगर उस डॉक्टर को जेल भेज दिया जाता है, तो भी आपकी समस्याएं फिर से वापस आएगी और आप उन्हें हल नहीं कर पाएंगे।"

विजय- "फिर मैं क्या करूं?"

प्रीतम- "मेरी बात सुनो, एक दिन की छुट्टी ले लो। प्रकृति के साथ कुछ समय बिताओ। लेकिन उससे पहले मैं आज आपको एक काम दूंगा। यदि आप इसे पूरा करते हैं, तो मैं आपकी समस्या को हल करने पर विचार करूंगा।"

विजय- "मैं करूंगा।"

"यहाँ आओ," प्रीतम विजय और आज़ाद को बुलाता है और उन्हें बालकनी में ले जाता है। अपने घर से सिग्नल चौराह दिखाता है। "क्या आप उस सिग्नल चौराह को देख सकते हैं? वह है अशोक चौराह। उस चौराह के पास एक बाजार है। अब वहां जाओ। सड़क से सारा कचरा उठा लो। सभी प्लास्टिक अवांछित पदार्थ, कागज अपशिष्ट, बोतलें और इसे सभी को कचरे की थैली में इकट्ठा करो। इसे कम से कम 5 घंटे के लिए करें। पूरा होने के बाद, मुझे कचरे की थैलियां दिखाओ। कचरे के थैलों को भरे देखकर तय करूंगा कि आपकी समस्या का समाधान किया जाए या नहीं। बैग जितना अधिक होगा, संभावना उतनी ही अधिक होगी। अब जाओ"

विजय और आजाद अशोक चौराहे पर जाते हैं और प्लास्टिक, बोतलें और अपशिष्ट चुनना शुरू करते हैं और कचरे की थैलियों में इकट्ठा करना शुरू करते हैं। इकट्ठा करते समय, विजय आजाद से बात करता है, "आजाद, क्या यह आदमी हमारी समस्या का समाधान कर सकता है या सिर्फ हमारा मजाक उड़ा रहा है।"

आजाद ने जवाब दिया, "मुझे नहीं पता।"

कचरा उठाते समय अचानक एक आदमी सड़क पर प्लास्टिक की बोतल फेंक देता है। विजय ने उस आदमी से कहा, "क्या भाई, आप सड़क पर प्लास्टिक क्यों फेंकते हैं? इसे कचरा पेटी में डाले, सड़क पर नहीं। आप सभ्य दिखते हैं, आपको हमेशा कचरा पेटी में फेंकना चाहिए।"

आदमी- "क्षमा करें, मैं अगली बार कचरा पेटी में फेकुंगा।"

विजय फिर से कचरा उठाता है। वह एक अन्य महिला को फुटपाथ पर बोतल फेंकते हुए देखता है। "मैम, कृपया फुटपाथ पर बोतलें मत फेंको। इसे कचरा पेटी में फेको।"

महिला- "क्षमा करें, मैं इसे कचरा पेटी में डाल दूंगी।"

ऐसा कई बार होता है। उन्होंने कई लोगों से कहा कि सड़क पर या फुटपाथ पर प्लास्टिक न डालें। वह कचरा उठाता रहा। अशोक चौराहे पर कई भिखारी पैसे मांग रहे थे। और कई गरीब बच्चों ने गंदे बोरे को पकड़ रखा था। वे कचरा पेटी में से और सड़क से इसमें कोई भी

प्लास्टिक की बोतलों और स्क्रैप को डाल रहे थे। उनकी हालत दयनीय थी। कचरा बीनने वाले बच्चों में से कुछ बच्चे उसकी बेटी के उमर के थे। और कई बच्चे उसकी बेटी से छोटे थे। गरीब बच्चों के लिए कचरा इकट्ठा करने से मिला पैसा उनके जिंदगी का एकमात्र आय का स्रोत था।

पांच घंटे के लंबे समय के बाद, गर्म धूप में कचरा उठाने का बाद, वे प्रीतम के घर वापस आ जाते हैं। वे घंटी बजाते हैं। प्रीतम गेट खोलता है और कहता है, "दरवाजे से थोड़ी दूर खड़े हो जाओ, बाहर, मैं आपसे एक मिनट में बात करूंगा।"

प्रीतम ने उन्हें इस बार अंदर आने के लिए नहीं कहा। वे बाहर इंतजार कर रहे थे। विजय को ऐसा लगा कि उनके साथ अछूत की तरह व्यवहार किया जा रहा है। प्रीतम ने कहा, अच्छा, तुमने अच्छा काम किया। अब विजय कल एक दिन की छुट्टी ले लो। लेकिन उससे पहले किसी भी सफाई कर्मचारी से मिलो, उसके घर जाकर उसकी समस्याओं के बारे में पूछो। छुट्टी के बाद, मुझसे मिलो।"

विजय- "बॉस मुझे छुट्टी नहीं देंगे।"

प्रीतम जोर से हंसते हुए कहते हैं, "केवल एक बस में बैठो, कृपया! केवल एक बस में। एक बार में दो बसों में सवार होने की कोशिश न करो। अपना निर्णय लो। या तो अपना काम करो या मेरे पास आओ। वैसे, बाहर जाते समय इस सारे प्लास्टिक बैग को कूड़ेदान में डाल दो।"

विजय और आजाद अपने घर जाने के लिए प्रीतम के घर से चले गए। विजय हैरान रह गया। उन्हें प्रीतम की आभा के बारे में चकित कर दिया। उनके इस सवाल ने उन्हें सोचने पर मजबूर कर दिया, "आपके पास भोजन, पानी, बिजली और घर है, फिर समस्या क्या है?" विजय अभी भी उलझन में था, वो अपनी समस्या क्यों नहीं बता पा रहा था? आखिरकार, उन्हें लगा कि, उन्हें दूर खड़ा करके और उनके घर में नहीं जाने देकर, उनके साथ अछूत की तरह व्यवहार किया।

विजय और आजाद मोटरसाइकिल से अपने घर के लिये निकलते हैं। सड़क पर जाते हुए उन्हें एक सफाईकर्मी सड़क पर झाड़ू लगाते हूए दिखा। वे रुक गए और पूछा, "हैलो, हम आपसे बात करना चाहते हैं।"

सफाई कर्मी- "हाँ।"

विजय- "क्या मैं आप से कुछ पूछ सकता हूँ। यहां नहीं, आपके घर में।"

सफाई कर्मी- "ठीक है, मेरा काम खत्म होने तक इंतजार करो।"

विजय और आजाद ने उसका काम खत्म होने तक इंतजार किया। उन्होंने देखा कि कैसे वह सड़क पर झाड़ू लगा रहा हैं, सभी बचे हुए, प्लास्टिक और मलबे को उठा रहा हैं, फिर उसे कचरे के डिब्बे में डाल रहा हैं।

सफाई कर्मी ने अपना काम पूरा करने के बाद, "चलो मेरे घर चलते हैं।"

सफाई कर्मी अपनी साइकिल की सवारी करता है जबकि आजाद उसके पीछे आता है। विजय झुग्गी में प्रवेश करता है। विजय झुग्गी में प्रवेश करते समय बड़े होर्डिंग को देखते हैं

जिस पर लिखा था 'न्यूनतम मजदूरी से अधिक मजदूरी आपका अधिकार है। - श्रम और रोजगार मंत्रालय'। उनकी मोटरसाइकिल सफाई कर्मी की साइकिल के पीछे आती है। क्षेत्र गंदे नालों, छोटे घरों और छोटी गलियों से भरा हुआ था। लोग हर तरफ से गरीब नजर आ रहे थे। कइयों ने फटे कपड़े पहन रखे थे। गंदे नाले के पास अर्धनग्न बच्चे खेल रहे थे। इस इलाके से विजय के मोहल्ले से अलग तरह से बदबू आ रही थी। वे 10 गुणा 10 मीटर क्षेत्र के एक छोटे से मिट्टी के घर के पास रुके। छत प्लास्टिक शीट में ढकी हुई थी। सफाई कर्मी के घर में एक बिस्तर, 2 टूटी हुई कुर्सियां और कुछ बर्तन थे।

सफाई कर्मी अपने घर में सदस्यों का परिचय देता है, "यह मेरा घर है, मेरी पत्नी और मेरे दो बच्चे, सोनू और मोनू।"

विजय घर में सभी का अभिवादन करता है। और सवाल पूछता है जो आम तौर पर अच्छी आय अर्जित करने वाले लोग गरीबों से पूछते हैं, "आपको यह काम कैसा लगता हैं? आप यह काम क्यों करते हैं? आप कितना कमाते हैं?"

सफाई कर्मी जानता है कि इस प्रकार का प्रश्न उसके जीवन को नहीं बदल सकता। लेकिन कोई उनकी समस्या को समझने के लिए उनके घर आया हैं। कम से कम वह अपने मन की बात कह सकता है। वह कहता है, "यह एक आसान काम नहीं है। हमें कोई इज्जत नहीं देता। रास्तो से लोग आते जाते रहते हैं, लेकिन हमारी सेहत की किसी को परवाह नहीं है। लोग हमें छूते तक नहीं हैं। न केवल यह एक अपमानजनक काम है, बल्कि यह एक जातिगत मुद्दा भी है। मैं एक महीने में 5 हजार कमाता हूं। बस इतना ही।"

विजय अपने वेतन की तुलना सफाई कर्मी की सैलरी से करता हैं। वह हर महीने 35 हजार कमाता है। स्वीपर प्रति माह 5 हजार कमाता है। वह कहता हैं, "प्रति माह केवल पांच हजार। तो फिर आप कैसे घर चलाते हैं?"

सफाई कर्मी - "मेरे बच्चे सरकारी स्कूल में पढ़ते हैं। स्कूल छात्रों को मुफ्त किताबें और वर्दी भी देता है। हमारे यहां के पास ही एक सरकारी स्वास्थ्य केंद्र है। हम अपने इलाज के लिए उस स्वास्थ्य केंद्र में जाते हैं। हमारी पड़ोसी आशा कार्यकर्ता हैं, वह कई तरह से सहायता करती हैं। उसने हमारी पत्नी की गर्भावस्था और बच्चों के टीकाकरण में हमारी सहायता की। मैं उचित मूल्य की दुकान से राशन लेता हूं और कम कीमत पर केरोसिन भी लेता हूं। हमारे पास केवल 2 लाइटें और एक पंखा है। हम ज्यादातर रात के समय बाजार से सब्जियां लाते हैं जब बची हुई सब्जियां कम कीमत पर बेची जाती हैं। मेरी पत्नी को सरकार से कुछ पैसे उसके खाते में आते हैं।"

विजय- "तुम बहुत कम कमाते हो। आप वेतन वृद्धि के लिए क्यों नहीं कहते हैं? आपको जो वेतन मिल रहा है वह न्यूनतम मजदूरी से कम है।"

सफाई कर्मी- "दरअसल ठेकेदार सरकार को दिखाता है कि हमारी सैलरी 11 हजार रुपये है। वह हमारे खाते में 11 हजार रुपये जमा करता है। जमा करने के बाद ही वह बाकी के पैसे निकाल लेता है।"

विजय चौंक गया, "क्या! वह ऐसा कैसे कर सकता है?"

सफाई कर्मी - "मैं गरीब व्यक्ति हूं, पर्याप्त शिक्षा नहीं है। बस पढ़ने और लिखने के लिए पर्याप्त है। मैं सभी प्रकार के अकुशल श्रम करता हूं। एक सुरक्षित नौकरी चाहता था। मैंने नौकरी पाने के लिए एक सरकारी ठेकेदार से संपर्क किया। उसने मेरे साथ सौदा किया और कहा- मैं तुम्हें प्रति माह केवल 5 हजार का भुगतान करूंगा। लेकिन आपके खाते में मैं हर महीने 11 हजार रुपये हस्तांतरित करूंगा। आप मुझे 6 हजार का चेक लिखके देंगे। मैं आपके खाते से सभी 6 हजार निकाल दूंगा।"

विजय- "फिर तुमने विरोध क्यों नहीं किया?"

सफाई कर्मी - "यहां के सभी लोग इतने के आसपास कमाते हैं। मैं विरोध नहीं कर सकता। अगर मैं ऐसा करता हूं, तो वह मुझे मेरी नौकरी से निकाल देगा। मैं बेरोजगार हो जाऊंगा।"

विजय- "तो फिर अज्ञानता आपको अपने विचार से अधिक भुगतान करने के लिए मजबूर कर रही है। आप जीवन में और क्या चाहते हैं?"

सफाई कर्मी - "मुझे सम्मान चाहिए। समाज में एक स्थान जैसा कि आपके पास है। आपका समाज में स्थान है। हर कोई आपके साथ समान व्यवहार करता है। मैं कम से कम समानता और अच्छे व्यवहार की उम्मीद करता हूं।"

विजय- "तुमसे मिलकर अच्छा लगा, अब हम जाना चाहते हैं।"

सफाई कर्मी - "क्या आप चाय पीना पसंद करेंगे? मेरी पत्नी उत्कृष्ट चाय बनाती है।"

विजय और आजाद एक-दूसरे को देखते हैं, एक ठहराव लेते हैं। झिझकते हुए कहते हैं, "ठीक है।"

सफाई कर्मी और उसकी पत्नी खुश थे, कम से कम लंबे समय बाद उसके समुदाय के अलावा कुछ और लोग उसके घर में चाय पीने के लिए तैयार हैं। पत्नी मुस्कुराते हुए चाय बनाने के लिए दौड़ती है।

सफाई कर्मी - "मेरा एक सपना है। मैं चाहता हूं कि मेरा बेटा कलेक्टर बने।"

विजय- "कलेक्टर बनने के लिए सिविल सेवा परीक्षा देनी होगी। कोचिंग की फी लगभग 8 लाख रुपये है।"

सफाई कर्मी - "आप अपनी कोचिंग अपने पास रखे, कम से कम अब सफाई कर्मी के लिए कलेक्टर बनने के दरवाजे खुले हैं। यह हमारे लिए बड़ी बात है।"

सफाई कर्मी की पत्नी चाय लाती है। दोनों चाय पीते हैं। किसी तरह झिझक के साथ उन्होंने सफाई कर्मी से हाथ मिलाया और उसके घर से निकल गए। वे मोटरसाइकिल पर बैठ गए। विजय अभी भी उलझन में है। किसकी समस्या बड़ी है। भले ही मैं सब कुछ खो दूं। मैं फिर से काम कर के बच सकता हूं और एक सभ्य आय अर्जित कर सकता हूं लेकिन इस महंगाई में सफाई कर्मी और उसका परिवार कैसे बचेगा।

आजाद मोटरसाइकिल चलाते हुए पूछता हैं, "क्या तुम अभी भी प्रीतम में विश्वास करते हो कि वह आपकी समस्या का समाधान कर सकता है।"

विजय- "मुझे नहीं पता। हम छुट्टी के बाद देखेंगे। वैसे, हम छुट्टी के लिए कहां जाएंगे?"

आजाद- "मेरा एक दोस्त है जो सकोला गांव में रहता है। उसका नाम किशोर है। हम उसके खेत में जा सकते हैं और आनंद ले सकते हैं। तुम क्या करो, कल सुबह जल्दी सकोला के लिए बस ले लो। मैं दोपहर में वहां पहुंच जाऊंगा।"

विजय घर पहुंचता है। कल की छुट्टी के लिए उसे अपने कार्यालय से छुट्टी की मंजूरी की आवश्यकता है। वह अपने बॉस को फ़ोन करता है, "सर, मुझे 2 दिनों के लिए छुट्टी चाहिए।"

बॉस उस पर चिल्लाता है, "क्या! क्या तुम पागल हो गए हो? कोई छुट्टी नहीं। वैसे, तुमने मुझे फोन करने की हिम्मत कैसे की? क्या यह कॉल करने का समय है?"

विजय- "लेकिन सर, आप मुझे हमेशा तब फ़ोन करते हैं जब कुछ काम करने होते हैं। अब, मेरा एक कॉल आपको परेशान कर रहा है।"

बॉस- "क्या अपने बॉस से बात करने का यह तरीका है? आपके लिए कोई छुट्टी नहीं।"

विजय- "मुझे कल से दो दिन की छुट्टी चाहिए और मैं दो दिन के लिए ऑफिस नहीं आ रहा हूँ। धन्यवाद।"

विजय कॉल काट देता है। वह प्रीतम के विचारों से इतना प्रेरित हैं कि वह अपनी नौकरी को खतरे में डाल देता हैं। विजय भी चिंतित है। लेकिन वैसे भी बॉस उसकी छुट्टी मंजूर करें या न करे, वह वैसा ही करेगा जैसा प्रीतम कहते हैं। वह छुट्टी मनाने जाएगा और प्रीतम से मिलने जाएगा।"

विजय अपनी पत्नी के पास जाता है और कहता है, "हम छुट्टी पर जा रहे हैं। अपना बैग तैयार कर लो।"

बेटी पिता की बातें सुनती है। वह खुशी से कूदती है, "हुर्रे! हम छुट्टी पर जा रहे हैं! मैं अपने दोस्तों को बताऊंगा कि हम छुट्टी पर जा रहे हैं। पिताजी, हम अपनी छुट्टियों का बहुत आनंद लेंगे।"

सोनम कभी छुट्टी पर नहीं गई। स्कूल में बच्चे हमेशा छुट्टियो के बारे में बात करते रहते थे। सोनम हमेशा चाहती थी की वो दुसरे बच्चो जैसे घुमने जाये।

पत्नी विजय के पास आती है, "क्या तुम पागल हो! हमारे पास पैसे नहीं हैं और हमें ऋण का भुगतान करना है। हमारे पास पैसे की कमी है और आप छुट्टी पर जाना चाहते हैं।"

विजय- "मुझ पर विश्वास करो मेरी प्यारी पत्नी। हमने कभी भी अपने समय का आनंद नहीं लिया है। कभी भी हमारे जीवन के लक्ष के बारे में पता नहीं लगाया। चलो चलते हैं । यह एक दिन का काम खर्च में अवकाश होगा। हम कम संभव लागत पर प्रबंधन करेंगे।"

बेटी अपने सामान को एक बैग में पैक करती है। विजय उसकी तरफ देखता है। वह खुश नजर आ रही थी। उसकी खुशी ने उसे अपनी योजना पर टिके रहने के लिए मजबूर कर दिया। विजय जल्दी सो जाता है। उसे कल जल्दी उठना है ताकि वह छुट्टी मनाने जा सके।

12

मानवता का खोया हुआ सपना

सपना- 10

विजय अपने परिवार के साथ छुट्टी मनाने जाता है। अफ्रीका के लिए उड़ान भरता हैं। किसी एकांत स्थान पर एक रिसॉर्ट में पहुँचता है। वनस्पति, विभिन्न पेड़ों और वन्यजीवों से भरा हुआ। वे वन्यजीवों को देखने के लिए जंगल सफारी पर जंगल जाते हैं। विजय वन्यजीवों की फोटो खींच रहा हैं। वह छुट्टी पर है। पत्नी और बेटी पूरी तरह से अफ्रीका में अपने समय का आनंद ले रहे हैं। वह प्रकृति को देखते हुए जीप जैसे वाहन में सफर कर रहे हैं। गाइड और ड्राइवर उसके साथ थे। विजय ने कहा, "वाह! क्या प्रकृति है! पक्षी कितने सुंदर हैं! मुझे इस परिदृश्य और वन्यजीवन से प्यार है।" विजय इस देश में प्राकृतिक दृश्यों से प्रभावित थे। वह गाइड से कहता है, "ओह गाइड, आपका देश बहुत सुंदर है! मैं बहुत दूर से आया हूँ। भारत से। आप बहुत भाग्यशाली हैं कि आप इस तरह के एक सुंदर प्राकृतिक देश में रहते हैं।" जिस पर गाइड मुस्कुराता है और चुप रहता है। गाइड विजय और उसके परिवार को वन्यजीव दिखाते रहते हैं। विजय 3 घंटे के लिए राष्ट्रीय उद्यान के आसपास की हर चीज को देखता है और अब होटल वापस लौटने का समय हो गया हैं।

वापसी के दौरान विजय ने देखा कि एक युवती उनके वाहन की तरफ नंगे पैर दौड़ कर आ रही है। वह उनके गाड़ी के सामने खड़ी हो गई। वह करीब 18 साल की थी। पारंपरिक अफ्रीकी कपड़ों पहने हुए। जोर जोर से साँस ले रही थी। अपने गंदे और फटे कपड़ों से वह ऐसी लग रही थी जैसे की वह बहुत गरीब है। वह जोर-जोर से सांस लेते हुए बोलने की कोशिश करती है, "कृपा करे सर, मेरी मदद करो, मेरी मदद करो, मैं बहुत ज्यादा मुसीबत में हूं।"

विजय- "तुम्हें क्या हो गया?"

युवती - "मैं आप के साथ भारत आना चाहती हूँ।"

विजय- "तुम्हें कैसे पता चला कि मैं भारत से हूँ?"

युवती - "मैंने इस इलाके के हर व्यक्ति को बताके रखा था कि जब कोई भारत का व्यक्ति आए तो वे मुझे बताये।"

युवती अपने जीवन के बारे में बताती हैं, "मैं एक गरीब परिवार से हूं। मेरे 8 भाई-बहन थे। हम एक छोटी सी झोपड़ी में रहते थे। खाने के लिए पैसे नहीं हैं और कई बार कचरे से खाते हैं। मेरे दो छोटे भाई भुखमरी के कारण मर चुके हैं। दो गंभीर रूप से बीमार हैं। पानी की किल्लत बनी हुई है। बहुत कम पानी हैं। मेरे पास कोई शिक्षा नहीं है। मेरे माता-पिता ने मुझे बहुत कम पैसे में बेच दिया। फिर, मैं अपने मालिक के घर से भाग गयी। मैं वापस अपनी झोपड़ी में चली गयी। हमारे देश में काबिलो के बिच संघर्ष चल रहा है। नरसंहार हो रहा है, उन्होंने कई निर्दोष लोगों को मार डाला। मैं अल्पसंख्यक काबिले से हूं। एक और काबिला हमारे लोगों को मार रही है। मेरे और मेरे भाई-बहनों के पास छिपने के लिए कोई जगह नहीं है। कोई भी हमारी रक्षा नहीं कर रहा है। मैं इस जगह पर भारत के किसी व्यक्ति से मिलने आयी हूँ। मैं आपकी मदद चाहता हूं।"

विजय- "मैं तुम्हारी मदद कैसे कर सकता हूँ?"

युवती - "किसी ने मुझे बताया कि, भारत में शिक्षा मुफ़्त है। स्वास्थ्य देखभाल मुफ्त है। सरकार गरीबों को मुफ्त राशन देती है। अगर मेरा भाई भारत में होता तो वह जिंदा और खुश होता। मैं सीखना चाहता हूं और डॉक्टर बनना चाहता हूं और अपने देश में गरीब लोगों की मदद करना चाहता हूं। आपका देश लोगों का ख्याल रखता है और उन्हें हिंसा से बचाता है। कृपया मुझे अपने देश ले जाइए। ताकि मैं अपने सपनों को पूरा कर सकूं। जीवन को खुशी से जि सकूं।"

विजय भावुक हो जाता है। वह उलझन में है। वह शांत हो जाता है, "मैं आपको कैसे ले जा सकता हूं। आप भारतीय नहीं हैं।"

युवती - "तो क्या! कम से कम मैं इंसान तो हूं। आपका देश आपके नागरिकों की रक्षा करता है। मैं भारतीय बनना चाहता हूं, कृपया मेरी मदद करें।"

विजय अपने सामने आने वाली समस्याओं का हल नहीं कर सकता और अब पूरी दुनिया उनकी समस्याओं को हल करने के लिए कह रही है। नागरिकों को के साथ अलग व्यवहार होता है जबकि विदेशियों के साथ अलग। क्या मैं भाग्यशाली हूं कि मैं भारतीय हूं? शायद विजय के पास कोई जवाब नहीं है। भारत समस्याओं से भरा हुआ है। समाधान की कोई उम्मीद नहीं है। फिर भी कई देश ऐसे हैं जिनके पास हमारे जितने बुनियादी सुविधाएं नहीं हैं। उन्हें अपने देश पर उतना भरोसा नहीं है जितना हमें अपने देश पर है। भरोसा कि मैं सभी परिस्थितियों में ठीक रहूँगा। विश्वास कि मैं बिना किसी चिंता के सड़क पर चल सकता हूं। यह भरोसा कि देश में शांति है।

विजय उलझन में दिख रहा था। सफाई कर्मी जो जिंदगी जी रहा हैं वह कई वंचित व्यक्तियों के लिए सपना है। मैं जो जीवन जी रहा हूं वह सफाई कर्मी के लिए एक सपना है।

और मेरा बॉस जो जीवन जी रहा है, वह मेरा सपना है। यह सपना कहां खत्म होगा? क्या न्याय मिलेगा? क्या कोई ऐसा समय आएगा जब संसाधनों तक सभी की समान पहुंच होगी?

सपना खत्म हो जाता है। विजय नींद से उठ जाता है। घड़ी को देखता हैं, सुबह के 6 बज रहे हैं। वह अभी भी अपने सपने के बारे में सोच रहा है। युद्धग्रस्त देशों में ऐसे कई लोग हैं जो अनिश्चितता में हैं कि वे किसी भी समय मर सकते हैं। उनके लिए सिर्फ खाना ही खुशी है। अपने प्रियजन को जीवित देखना उनके लिए खुशी है। वे पायलट या बड़ा घर या पदोन्नति होने का सपना छोड़ सकते हैं। उनका सपना शांति से रहने का होता है। केवल शांति और भाईचारा। ऐसे कई लोग हैं जिन्हें भोजन और शिक्षा की आवश्यकता है। उनके लिए यह खुशी है। कई लोग समानता और अवसर चाहते हैं। उनके लिए यह उनकी खुशी है। कई लोग पद और सम्मान चाहते हैं। उनके लिए यह खुशी है।

अभी भी कुछ सवाल लंबित हैं, खुशी कहां है? न्याय कहां है? न्याय और समानता की सीमा क्या है? विजय को कहीं भी न्याय और खुशी नहीं दिख रही हैं। न्याय की तलाश जारी रहेगी।

लेकिन वैसे भी, आज गांव में घुमने जाने का समय है। पत्नी और बेटी तैयार हैं, विजय बिस्तर से उठता है और वॉशरूम की ओर भागता है। सुबह 07:00 बजे वे आनन-फानन में बस स्टॉप पर जाने के लिए भागते हैं। वे बस में बैठते हैं।

विजय बस कंडक्टर को, "सकोला के लिए टिकट।"

कंडक्टर- "आह, अकोला।"

विजय- "हाँ, हाँ अकोला।"

विजय अकोला और सकोला के बीच उलझन में था। आजाद ने भले ही अकोला बोला हो लेकिन उसने इसे सकोला सुना होगा।

बस अपनी यात्रा शुरू करती है। पहाड़ियों और घाटो से होते हूए। हरे-भरे खेतों से और उनके चेहरे पर ठंडी हवा का एहसास लेते हूए। अंत में, अकोला गांव आता है। वे सभी नीचे उतर जाते हैं। यह एक छोटा सा गांव था जहां सड़क पर कोई यातायात नहीं था। विजय कॉल करने की कोशिश करता है लेकिन कोई नेटवर्क नहीं। उस गांव के बस स्टॉप के पास एक व्यक्ति खड़ा था। वह उससे पूछता है, "क्या यह सकोला है?"

अज्ञात उत्तर देता हैं, "यह अकोला है, सकोला यहां से 10 किमी दूर है।"

वे किसी अज्ञात गांव में फंस गए। "मैं वहाँ कैसे पहुँचूँ?" विजय ने पूछा।

अनजान- "अब कोई बस नहीं है। सकोला के लिए जो भी वाहन मिले उस में बैठ जाओ।"

10 मिनट के बाद उन्हें एक ट्रक दिखाई देता है। वह ट्रक को हाथ दिखाता है। ट्रक रुक जाता है। वह ट्रक चालक से अनुरोध करता है कि वह उन्हें सकोला ले जाए। ट्रक चालक सहमत होता है। वे सभी ट्रक में बैठते हैं। प्राची के लिए ट्रक में चढना मुश्किल था। वह पहली बार ट्रक के केबिन में बैठी थी। वह घबराई हुई थी, लेकिन उसे यह दिलचस्प लगा।

पत्नी- "यह कितना सुंदर ट्रक है!"

ट्रक ड्राइवर- "धन्यवाद।"

पत्नी ट्रक को लेकर उत्साहित दिखा रही थी। वह ड्राइवर से पूछती है, "क्या मैं यह ट्रक चला सकती हूं।"

ड्राइवर ने कहा, "क्या आपके पास ट्रक ड्राइविंग लाइसेंस है? मैंने अपने पूरे जीवन में महिलाओं को ट्रक चलाते हुए नहीं देखा है। यदि आप सीखना चाहते हैं, तो मैं आपको सिखा सकता हूं। लोग सोचते हैं कि ट्रक ड्राइवर अपराधी और कम मूल्य के हैं। मेरा परिवार और एक बेटा है। वह स्कूल में पढ़ता है। यह एक कठिन काम है। हमारी जान खतरे में रहती है, इसलिए हमारे परिवार भी परेशान रहते है। हम महीनों तक अपने परिवार से दूर रहते हैं, मुश्किल काम हैं । कोई घर नहीं, कोई होटल नहीं। यह हमारा घर और होटल है।" किसी भी तरह से सकोला आता है। सभी ट्रक से नीचे उतर जाते हैं।

उन्होंने वहां से गुजर रहे एक व्यक्ति से पूछा, "किशोर का घर कहां है?" वहां से गुजर रहे व्यक्ति उन्हें किशोर के घर का रास्ता बताया। वे उसके घर चले गए। किशोर ने उनका स्वागत किया। उन्होंने घर में बैठने की गुजारिश की और उनके लिए चाय लेकर आए।

किशोर एक किसान और आजाद के बचपन का दोस्त हैं। किशोर के परिवार में उनके बूढ़े माता-पिता, उनकी पत्नी और एक बेटी शामिल हैं। ये सभी गांव के एक घर में रहते हैं। उनका घर साधारण था। कल आजाद ने किशोर को फोन किया था और अपने और अपने दोस्त विजय की अपने गांव जाने की योजना के बारे में बात की थी। किशोर बताते हैं, "मैं एक किसान हूं। हम अपने खेत में चावल और गेहूं उगाते हैं। भूमि के एक और छोटे से हिस्से में, हम अपने भोजन के लिए सब्जियां उगाते हैं।" किशोर सुझाव देते हैं, "चलो खेत पर चलते हैं।"

वे किशोर और उनके परिवार के साथ खेत की ओर चल दिए। गांव की छोटी कच्ची सड़कों से लेकर धुल भरी पगडंडी तक, हवा में लहराते हुए हरे-भरे हरे-भरे खेतों से चलते हुए। एक छोटी सी झील के किनारे से गुजरते हुए। किशोर के खेत में एक छोटी सी झोपड़ी तक पहुंचते हैं। खेत धान की फसल से हरा भरा था। उनके खेत के पास एक विशाल आम का पेड़ था। वे विशाल आम के पेड़ के नीचे बैठ गए। खेतों से ठंडी हवा बह रही थी जिससे हू ध्वनि हो रही थी। जमीन पर पाच क्षैतिज और ऊर्ध्वाधर रेखाएं खींचते हैं और 'चवास्ता' नामक खेल खेलना शुरू करते हैं। वे तनाव से मुक्त महसूस करते हैं। कुछ देर बाद उन्होंने आजाद को अपनी ओर आते देखा।

किशोर, उनके पिता, मां, पत्नी और बेटी। विजय और उसका परिवार और आजाद। सभी मिलकर इस क्षेत्र में आनंद ले रहे थे। उन्होंने जलाने के लिए लकड़ी एकत्र की। एक अलाव बनाया और उसके ऊपर भोजन पकाया। चावल, और आलू बैंगन खेत पर पकाने के लिए एकदम सही पकवान।

उन्होंने खेत पर यहां पूरे दिन खूब आनंद लिया। यह छुट्टी विजय और उनके परिवार के लिए थोड़ी अलग थी। वे कभी भी इतनी शांत जगह पर नहीं गए थे, सिर्फ प्रकृति और वे।

बेटी को लगता था कि छुट्टी मानाने का मतलब महंगा होटल और बहुत सारी भीड़ के साथ विशाल मनोरंजन पार्क है।

विजय के लिए यह एक अनूठा अनुभव था। किशोर अपने पिता और मां के साथ रहते थे। विजय को अपने पिता और मां की याद आती थी। वे उनके साथ नहीं रहते थे। न ही उन्होंने अपनी पोती से कभी बात की। उन्होंने सीखा कि खुशी भौतिक चीजों में नहीं बल्की यह हर किसी को एक साथ रहने में निहित है। भौतिक चीजे लोगों को एक साथ लाने के लिए उपकरण हैं।

खेत का आनंद लेने के बाद विजय, उनकी पत्नी और बेटी उनके प्रति आभार व्यक्त करते हैं। फिर वे अपने शहर के लिए शाम की अंतिम बस लेते हैं। बस रात में यात्रा करती है। पहली बार उन्हें लगा कि वे किसी रिश्तेदार के घर गए हैं। अपने जीवन में बेटी अपने किसी भी रिश्तेदार से नहीं मिली। वे घर पहुंचते हैं। सभी थके हुए थे और कसकर सो गए।

13

प्रकाश में अज्ञानता का कचरा

अगले दिन

आजाद और विजय प्रीतम से मिलने के लिए निकल पड़े। वे दरवाजे की घंटी बजाते हैं। प्रीतम दरवाजा खोलता है। वे दोनों को सोफे पर बैठने के लिए कहता हैं।

प्रीतम- "विजय, मुझे बताओ कि तुमने कितने कचरे के थैले इकट्ठे किए थे। और कचरा इकट्ठा करते समय क्या हुआ?"

विजय- "बहुत से लोग सड़क पर कूड़ा फेंक देते हैं। हम उनसे कहा करते थे, सड़क पर प्लास्टिक मत फेंको।"

प्रीतम- "क्यों?"

विजय- "सड़क पर प्लास्टिक नहीं फेंकना चाहिए।"

प्रीतम- "लेकिन आपने उस दिन ही क्यों बोला? आपने हर दिन यह बात क्यों नहीं बोली की सड़क पर कचरा नहीं फेकना चहिये?"

विजय भ्रमित हो जाता है, "आह।"

प्रीतम- "तो अब क्या करोगे? क्या आप बोलेंगे, हर उस व्यक्ति को जिससे आप मिलते हैं वह भी हर दिन की कचरा मत फेको।"

विजय- "हाँ, हाँ।"

प्रीतम- "देखो विजय, लोग आपके चेहरे पर रोज कूड़ा फेंकते हैं। सचमुच हर दिन। लेकिन आपने कभी भी कम से कम एक बार बोलने की हिम्मत नहीं की। यह कचरा शब्दों और वाक्यों के रूप में होता है। आपका बॉस आपको बिना वजह के लिए डांटता है। वे अपनी सारी हताशा आपको देता हैं। समाज आप पर अपना विचार थोपता है। वे ऐसे सुझाव देते हैं जो उनसे कोई मतलब नहीं होते। फिर आप क्यों नहीं बोलते।"

विजय- "आह!"

प्रीतम- "अगर कोई आप पर कचरा फेंकता है तो बोलें। फिर आगे क्या हुआ, सफाई कर्मी के घर में।"

विजय- "उसके जीवन में समस्या है।"

प्रीतम- "क्या वो ज्यादा कमाते हैं या आप ज्यादा कमाते हैं?"

विजय- "मैं ज्यादा कमाता हूँ।"

प्रीतम- "फिर, उसे कोई कष्ट नहीं होता होगा। आपकी पीड़ा अधिक हैं या उसकी समस्या।"

विजय- "उसकी अपनी समस्याएँ भी हैं।"

प्रीतम- "फिर वह अपना खर्च का प्रभंदन कैसे करता है?"

विजय- "वह बच्चों को सरकारी स्कूल भेजता है और उचित मूल्य की दुकान से राशन लेता है।"

प्रीतम- "इसका मतलब है कि सरकार उनकी शैक्षिक और खाद्य आवश्यकताओं का ध्यान रखती है।"

विजय- "हाँ।"

प्रीतम- "तो फिर सरकार भी आपकी जरूरतों को देख रही होगी।"

विजय- "हो सकता है।"

प्रीतम- "तो फिर पता लगाओ? भारत एक कल्याणकारी राज्य है, प्रत्येक और सभी के लिए कल्याण है। हम बस इसे पहचान नहीं पाते हैं।"

विजय सफाई कर्मी के कम तनखा पर अपनी चिंता व्यक्त करता हैं, "उनके ठेकेदार ने सफाई कर्मी को गुमराह किया। ठेकेदार उसे प्रति माह केवल 5 हजार रुपये का भुगतान करता है जबकि उसका आधिकारिक वेतन 11 हजार है।"

प्रीतम- "फिर विजय, जाओ सफाई कर्मी की समस्या का समाधान करो। भारत में जबरन मजदूरी पर प्रतिबंध है। यदि किसी व्यक्ति को निर्धारित मजदूरी से कम भुगतान किया जाता है, तो वह बंधुआ मज़दूरी है। फिर आपको उसकी समस्या का समाधान करना होगा।"

विजय- "मैं उसकी समस्या का समाधान कैसे कर सकता हूँ।"

प्रीतम- "उसके ठेकेदार से मिलें और बताएं कि आप उसके बारे में शिकायत करेंगे या आरटीआई (सूचना का अधिकार) दायर करेंगे।"

विजय- "लेकिन मैं यहाँ अपनी समस्या का समाधान करने आया हूँ।"

प्रीतम- "तो फिर मैं तुम्हारी समस्या का समाधान क्यों करूँ? यदि आप अपनी समस्याओं को हल करना चाहते हो, तो पहले दूसरों का समस्याओं को हल करो।"

प्रीतम- "तुम्हारी छुट्टी कैसी रही?"

विजय- "अच्छी।"

प्रीतम- "क्या आपने अपनी छुट्टी का आनंद लिया?"

विजय- "मेरे परिवार ने इसका बहुत आनंद लिया।"

प्रीतम- "मुझे और बताओ।"

विजय- "हम एक बस पर बैठ गए। फिर ट्रक की सवारी की। वास्तव में, मेरी पत्नी ट्रक से इतना प्रभावित हूई कि उसने ड्राइवर को ट्रक चलाना सिखाने के लिए कहा।"

प्रीतम- "तो क्या किसी ने आपसे अपनी समस्या के बारे में बात की?"

विजय- "नहीं।"

प्रीतम- "क्या इसका मतलब यह है कि उन्हें कोई समस्या नहीं है?"

विजय- "हो सकता है, उनके पास उनकी अपनी समस्या है।"

प्रीतम- "उन्हें भी समस्याएं हैं। लेकिन आप छुट्टी के मूड में थे।"

विजय- "इसका क्या मतलब है?"

प्रीतम- "अगर आप छुट्टी पर नहीं होते तो आप सभी में समस्या देखते।"

विजय- "मैं समझा नहीं।"

प्रीतम- "खुशी केवल परिणामों में नहीं बल्कि मन से उत्पन्न भावनाओं में भी निहित है। दिल से सोचें कि आप छुट्टी पर हैं। आप दर्द नहीं सुन पाएंगे। उन्होंने आगे कहा, "तो सबक क्या है? दूसरों को अपने चेहरे पर कचरा न फेंकने दें। छुट्टी की तरह जीवन बिताये और संविधान पर भरोसा करें।"

विजय- "संविधान पर भरोसा करो। यह क्या है? यह जटिल है।"

प्रीतम- "मैं उस बारे में बाद में बात करूंगा। लेकिन सबसे पहले तो 'अज्ञानता' नाम का एक व्यक्ति है। हाँ, अज्ञानता और यह आप में है। उस व्यक्ति को खोजें? वह कहां छिपा हुआ है? वैसे, आपके द्वारा भुगतान किया जाने वाला सबसे अधिक कर कौन सा है?"

विजय- "जीएसटी।"

प्रीतम थोड़ा हंसते हुए बताते हैं, "यह अज्ञानता है। सबसे बड़ी लागत, सबसे बड़ा अवांछित मजबूर कर। आप अज्ञानता को अपने पैसे और ऊर्जा का भुगतान करते रहते हैं।"

उन्होंने आगे कहा, "हर कोई चाहता है कि आप गुलाम बनें। बॉस चाहते हैं कि आप गुलाम बनें। समाज चाहता है कि आप उनकी व्यवस्था का पालन करें। धर्म चाहता है कि आप वैसा ही करें जैसा वे कहते हैं। आप औसत दर्जे की मानसिकता के गुलाम हैं। ऐसी मानसिकता जो विचारों की स्वतंत्रता पर आधारित नहीं हैं। ऐसी मानसिकता जो समानता पर आधारित नहीं हैं और जो न्याय पर आधारित नहीं हैं। अज्ञानता लालच पर आधारित है, केवल मैं, केवल मुझे। यह केवल मैं, लोगों को गैरकानूनी चीजें करने के लिए प्रेरित करता है। यह केवल मैं गुलाम बनने के लिए मजबूर करती हैं। यदि आप जानते कि चिकित्सा क्षेत्र कैसे काम करता है, तो आप गुलाम नहीं होते। आपको मूर्ख नहीं बनाया गया होता, अगर आप जानते थे कि कानून कैसे काम करता है। यदि आप जानते, की यह प्रणाली आपको न्याय देने के लिए बनाई गई है, तो आप शिकार नहीं होते। आपने अज्ञानता के लिए सभी को पैसे का भुगतान किया। तुम अज्ञानता के कारण गुलाम बन गए हो। विजय जब आप अपने घर जाओगे, तो

पता करें कि जीवन का अधिकार क्या है।"

प्रीतम- "हर कोई पैसे के लिए लड़ रहा है। लेकिन वास्तव में, वे लिबर्टी और स्वतंत्रता के लिए लड़ रहे हैं। अगर आप गरीब हैं और आपके पास खाने के लिए कुछ भी नहीं है, तो आपकी आवश्यकता क्या है?"

विजय- "भोजन।"

प्रीतम- "क्या मैं कह सकता हूँ कि- अरे बेचारा, तुम्हें खाना खाने का कोई अधिकार नहीं है?"

विजय- "नहीं।"

प्रीतम- "क्यों?"

विजय- "भोजन मानव की बुनियादी जरूरत है।"

प्रीतम- "आधुनिक शब्दों में यह मानवाधिकार है। भारतीय संविधान के हिसाब से- जीवन का अधिकार। तो, क्या होगा यदि मैं एक तानाशाह हूं और दूसरों को खाना खाने से रोकने और उन्हें 5 दिनों तक भूखा रखने के लिए पूर्ण शक्तियां हैं? फिर क्या? सुनो, एक अन्यायपूर्ण व्यवस्था की शक्तिया ली गयी है और आपकी ओर स्थानांतरित कर दी गयी है। अब, मुक्त हो जाओ और भोजन करो। आपको कोई रोक नहीं सकता। किसी में भी इतनी ताकत नहीं है कि वह आपको खाने से रोक सके। यह शक्ति कहां से आती है। अगर कोई आपको कई दिनों तक भूखा रखेगा तो आप क्या करेंगे? न्याय आपके पक्ष में है। इसे खोजें। यदि आप अब पता नहीं लगा सकते हैं, तो अज्ञानता भारी मात्रा में धन मांग रही है। अज्ञानता आपको गुलाम बनाने के लिए तैयार है।"

विजय- "ठीक है, लेकिन मैं यहाँ अपनी समस्या को हल करने के लिए आया हूँ। अस्पताल ने मेरी बेटी का बेवजह ऑपरेशन किया। मुझे 20 लाख रुपये का ऋण देना है।"

प्रीतम- "पहले तो मेरे द्वारा पूछे गए सवाल का जवाब ढूंढ़िए। एक और चीज़। यदि आपकी पत्नी ट्रक सीखना चाहती है। फिर उसे ट्रक चलाना सीखने दें, उसकी मदद करें।"

विजय दरवाजे से निकलने ही वाला था। प्रीतम ने उसे बुलाया। विजय रुक गया और पूछा, "और कुछ।"

प्रीतम- "विजय एक बात और। जिस घर में आप रहते हैं वह आपका घर है।"

विजय- "हाँ।"

प्रीतम- "क्या आप घर का मालिकाना हक मुझे बिना पैसे लिए हस्तंतारित कर सकते हैं। अगर हां, तो मैं दो दिनों के भीतर आपके घर में शिफ्ट हो जाऊंगा।"

विजय- "मैं आप को मेरा घर मुफ्त में कैसे दे सकता हूँ। मैं वहा रहता हूं। मेरे पास रहने के लिए कोई और जगह नहीं है।"

प्रीतम- "कोई बात नहीं, कोई बात नहीं! आप सड़कों पर रह सकते हैं। मैं तुम्हें एक छोटा सा तम्बू दूंगा। आप, आपकी पत्नी और बेटी उस तम्बू में आसानी से सो सकते हैं। आप इस घर के पास एक फुटपाथ पर रह सकते हैं। कभी-कभी यदि आवश्यक हो तो मैं आपको सर्दियों

के दौरान कंबल भी दूंगा। यदि आवश्यक हो तो पानी का एक बोटल।"

विजय को अब तक गुस्सा आ चुका था। उसने कहा- नहीं सर, मैं अपना घर आपको मुफ्त में नहीं दूंगा, या आप मुझे पैसे भी देंगे तभी भी नहीं।"

प्रीतम- "विजय, तुम्हारा घर अवैध है। कल सरकार इसे ध्वस्त करने के लिए आपके घर आएगी।"

विजय- "मुझे मूर्ख मत बनाओ। मैंने प्लॉट और घर खरीदा है।"

प्रीतम- "क्या होगा अगर, सरकार आदेश दे कि आपका प्लॉट सरकारी संपत्ति होगी और वे आपको अपने घर से हटा सकते हैं। वे भी बिना किसी सूचना के।"

विजय- "मुझे मूर्ख मत बनाओ?"

प्रीतम- "कल मैं तुम्हारे घर में शिफ्ट हो जाऊँगा।"

विजय- "अगर तुम करोगे तो मैं पुलिस को बुला लूंगा।"

प्रीतम- "पुलिस तुम्हारी कोई मदद नहीं करेगी।"

विजय- "वो मेरी बात क्यों नहीं सुनेंगे, उन्हें सुनना ही होगा । उन्हें मेरी बात सुननी होगी।"

प्रीतम- "तुम इतने आत्मविस्वासी कैसे हो सकते हो विजय? आप इतने आश्वस्त कैसे हो सकते हैं कि वे आपकी मदद करेंगे?"

विजय- "आह।"

प्रीतम- "पुलिस रिश्वत लेते हैं, वे बेकार हैं। अब, आप आज शाम तक अपने घर से बाहर निकल जाइए या आप को बंदूक की नोक पर हटा दिया जाएगा। मैं आपके परिवार के किसी भी सदस्य को मार दूंगा जो मेरे रास्ते में आएंगे।"

विजय- "तुम ऐसा नहीं कर सकते। आप उस तरह के व्यक्ति की तरह नहीं दिखते हैं। आप जेल में सडोगे।"

प्रीतम- "लेकिन पुलिस भ्रष्ट है।"

विजय- "ठीक है। लेकिन फिर भी वे आपको जेल में डाल देंगे।"

प्रीतम- "विजय, देखो न्याय तुम्हारे पक्ष में है। यह है और आगे भी होगा।"

प्रीतम- "मैं तुम्हारा घर नहीं ले जा रहा हूँ। मैं आपको बताना चाहता हूं कि व्यवस्था आपको न्याय देने के लिए डिज़ाइन किया गया है। न्याय आपके पक्ष में है। आप अधिक शक्तिशाली हैं। सरकार के बराबर शक्तिशाली। संवैधानिक नैतिकता का पालन करें। न्याय के लिए संवैधानिक तरीके पर कायम रहें। इस प्रणाली में हर व्यक्ति आपकी मदद करने के लिए है।"

प्रीतम- "यह आत्मविश्वास कहां से आया कि मैं जबरदस्ती आपके घर में प्रवेश नहीं कर सकता? कोई आपको बचाने के लिए आएगा।"

विजय- "ऐसा ही है।"

प्रीतम- "अपने घर में रहना तुम्हारा अधिकार है। यदि आपको ऐसा नहीं करने दिया जाता। तो फिर पूरी प्रणाली आपको न्याय देने के लिए बनायी गई है। संविधान आपके लिए है। यह सुपरमैन की तुलना में अधिक शक्ति देता है। आप इस संविधान के माध्यम से न्याय ला सकते हैं। बस आपके पास जो अज्ञानता है उसे मार डालो।"

विजय अवाक रह गया। वह फिर से उलझन में पड़ गया। वह मोटरसाइकिल की ओर चला गया, प्रीतम ने टोकते हुए कहा, "वैसे तुम्हारे घर की कीमत क्या है?"

विजय बताते हैं, "हमारा 3000 वर्ग फुट का प्लॉट है जिसमें तीन कमरों का घर है। हमने इसे 12 साल पहले आठ लाख रुपये में खरीदा था।"

प्रीतम पुष्टि में सिर हिलाता है और विजय अपने घर जाने के लिए चल देते हैं। वे दोनों मोटरसाइकिल पर बैठ कर सीधे सफाई कर्मी के घर चले गए। शाम हो चुकी थी, और सफाई कर्मी अपने घर में था। सफाई कर्मी ने उनका स्वागत किया।

विजय सफाई कर्मी से पूछता है, "आपकी तनखा 11 हजार है। फिर चलो आप के ठेकेदार से मिलने के लिए चलते हैं और उसे हम पूर्ण भुगतान के लिए कहेंगे।"

सफाई कर्मी- "नहीं नहीं, वो मुझे मेरे काम से निकाल देगा? कोई भी मुझे नौकरी नहीं देगा।"

विजय- "तुम पहले ही मर चुके हो, अपने आप को देखो। मैं तुम्हें जीवित आदमी के रूप में नहीं देख रहा हूँ। आप हर दिन मर रहे हैं। कोई आय नहीं। कोई सामाजिक उत्थान नहीं। डर विकास में सबसे बड़ा रोड़ा है। बस हिम्मत जुटाइए। चलो उसे मोबाइल पर कॉल करते हैं। सफाई कर्मी अपने ठेकेदार का नंबर बताता है। विजय उसे अपने मोबाइल पर कॉल करता है। विजय ने फोन पर ठेकेदार से कहा, "हैलो सर, मैं विजय हूं। मैं एक सफाई कर्मी के रूप में काम करना चाहता हूं, क्या मुझे काम मिल सकता है, कृपया मुझे काम की सक्त जरुरत हैं।"

ठेकेदार- "ठीक है, कल सुबह आ सकते हो।"

विजय- "थैंक यू सर, मैं सड़क पर झाड़ू लगाने के लिए 55 हजार प्रति माह वेतन की मांग करता हूं।"

ठेकेदार- "क्या? 55 हजार रुपए! क्या आप पागल हैं! मैं आपको प्रति माह केवल 5 हजार रुपये का भुगतान कर सकता हूँ।"

विजय- "मेरे पास एक ऐसी मशीन है जो एक बार में 5 लोगों का काम कर सकती है। यह मशीन एक तरफ से गंदगी खिचती है और सड़क को साफ-सुथरा बनाती है। बस प्रति माह 55 हजार का भुगतान करें। मैं उस मशीन के साथ एक काम कर सकता हूं।"

ठेकेदार- "तो ठीक है।"

विजय- "आपको मशीन ऑपरेटर के लिए 20 हजार एक्स्ट्रा देना होगा और साथ में 55 हजार प्रति मशीन का कॉन्ट्रैक्ट साइन करना होगा।"

ठेकेदार- "क्या! आप मुझे बेवकूफ बनाने की कोशिश कर रहे हैं। मेरा आपके साथ कोई अनुबंध नहीं होगा।"

विजय- "लेकिन आप ने अभी कहा है और आप अपनी बातों को ठुकरा रहे हो। मैं पुलिस से शिकायत करूंगा।"

ठेकेदार- "किस बारे में?"

विजय- "कि आप ने हाँ कहने के बाद कॉन्ट्रैक्ट ठुकरा दिया। आप जेल में सडोगे।"

ठेकेदार- "क्या आप पागल हो! आप क्या कह रहे हैं?"

विजय- "अगर आप अपने सरकारी टेंडर करार के अनुसार अपने कर्मचारियों को भुगतान नहीं करते हैं। मैं आपकी शिकायत पुलिस, मानवाधिकार आयोग से करूंगा। सबूत के साथ नगरपालिका कार्यालय में। या आप प्रति माह 70 हजार प्रति मशीन के लिए कम से कम 20 सफाई मशीनों का मेरे साथ अनुबंध करे। कुल देय 14 लाख रुपए है। मेरे पास सारे सबूत हैं, बैंकों से पास बुक्स की सारी जानकारी और नगर निगम कार्यालय से जानकारी जुटाई। मैंने सरकारी कार्यालय से अनुबंध और भुगतान की जानकारी खोजने के लिए आरटीआई भी दायर की है। अगर आप अपने कर्मचारियों को पूरा वेतन नहीं देते हैं, तो मैं प्रेस में जाऊंगा।"

ठेकेदार थोड़ा चिंतित है, "आप कौन हैं?"

विजय- "मैं विजय हूँ, सफाई मशीन का सप्लायर हूँ।"

ठेकेदार- "ठीक है, मैं इसे देखता हूँ।"

विजय फोन काट देता है। आजाद और सफाई कर्मी भ्रमित है। सफाई मशीन क्या है और ये क्या बकवास है, जीसके बारे में उसने बात की।

सफाई कर्मी - "क्या इससे मुझे ज्यादा वेतन मिलने में मदद मिलेगी।"

विजय- "हो सकता है, हम देखेंगे।"

सफाई कर्मी - "वैसे मानवाधिकार आयोग और आरटीआई क्या है।"

विजय- "तुम पता करो? मुझे अपने घर जाने में देर हो रही है।"

विजय और आजाद घर के लिए निकल पड़े, गाड़ी चलाते हुए आजाद विजय से पूछते हैं, "आपने ठेकेदार से झूठ क्यों बोला?"

विजय- "मैं जानना चाहता हूँ कि क्या उसे कानून से डर लगता है।"

आज़ाद- "फिर तुम्हें क्या पता चला।"

विजय- "हाँ, उसे कानून और सच्चे लोगों से डर लगता है।"

विजय अपने घर पहुंच गया। घर में प्राची शाम का खाना तैयार कर रही है। वह उदास लग रही थी लेकिन फिर भी सुंदर थी। वह उसे देखता है और सोचता है, "पत्नी ने अपनी तरक्की छोड़ दी। उसने अपना घर छोड़ दिया और जीवन में आगे बढ़ने की उसकी दृष्टि सिर्फ मेरा समर्थन करने और परिवार की देखभाल करने के लिए छोड़ दिया।" उसने पत्नी से पूछा, "प्रिय पत्नी, क्या आप ट्रक चलाना सीखना चाहते हो?"

छुट्टी के दौरान वह जिस ट्रक पर बैठी थी, उसने पत्नी को प्रभावित किया। उसने कहा, "ट्रक! मैं, हाँ। चलो कोशिश करते हैं।"

विजय- "फिर एक ट्रक ड्राइविंग स्कूल में शामिल हों जाओ और ट्रक चलाना सीखो।"

पत्नी चकित थी लेकिन ट्रक चलाना, शायद। उसके मन में एक छोटी सी चिंगारी लगी कि इतने लंबे वर्षों के बाद कम से कम किसी ने कहा कि वही करो जो आपको पसंद है। उसने कहा, "लेकिन हमारे पास भुगतान करने के लिए ऋण है और समय समाप्त हो रहा है। बेटी की स्कूल फीस का भुगतान किया जाना हैं।"

विजय- "अगर आपको लगता है कि ट्रक चलाने से आपको खुशी मिलेगी, तो जाओ।"

विजय बेटी के पास जाता है। वह अपना होमवर्क कर रही है। वह बेटी से पूछता है, "प्रिय बेटी, जीवन का अधिकार क्या है?"

बेटी- "डैडी मुझे पता है। मैं आपको बताऊंगा?" उन्होंने आगे कहा, "हर वो चीज जिसे हमारे जीने के लिए आवश्यकता होती है, वह जीवन का अधिकार है। हमें जीने के लिए ऑक्सीजन की जरूरत होती है। इसलिए, स्वच्छ हवा होना जीवन का अधिकार है। हमें जीने के लिए पानी और भोजन की आवश्यकता होती है। इसलिए स्वच्छ पेयजल, और भोजन जीवन का अधिकार है। यदि हम बीमार पड़ते हैं, तो हमें दवा या चिकित्सा उपचार की आवश्यकता होती है। यह जीवन का अधिकार है। उदाहरण के लिए, यदि कोई आपके चिकित्सा उपचार से इनकार करता है, तो आप न्याय के लिए सुप्रीम कोर्ट या उच्च न्यायालय जा सकते हैं।

विजय- "लेकिन सुप्रीम कोर्ट दिल्ली में है। यह बहुत दूर है। तो, क्या करना है?"

बेटी- "पता नहीं, अगर सुप्रीम कोर्ट बहुत दूर है तो क्या करना चाहिये?"

विजय बिस्तर पर चला गया। रात के 1030 बज रहे हैं। वह अभी भी प्रीतम के बारे में सोच रहा हैं। "यह अज्ञानता है जिसने उसे भुगतान करने के लिए मजबूर किया। अज्ञानता जीवन की सबसे बड़ी कीमत है। और न्याय क्या है? उन्होंने यह क्यों कहा कि व्यवस्था आपको न्याय देने के लिए बनाया गया है? जीवन का अधिकार क्या है? कैसे सफाई कर्मी को कम मजदूरी पर काम करने के लिए मजबूर किया जा रहा है।"

14

अज्ञानता को मार डालो

सपना- 11

विजय सो रहा है, और अचानक उसे अपने दरवाजे पर एक दस्तक सुनाई देती है। ठक ठक, ठक ठक। कोई अनजान व्यक्ति दरवाजा खटखटाता है। विजय दरवाजा खोलता है। एक व्यक्ति उसके दरवाजे के सामने खड़ा हैं अपराधी की तरह लग रहा हैं। उसके हाथ में बंदूक हैं। विजय पर बंदूक तानता है, और धमकी देता है, "चल हफ्ता दे, मुझे पैसे दो।" वह आगे कहता है, "क्या तुम मुझे जानते हो? मेरा नाम अज्ञानता है। मैं हर हफ्ते तुम्हारे घर आऊंगा। और तुम्हे मुझे पैसे देने होंगे। यदि तुम मुझे भुगतान करने में विफल रहते हो। इस बंदूक को देखो। मैं तुम्हें मार डालूंगा।"

विजय बंदूक की ओर देखता है। वह डर जाता है। वह कांप रहा है। हिम्मत जुटाकर पूछता है, "लेकिन अज्ञानता क्यों, मैं आपको भुगतान क्यों करूं?"

अज्ञानता- "यह एक रिश्वत है, आपको सुरक्षित महसूस करने के लिए रिश्वत, अपने जीवन को सुरक्षित रखने के लिए रिश्वत।"

विजय- "क्या होगा अगर, मैं तुम्हें भुगतान नहीं करता।"

अज्ञानता- "तब तुम्हें अपने घर और समाज से दूर फेंक दिया जाएगा। मैं तुम्हारी बेटी और पत्नी को गुलाम बना दूंगा। वे दिन-रात मेरी ईंट बनाने के कारखाने में काम करेंगे।"

विजय- "तुम यहाँ से जाओ नहीं तो मैं पुलिस को बुला लूँगा।"

अज्ञानता जोर से हंसता है, "हा हा। यहां तक कि पुलिस भी अज्ञानता को भुगतान करती है।"

विजय- "अगर तुम यहाँ से नहीं गए तो मैं तुम्हें मार डालूंगा।“

घमंड में अज्ञानता कहता हैं, "मैं अज्ञान हूं कोई भी मुझे मार नहीं सकता है। तुममें इतनी हिम्मत नहीं है कि तुम मुझे मार डालो। मैं अज्ञानता हूं।"

विजय- "शायद तुम्हें पता ही नहीं होगा; मेरे पास एक नया हथियार है।"

अज्ञानता- "मैं शक्तिशाली हूँ। अज्ञानता बहुत शक्तिशाली है। पूरी दुनिया मुझसे डरती है। मैं सफाई कर्मी से, नौकरशाहों से और यहां तक कि गृहिणियों से, सभी से पैसा लेता हूं। कोई नहीं जानता कि मुझे कैसे हराना है।"

विजय- "मुझे रास्ता मिल जाएगा और तुम, अज्ञानता, तुम मारे जाओगे।"

अज्ञानता अधिक घमंडी और अहंकारी हो जाता है, "मैं तुमको बताता हूँ कि मुझे कैसे मारना है। बस पता लगाएं कि ज्ञान कहां है। लेकिन सुनो, ज्ञान मेरी जेब में है। मैं, अज्ञानता, सबसे शक्तिशाली हूँ, ज्ञान मैंने छुपाके रखा हैं। इसलिए भले ही तुम रास्ता जानते हों। तुम मुझे मार नहीं सकते। मैं अज्ञानता हूं।"

विजय मुस्कुराता हैं, अपना आत्मविश्वास दिखाता हैं, "व्यवस्था बनाई गई है। मजबूत नींव रखी गई है। न्याय हमारे पक्ष में है। मेरे पास अधिकार हैं, जीने का अधिकार, ज्ञान प्राप्त करने का अधिकार। अज्ञानता को मारने का अधिकार। तुम अज्ञानता, तुम्हारे दिन लद गए। हमने अज्ञानता पर कब्जा करने के लिए एक जाल बुन रखा है। प्रक्रिया पहले ही निर्धारित की जा चुकी है। बस अपने साथी भाइयों की इमानदारी की ज़रूरत है। जल्द ही कोई भी अज्ञानता को भुगतान नहीं करेगा। आप अपनी शक्तियों में पहले से ही मर चुके हैं। लेकिन डर आपको जीने के लिए मदत कर रहा है। मैं उसे भी मार दूंगा।"

अज्ञानता डर जाता है, वह सोचता है, "यह आदमी अन्य पुरुषों से अलग है। यह आदमी प्रबुद्ध हो सकता है। आशा की नई रोशनी देखने के लिए प्रबुद्ध। अंधेरे की इस दुनिया में नई राह दिखाने के लिए प्रबुद्ध।"

अज्ञानता ठोकर खाता है, सिहरन लेता हैं। उसका आत्मविश्वास कम हो जाता है। इस जगह से भाग जाता हैं। अज्ञानता मरा नहीं है। वह वापस आ जाएगा। लेकिन अज्ञानता को मारने का हथियार तैयार है।

सपना टूट जाता हैं। विजय उठ जाता है। वह सपने देख रहा था। अज्ञानता को मारने का सपना। वह तैयार होकर ऑफिस के लिए निकल जाता है।

आजाद और विजय मोटरसाइकिल पर कार्यालय जाते समय। विजय चिल्लाता हैं, "न्याय हमारे पक्ष में है। न्याय हमारे पक्ष में है।"

आजाद खुश महसूस करता हैं। कम से कम विजय की टेंशन तो कम हो गई। लेकिन सड़क अभी खत्म नहीं हुई है। वह पूछता हैं, “प्रीतम सर ने क्यों कहा कि न्याय हमारे पक्ष में है?"

विजय अज्ञानता से लड़ने के लिए अपना आत्मविश्वास हासिल करता है, वह कहता हैं, "शायद वह चाहता है कि हम जो करते हैं उसमें हमें विश्वास हो।"

आजाद ने जवाब दिया, "हो सकता हैं।"

विजय अपने जीवन के बारे में सोचता है। क्या वह सिर्फ पैसे चाहता हैं? या फिर अपने पिता से अपनी पत्नी और बेटी के साथ समान व्यवहार। या अपने बॉस से अपनी पसंद चुनने या अपना सम्मान पाने की स्वतंत्रता। या हर तरफ से न्याय चाहता हैं। वह व्यक्त करता है,

"आजाद, मैं किस लिए लड़ रहा हूं? क्या मैं स्वतंत्रता और लिबर्टी के लिए लड़ रहा हूं? क्या मेरी जरूरतों में स्वतंत्रता और लिबर्टी शामिल है?"

आजाद- "हर कोई आजादी चाहता है, तनाव से मुक्ति चाहता है, ऋण अदायगी के दबाव से स्वतंत्रता चाहता है, बॉस के दबाव से, यातायात की भीड़ से मुक्ति चाहता है।"

विजय और आजाद मुस्कुराते हैं। फिर भी विजय अपनी समस्या का हल नहीं खोज पा रहा हैं। उसे न्याय कैसे मिलेगा?

मोटरसाइकिल पर सवार होकर दोनों आपस में बात कर रहे थे। ऑफिस सिर्फ 2 मिनट की दूरी पर है। विजय के मोबाइल की घंटी बजती है। वह कॉल प्राप्त करता है, "पुलिस बोल रहा हूँ, आपने अपनी बेटी के ऑपरेशन के बारे में शिकायत की थी, और हमने कुछ जांच की है। इसलिए, आप एक काम करें, आज शाम तक पुलिस स्टेशन आ जाएं।" पुलिस मोबाइल काट देती है।

विजय ने आजाद से कहा- "यह पुलिस स्टेशन से फोन है। वह शाम तक पुलिस स्टेशन आने के लिए कह रहा है।"

आजाद- "ठीक है, हम शाम को पुलिस स्टेशन चले जाएंगे"। वह आगे कहता हैं, "हमने बॉस की खुशी के बिना छुट्टी ले ली है, चलो देखते हैं कि हमारे बॉस क्या कहते हैं। वह हमसे नाराज होंगे।"

ऑफिस में सीमा विजय से कहती है कि बॉस उसे बुला रहे है। विजय बॉस से मिलने जाता है। विजय देखता हैं की बॉस घुस्से में है। बॉस चिल्लाता है, "विजय यह व्यवहार करने का तरीका नहीं है। मैंने तुमको बताया कि हमारे पास बहुत काम है, और तुम तभी भी छुट्टी चाहते थे। अपनी शर्ट को देखो। तुमको अच्छी शर्ट पहनकर ऑफिस आना चाहिए था।"

विजय पूरे आत्मविश्वास और जोश में कहता हैं, “सर, मेरी शर्ट को धोया और अच्छी तरह इस्त्री किया गया है और मैं कोई ऐसा सुझाव नहीं लेता जो उनका मामला न हो।"

बॉस बुरी तरह से चौंक गए, विजय ने कुछ ऐसा कहा जो उन्होंने उनसे कभी नहीं सुना। यह कर्मचारी मुझसे यह कैसे कह सकता है? वह विजय के चेहरे पर आत्मविश्वास को देख सकता है। हकलाने वाली आवाज में बॉस, "अब अपना काम करो। यह आखिरी बार है जब मैं आपको इस तरह के व्यवहार के लिए जाने दे रहा हूं। अगली बार। कृपया अच्छा व्यवहार करें।"

विजय ने खुशी महसूस की क्योंकि उन्होंने आत्मविश्वास से कुछ ऐसा कहा जो उन्होंने अपने जीवन में कभी नहीं किया। वह अपनी मेज पर चला गया। अपना काम शुरू कर दिया। वह घड़ी को देखता रहा। चाय के अवकाश के बारे में सोचता रहा हैं। चाय के अवकाश के लिए 1 घंटा बचा है, चाय के समय के लिए 30 मिनट, चाय के समय के लिए 15 मिनट, 5 मिनट, फिर 2 मिनट बचे हैं। वह बस खुर्सी से उठता है और कैफेटेरिया की ओर बढ़ता है।

कैफेटेरिया में रहते हुए, विजय चाय लेता है और अपने सहयोगियों के साथ बातचीत शुरू करता है।

विजय अपने साथियों से पूछता हैं, "मेरी बेटी ने कहा कि अधिकार पाने के लिए हमें सुप्रीम कोर्ट जाना होगा। लेकिन सुप्रीम कोर्ट बहुत दूर है। अगर कोई हमारी बात नहीं सुनता है तो क्या करें?"

रीमा- "क्या सर, मुझे समझ नहीं आ रहा है कि आप क्या कह रहे हैं।"

विजय- "मान लीजिए अगर कोई मुझे और मेरे परिवार को जबरदस्ती मेरे घर से निकाल दे और फिर जबरदस्ती मेरे घर में रहना चालू कर दे तो क्या होगा।"

रीमा- "तो उसे मार डालो, या उसके घर में ज़बरदस्ती घुस जाओ।"

आशीष- "पुलिस को बुलाओ।"

विजय- "अगर पुलिस ने कोई जवाब नहीं दिया तो क्या करेंगे।"

आशीष- "मानवाधिकार आयोग में जाओ।"

विजय- "क्या तुम समझा सकते हैं।"

आशीष- "अगर किसी के मानवाधिकारों का हनन होता है तो वे मानवाधिकार आयोग को लिख सकते हैं, वेब साइट पर जा सकते हैं।"

विजय- "फिर अगर कोई रिश्वत ले तो क्या होगा?"

आशीष- "फिर सतर्कता आयोग के पास जाओ।"

विजय- "इसका मतलब है, व्यवस्था न्याय देने के लिए बनाया गया है। हमें बस अपनी ईमानदारी की जरूरत है।"

आशीष- "जो भी हो, हमारे घर का रजिस्ट्रेशन कराना हो या मोटरसाइकिल चलाना, या कोई भी सरकारी आईडी। विभिन्न एजेंसियां, सरकारी निकाय। उनकी सभी प्रक्रियाएं और दस्तावेज। न्याय दिलाने के लिए है। यह आपको न्याय दिलाने के लिए बनाया गया है। अगर डॉक्टरों ने प्रिस्क्रिप्शन नहीं दिया होता और आपकी बेटी का एक्स-रे भी नहीं होता तो। यह साबित करना मुश्किल होता कि आपकी बेटी का ऑपरेशन नकली था।"

उन्होंने चाय पीते हुए, अधिकारों पर अपनी गहन चर्चा जारी रखी। चाय पीने के बाद विजय फाइल और कंप्यूटर पर सिर खपाने के लिए अपनी मेज पर चला गया। वे थाने जाने के लिए ऑफिस से जल्दी निकल गए। भारी यातायात में 10 मिनट तक मोटरसाइकिल चलाने के बाद वे पुलिस स्टेशन पहुंचे। उन्होंने थानाध्यक्ष से मिलकर सुबह आए फ़ोन की जानकारी दी। पुलिस ने उन्हें एक पुरानी दिखने वाली लकड़ी की कुर्सी पर बैठाया और औचित्य देने के लिए अपना मुंह खोला, "देखो, आपने अपनी बेटी के नकली ऑपरेशन के संबंध में शिकायत की थी। इस मामले में अस्पताल ने हलफनामा देकर बताया है कि आपकी बेटी का किया गया ऑपरेशन अनुमोदित प्रक्रिया के अनुसार किया गया था और आपकी सहमति के बाद किया गया है। सभी भुगतान और संचालन विवरण आपको पहले से ही समझाए गए थे। उन्होंने कहा कि रिपोर्ट, चिकित्सा बिल और एक्स-रे सभी सबूत बताते हैं कि ऑपरेशन की आवश्यकता थी और आपने ऑपरेशन प्रक्रिया के लिए जरुरी फॉर्म पर हस्ताक्षर किए हैं। उन्होंने कहा कि अगर आपको अस्पताल के साथ कोई समस्या है तो वे

आपसे इस मामले पर चर्चा करने के लिए तैयार हैं।"

विजय- "आप उन्हें गिरफ्तार क्यों नहीं करते?"

पुलिस- "हम तब तक गिरफ्तार नहीं कर सकते जब तक कि यह विश्वास करने के लिए पर्याप्त विवरण उपलब्ध नहीं हो जाते कि उन्होंने अपराध किया है"। उन्होंने हलफनामे के साथ दस्तावेजों की सभी प्रतियां संलग्न कीं। और कुछ भी नहीं पता चलता है कि धोखाधड़ी हूई है।"

विजय- "फिर अब हम क्या कर सकते हैं?"

पुलिस- "हम जो कर सकते हैं हम ने किया, हम इतना ही कर सकते हैं।"

विजय और आजाद परेशान होकर थाने से चले जाते हैं। वे मोटरसाइकिलों पर लगभग दो किलोमीटर तक सवारी करते हैं और कुछ चाय पीने के लिए चाय की दुकान पर रुकते हैं। विजय चाय के लिए बोलता हैं। न्याय पाने की आस अब लाल सिग्नल की तरह हो जाती है। विजय जब तक वह चाय की एक चुस्की लेता है, तब तक वह बहुत गुस्से में हो जाता है। न्याय पाने के उसके सभी उपाय बेकार लगते हैं।

विजय गुस्से की आवाज में, "यह मुश्किल है। सबसे आसान तरीका यह है कि बंदूक लो और उस बकवास डॉक्टर को मार डालो।"

आजाद- "तो फिर वो डॉक्टर हमसे बदला भी ले सकता हैं।"

विजय- "कोई बात नहीं। उसने मेरी बेटी का गलत तरीके से ऑपरेशन किया, मैं उसके बच्चे का अपहरण कर लूंगा, और उससे 40 लाख रुपये का भुगतान करने को मजबूर करूँगा।"

आजाद- "हम इंसान हैं।"

विजय ने उठी हुई आवाज में कहा, "मेरी बेटी भी इंसान है।"

आजाद- "ठंडा हो जाओ। हम इसे कल देखेंगे। चलो चलते हैं।"

वे चाय की दुकान से निकाल जाते हैं। आजाद विजय को उसके घर छोड़ देता है। विजय अभी भी गुस्से में और परेशान है। उसे न्याय का कोई रास्ता नजर नहीं आता। वह अभी भी अपने मन और दिल में गहरा दर्द महसूस कर रहा है। घर में प्राची पति को कुछ बताना चाहती है।

उत्साहित स्वर में पत्नी, "विजय, मैंने ट्रक ड्राइविंग स्कूल ज्वाइन कर लिया है।"

विजय का गुस्सैल चेहरा हल्का हो गया और खुशी के साथ-साथ चकित भी महसूस कर राह था।

विजय ने अपने जीवन में कभी नहीं सोचा था कि उनकी पत्नी इतनी जल्दी ट्रक ड्राइविंग स्कूल जॉइन करेंगी। इतने वर्षों के संघर्ष के बाद उनकी पत्नी को उस जुनून पर खर्च करने और डटे रहने का समय मिला जिसे वह करना चाहती थी। उसने विस्मय से पूछा, "सही में। तुम्हारा पहला दिन कैसा रहा।"

उत्साह में पत्नी, "वे पहले दंग रह गए थे और विश्वास नहीं कर पा रहे थे कि मैं ट्रक सीखना चाहती हूँ। लेकिन किसी तरह, वे मुझे पढ़ाने के लिए तैयार हो गए। उन्होंने मुझे केबिन और सभी उपकरण और नियंत्रण दिखाए। उन्होंने लर्निंग लाइसेंस के लिए आवेदन करने में मदद की। मेरा लर्निंग लाइसेंस मिलने के बाद, वे मेरे ट्रक ड्राइविंग कक्षाएं शुरू करेंगे।"

विजय- "यह अच्छा है।"

बेटी पिताजी को गले लगाने के लिए उसके पास आती है। विजय बेटी से पूछता है, "प्रिय सोनम, क्या आप यह पता लगा सकते हैं कि मानवाधिकार आयोग क्या है?"

बेटी- "हाँ पापा, मैं पता लगाकर आपको बताऊँगी?"

अब 1030 बज चुके है। विजय बिस्तर पर चला जाता है। पत्नी सोने के लिए तैयार हो रही है। वह अपनी पत्नी की ओर देखता है। सुंदर लग रहा है। वह एक अद्भुत रात के लिए लाइट बंद कर देता है।

15

स्वार्थी बदला समाधान नहीं है

सपना- 12

वह अभी भी भूल नहीं सकता है की डॉक्टर ने पैसे कमाने के लिए बेटी का गैरकानूनी तरीके से ऑपरेशन किया। उन्होंने उसे भारी ऋण में कैसे गिराया और उसे मूर्ख बनाया? कैसे उनकी बेटी परेशानी में थी और उस डॉक्टर की वजह से उनके परिवार को परेशानियों का सामना करना पडा। उसका मन अभी भी संकट में है। उसका चेहरा लाल हो गया। वह बदला लेने के लिए गुस्से में है। न्याय वह है जो उसे चाहिए। इंसान की तरह व्यवहार करना ही उसे चाहिए। अब वह अपना बदला लेने के लिए किसी भी स्तर पर जाने को तैयार है।

विजय उठ जाता है। एक चाकू ले लेता है। रात की खामोशी में वह डॉक्टर के घर चला जाता है। दीवार परिसर से कूदता है, खुली खिड़की से घर के अंदर आ जाता है। डॉक्टर टीवी देख रहा हैं। डॉक्टर पत्नी और बेटा अपने बेडरूम में सो रहे हैं। बेटे की उम्र करीब 17 साल की है।

विजय डॉक्टर के पास गया, चाकू तान दिया और पूछा, "अरे डॉक्टर, अपना मुंह बंद रखो और मुझे अपने सारे पैसे और गहने दे दो"। डर के मारे डॉक्टर तिजोरी खोल देते हैं। विजय तिजोरी में रखे सारे पैसे इकट्ठा कर लेता है। अपने बेडरूम में सो रहे डॉक्टर की पत्नी और बेटे को कुछ शोर सुनाई देता है। उसके बेटे ने देखा की चाकू के साथ एक व्यक्ति उसके पिता को धमका रहा हैं और तिजोरी से पैसे ले जा रहा है। विजय की झोली पैसों से भरी हुई है। तभी अचानक डॉक्टर का बेटा विजय को लात मारता है, विजय नीचे गिर जाता है। विजय गुस्से में उठता है और अस्तित्व की लड़ाई शुरू हो जाती है। विजय किसी भी तरह से बचना चाहता है। वह डॉक्टर के दिल में चाकू से वार करता है। जैसे ही विजय देखता है कि डॉक्टर मर रहा है, वह भयभीत हो जाता है। वह ऐसा नहीं चाहता था। जल्द ही वह उठकर उस घर

से भाग जाता है। मरने वाला डॉक्टर बेटे से अपने आखिरी शब्द बोलता हैं, "बेटा, इस आदमी को जाने मत दो। इस आदमी को मार डालो।"

डॉक्टर का बेटा विजय को पकड़ने के लिए उसके पीछे भागता है लेकिन विजय अपनी स्कूटी से फरार हो जाता है। डॉक्टर का बेटा कार चलाना जानता है। वह अपनी कार में उसका पीछा करता है। डॉक्टर का बेटा कम उम्र का होने के बावजूद कार चलाता है और विजय का पीछा करता है। विजय, इस बात से अनजान कि डॉक्टर का बेटा उसका पीछा कर रहा है। विजय सीधे घर आ जाता है। डॉक्टर का बेटा विजय को उसके घर तक पीछा करता है।

डॉक्टर का बेटा और विजय अब आमने-सामने हैं। डॉक्टर का बेटा चाकू बाहर निकालता है और विजय के ऊपर चाकू से वार करता है। विजय की चीख-पुकार सुनकर पत्नी दौड़ते हुए आती हैं। वह देखती है कि उसका पति मर रहा है और उसके पास एक जवान लड़का चाकू लेकर खड़ा है।

मरता हूआ विजय पत्नी से कहता है, "उसके पिता ने हमारी बेटी का ऑपरेशन किया। उसने अपने बेटी की जान को खतरे में डाल दिया। मैंने उससे बदला ले लिया है। अब पत्नी, इस लड़के को जाने मत दो। इस आदमी को मार डालो।“ उनकी बातचीत सुनकर डॉक्टर का बेटा डर जाता है। वह विजय की पत्नी की ओर भागा। प्राची उस युवा लड़के को मारने के लिए एक रॉड पकड़ती है। मारने की लड़ाई में। डॉक्टर का बेटा प्राची पर चाकू से वार करता है और उसी समय प्राची डॉक्टर के बेटे को रॉड से मार देती है। उसका खून बहने लगता है और जमीन पर गिर जाता है।

विजय अंतिम सांस ले रहा था। उन्होंने देखा कि डॉक्टर के बेटे की मौत होने वाली है। उसकी पत्नी मर रही है। चीख-पुकार सुनकर बेटी दौड़ती हुई आती हैं। बेटी देखती है की पिता और मां मर रहे हैं। बेटी पिता के पास रोते हुए आती है। विजय बेटी की तरफ देखता है। बेटी अब अनाथ हो चुकी है। एक छोटी सी हल करने योग्य समस्या बेटी के लिए एक अंतहीन संघर्ष बन जाती है।

बेटी अब अनाथ हो चुकी है। विजय बेटी से कहता है, "प्यारी बेटी, माफ़ करना प्यारी बेटी, न्याय की लड़ाई अन्याय में बदल गई। हो सकता था कि अगर मैंने अपना गुस्सा ठंडा रखा होता, तो आपका जीवन अलग होता। अब तुम अनाथ हो। आपकी देखभाल कौन करेगा? आप इस दुनिया में अकेले कैसे रहेंगे। न ही आपके दादा-दादी आपका समर्थन करने के लिए हैं।"

विजय का सपना टूट जाता हैं । वह उठ जाता है। उसे भारी पसीना आ रहा है। वह देखता है कि सब कुछ जगह पर है, पत्नी नाश्ता तैयार कर रही है, बेटी स्कूल के लिए तैयार हो रही है।

विजय अभी भी सोच रहा है, "अगर मैं हमेशा के लिए चला गया तो मेरी बेटी की देखभाल कौन करेगा। अगर इस समाज में नैतिकता होती तो उसे परेशानी का सामना नहीं करना पड़ता। हो सकता है कि बदला लेना समाधान नहीं है। न्याय बदला लेने में नहीं बल्कि किसी

और चीज में हो सकता है। कुछ ऐसी चीज जो अधिक शांतिपूर्ण और अधिक स्वीकार्य है। हो सकता है कि न्याय का मतलब पसंद और गरिमा के साथ जीवन जीना हैं। बदला लेने के दर्द में मरना नहीं। शायद न्याय बदला लेने में नहीं है।

बेटी पिता के पास आती है और वह स्कूल के लिए तैयार है। विजय ने बेटी को कुछ काम दिया था, यह पता लगाना था कि मानवाधिकार आयोग क्या है।

बेटी- "मुझे मानवाधिकार आयोग के बारे में पता चल गया है? राष्ट्रीय मानवाधिकार आयोग है। यह मानवाधिकारों की रक्षा और संवर्धन करता है। संविधान द्वारा गारंटीकृत व्यक्ति के जीवन, स्वतंत्रता, समानता और गरिमा से संबंधित अधिकार। अगर कोई किसी व्यक्ति के अधिकार के खिलाफ कुछ भी गलत करता है। वह एक पत्र लिख सकता हैं या एक वेबसाइट के माध्यम से राष्ट्रीय मानवाधिकार आयोग को लिख सकते हैं।"

विजय- "थैंक यू बेटा।"

विजय ऑफिस जाने के लिए तैयार हो जाता है। आजाद विजय को लेने के लिये आता है। मोटरसाइकिल पर बैठते हैं और दोनों ऑफिस के लिए निकल पड़ते हैं। वह रास्ते में मंदिर को देखता है। वह सोचता है कम से कम आखिर में भगवान उसकी मदद कर ही सकते हैं । आजाद से मंदिर के पास रुकने का अनुरोध करता हैं। विजय मंदिर में प्रवेश करता है और भगवान से प्रार्थना करता है। "भगवान, कृपया मेरी मदद करें, मैं उस डॉक्टर को सबक सिखाना चाहता हूं।"

जो वह कह रहा है पुजारी वह सब सुनता है। उसे चिंतित देखकर पुजारी ने पूछा, "बेटा, आपके चेहरे से ऐसा प्रतीत होता है कि आपको गंभीर कष्ट हैं।"

विजय- "हाँ।"

पुजारी- "फिर भगवान से प्रार्थना करो, वह आपकी सभी समस्याओं का समाधान करेगा। इस प्रसाद का सेवन करें। आपको इतना तनाव क्यों हैं?"

विजय- "पुजारी, मुझे न्याय चाहिए, डॉक्टर ने मुझे बेवकूफ बनाया। कम से कम भगवान मेरी मदद कर सकते हैं।"

पुजारी- "हाँ बेटा, भगवान तुम्हारी मदद करेंगे, तुम्हारी समस्या का समाधान हो इसके लिए हम एक विशेष पूजा और हवन कर सकते हैं। यह आपकी सभी समस्याओं को हल करेगा।"

विजय- "पूजा, फिर चलो फिर पूजा करते हैं।"

पुजारी- "हमें भगवान के लिए कुछ सामग्री, कुछ प्रसाद की आवश्यकता होगी। यदि आप चाहें तो मुख्य पुजारी को दान करें, और मंदिर में थोड़ा दान करें। कुल खर्च 1 लाख रुपये तक हो सकता है लेकिन आपकी सभी समस्याओं का समाधान हो जाएगा। मुझ पर विश्वास करो।"

विजय फिर से चकित रह गया। भगवान को मेरी समस्याओं को हल करने के लिए पैसे की जरूरत है। विजय के पास भुगतान करने के लिए पैसे नहीं हैं। फिर वह एक खास पूजा के

लिए एक लाख रुपये कैसे देंगे। विजय पुजारी को देखकर मुस्कुराता है और उसे बताता है कि वह बाद में आएगा। विजय ऑफिस जाने के लिए मंदिर से निकलता है। वह ऑफिस पहुंचता है। चाय के ब्रेक के दौरान वे सभी विजय की समस्या पर चर्चा करने के लिए मिलते हैं।

आशीष- "विजय, मेरे बहुत से दोस्त हैं, वो तुम्हारी मदद के लिए आ सकते हैं। मेरा एक दोस्त एक सामाजिक कार्यकर्ता है। मैंने उसे तुम्हारी समस्या के बारे में बताया। उन्होंने कहा कि यह एक आम समस्या है जिसका सामना इन दिनों कई लोगों को करना पड़ रहा है। उन्होंने कहा कि उनके सभी सामाजिक कार्यकर्ताओं का समूह अस्पताल में रैली कर सकते हैं और न्याय की मांग कर सकते हैं।"

विजय खुश हो जाता है, "वास्तव में, वे मेरी मदद कर सकते हैं।"

आशीष, "हां, डॉक्टर की कॉलोनी में कई दुकान मालिक उसके दोस्त हैं। उनसे कहा है कि दुकान मालिकों में से कोई भी उस डॉक्टर को कोई भी खाद्य पदार्थ, दूध नहीं बेचेगा। न ही उससे बात करेगा।"

विजय- "क्या ऐसा हो सकता है।"

आशीष- "हाँ, ऐसा हो सकता है। मैंने अपने नेताओं से रैली की व्यवस्था करने को कहा है। अस्पताल तक हमारी रैली कल तक तैयार हो जाएगी। मुझे उम्मीद है कि कम से कम 500 लोग अस्पताल की रैली में होंगे और हम सभी आपके न्याय के लिए लड़ेंगे।"

विजय की खुशी अपने उच्चतम स्तर पर थी। समाज और एकजुटता एक शक्तिशाली हथियार हैं। डॉक्टर को सिखाने के लिए एक सबक मिलेगा। ऐसा लग रहा है कि अब कम से कम उसे न्याय तो मिलेगा ही। जनमानस की शक्ति और रैलियों से उन समस्याओं का समाधान होगा जिनका वह सामना कर रहे हैं।

घर पहुंचने के बाद विजय अपनी पत्नी को रैली के बारे में बताता है। वह बताता हैं कि उसके दोस्त न्याय पाने के लिए रैली करेंगे।

आखिरकार अब विजय चैन से सो सकता है।

16

निरंतर दुश्मनी की रैलियां

सपना- 13

विजय खुद को एक बड़ी रैली के बीच में देखता है। करीब 500 लोग अस्पताल की ओर बढ़ रहे हैं। विजय ध्यान का केंद्र था। कई लोगों के हाथ में बैनर, उठाने योग्य लाउड स्पीकर और पोस्टर थे। रैली में चलने वाले प्रत्येक व्यक्ति का चेहरा गुस्से में देखा जा सकता है। सभी एकता और न्याय की भावना के साथ जुडे हूए थे। उन्होंने डॉक्टरों और सरकारी अधिकारियों के खिलाफ जमकर नारेबाजी की।

रैली के बीच में अचानक विजय को आजाद का फोन आता है, "विजय, क्या आपने आज खबर देखी, डॉक्टर हड़ताल पर हैं, वे लोगों का इलाज करने से इनकार कर रहे हैं। उनका कहना है कि स्थानीय लोगों द्वारा उनके साथ बुरा व्यवहार किया जा रहा है, न ही वे उनके इलाज पर भरोसा करते हैं और उन्हें परेशान भी करते हैं, और दुकान मालिकों सहित कोई भी व्यक्ति उनके साथ सहयोग नहीं कर रहा है। उन्हें जीवन जीने में मुश्किल हो रही है, इसलिए वे अस्पताल परिसर में हड़ताल पर हैं।"

विजय- "लेकिन हम अस्पताल पहुंचने वाले हैं।"

आजाद- "कोई बात नहीं, हमें न्याय के लिए अपनी लड़ाई जारी रखनी चाहिए। मैं 10 मिनट के भीतर वहां पहुंच जाऊंगा। सभी लोगों को अस्पताल की ओर बढ़ने दें।" विजय फोन काट देता है। रैली अस्पताल की ओर बढती हैं।

अस्पताल एक बड़ा निजी अस्पताल था, पांच मंजिला ऊंचा था। यह ईमारत और विभिन्न सेवा भवन 5 एकड़ भूमि में फैले हुए थे। अस्पताल परिसर गेट बहुत बड़ा था। अस्पताल के सामने पक्की जमीन और एक झंडा फहराने का स्तम्भ था।

रैली अस्पताल परिसर में प्रवेश करती है। वे अस्पताल के मुख्य प्रवेश द्वार की ओर बढ़ते हैं। पहले से ही डॉक्टर अस्पताल के बाहर खड़े होकर काम करने से मना कर रहे हैं। वार्ड और ओपीडी में कोई भी डॉक्टर नहीं है। कुछ रोगी के रिश्तेदार जिन्हें तत्काल चिकित्सा

की आवश्यकता है डॉक्टरों को इलाज करने के लिए प्राथना कर रहे हैं। अचानक हड़ताल पर गए डॉक्टरों का समूह अपनी ओर आने वाली बड़ी रैली को देखता है। रैलियां आमने-सामने खड़ी हैं। बीच में झंडा फहराने का स्तम्भ खड़ा हैं। एक तरफ विजय की रैली तो दूसरी तरफ डॉक्टर।

विजय की रैली का एक नेता ऊंचे मंच पर खड़ा होकर लाउड स्पीकर में भाषण देता है, "प्यारे भाइयो-बहनो, ये डॉक्टर हमारे साथ गुलाम की तरह व्यवहार करते हैं। वे हमारी किडनी लेते हैं और पैसे के लिए बेचते हैं; वे रोगियों की भी परवाह नहीं करते हैं। उन्हें बस पैसे की जरूरत है। डॉक्टर अमीर और अमीर होते जा रहे हैं और हम दिन-ब-दिन गरीब होते जा रहे हैं। ये डॉक्टर समाज के लिए कलंक हैं, ये गंदे जीव हैं, इनके पास कोई नैतिक मूल्य नहीं हैं।"

विजय की रैली के नेता द्वारा इस भाषण को सुनकर डॉक्टरों को गुस्सा आ जाता है। वे कड़ी मेहनत करते हैं और लोगों की जान बचाते हैं और उन्हें जो मिलता है वह यह है। प्रतिशोध में, डॉक्टरों के समूह का नेता स्थिति लेता है। अपने मुंह के पास पोर्टेबल लाउडस्पीकर को लाता है और चिल्लाता है, "ये खूनी लोग, डॉक्टरों के साथ बुरी तरह से व्यवहार करते हैं। उन्हें नहीं पता कि डॉक्टरों को क्या सामना करना पड़ता है। उनके इलाज के लिए हम रात-दिन मेहनत करते हैं। जिंदगियों को बचाने के लिए हम जो कुछ कर सकते हैं वो हम करते हैं। अगर हमें समाज में सम्मान नहीं मिल सकता है, तो हम कैसे रह सकते हैं? अब हम घोषणा करते हैं कि हम किसी भी मरीज का इलाज तब तक नहीं करेंगे जब तक कि वे हमारी मांगों को पूरा नहीं करते।"

अब दोनों गुटों में तनाव बढ़ जाता है। वे आपस में तू तू मैं मैं करते हैं। एक व्यक्ति की समस्या 1000 लोगों की समस्या बन जाती है। माहोल एक युद्ध के मैदान की तरह दिखता है। एक गुट दूसरे गुट पर गाली-गलौज और अपशब्दों से यथासंभव हमला करने को तैयार है। मीडिया खड़े होकर जनता के लिए लाइव कवर कर रहे हैं। कई घरों में इस खबर को लाइव देखा जा रहा है। देख रहे कुछ लोग डॉक्टरों के पक्ष में बंट गए तो कुछ विजय के पक्ष में। अब 1000 लोगों की समस्या 1 करोड़ लोगो की समस्या बन गई है। न्याय के लिये युद्ध जारी रहेगा। समूह बड़ा होते रहेगा।

लोग न्यूज चैनल से चिपके हुए हैं। घर में विजय की पत्नी और बेटी खबर देख रही हैं। विजय की फोटो और कवरेज हर जगह है। न्यूज एंकर, "क्या विजय को न्याय मिलेगा? इस स्टूडियो में हमारे पास इस मामले पर चर्चा करने के लिए पांच विशेषज्ञ हैं। एक है शांति दूत पार्टी का एरिया चीफ। एक अन्य व्यक्ति डॉक्टर के महासंघ का सदस्य है। लाल शर्ट में व्यक्ति उस जाति का प्रतिनिधित्व करता है जिससे विजय संबंधित है। अन्य सांख्यिकी और अर्थशास्त्र के ज्ञान में विशेषज्ञ हैं। तो विजय के न्याय में देरी क्यों हो रही है?"

लाल शर्ट में व्यक्ति- "यह सब जात-पात के मुद्दों के बारे में है। डॉक्टर हमारी जाति के लोगों के साथ अच्छा व्यवहार नहीं करते हैं।"

शांति दूत पार्टी का एरिया चीफ- "विपक्षी दल सत्तारूढ़ दल की छवि को नष्ट करने के लिए पूरी तरह से तैयार है।"

सांख्यिकी में विशेषज्ञ- "हमारे आंकड़ों के अनुसार, यह रैली अन्य शहरों और अन्य अस्पतालों में भी फैल सकती है।"

अर्थशास्त्र के विशेषज्ञ - "इस हड़ताल के कारण हमारी अर्थव्यवस्था को नुकसान हुआ है। अस्पताल में एक करोड़पति की चिकित्सा देखभाल के अभाव में मौत हो गई।"

डॉक्टर्स फेडरेशन- "डॉक्टरों के पास अधिकार हैं। उन्हें भी न्याय की जरूरत है।"

न्यूज एंकर- "कृपया इस मामले पर अपने वोट व्हाट्सएप और एसएमएस पर भेजें।"

खबर फैलते ही रैली में ज्यादा से ज्यादा लोग शामिल होने लगे। शाम तक, डॉक्टरों की टीम कुछ सैकड़ों से हजारों में बढ़ गई और 500 लोगों की रैली 50,000 लोगों के समूह में बड़ी हो गई।

अचानक चुप्पी रैली को तोड़ देती है। विजय की तरफ की भीड़ डॉक्टरों पर हमला करती है और डॉक्टरो का समूह विजय की रैली पर हमला करते हैं। पिटाई, कपड़े फाड़ना, लड़ना, चीखना-चिल्लाना। यह युद्ध बिना किसी हथियार के है। यह अहिंसक रैली हैं।

विजय सोचता है। क्या यह न्याय है? मरीजों की मौत हो रही है। लोग परेशान हैं। डॉक्टर और उनके परिजन परेशान हैं। सामान्य लोग जिनका मेरी समस्या से कोई लेना-देना नहीं है, उन्हें पीटा जा रहा है। न्याय का मतलब तनाव को राष्ट्रीय स्तर तक बढ़ाना नहीं है। फिर न्याय क्या है? क्या न्याय समस्याओं को हल करने या समस्याओं को बढ़ाने के बारे में है? क्या यह सामाजिक अस्थिरता मुझे वह न्याय देगी जिसका मैं हकदार हूं या कोई और तरीका है?

सपना टूटता है। विजय बिस्तर से उठ जाता है। यह एक सपना था। वह सोचता है, "कोई भी समूहीकरण समाधान नहीं हो सकता है। तो, इसका समाधान क्या है? चाहे वह हिंसक हो या अहिंसक, सभी विनाश का कारण बन सकते हैं। फिर इसका कोई और समाधान होना चाहिए। अब तक वह प्रीतम पर विश्वास करते थे। अब उनका प्रीतम में विश्वास बढ गया हैं। प्रीतम नाम का यह शख्स उसकी समस्या का समाधान कर सकता है।

ऑफिस में विजय आशीष से मिलता है।

आशीष- "विजय। रैली के लिए हमारी योजना तैयार है, सभी व्यक्ति तैयार हैं। बैनर तैयार हैं। कल सुबह तक सभी अस्पताल चौराहे के पास मिलेंगे और हम रैली के लिए जाएंगे।"

विजय- " नहीं मित्र। यह सही तरीका नहीं है। कोई और तरीका होना चाहिए।"

आशीष- "लेकिन क्यों, हमारे जैसे लोकतांत्रिक देश में हमारे पास रैली करने और न्याय की मांग करने की शक्ति है।"

विजय- "हो सकता है, लेकिन हो सकता है कि यह तरीका वह न्याय न ला सके जिसके हम हकदार हैं। यह केवल हमारे पास जो दर्द हैं उसकी प्रतिक्रिया है। अन्याय का समाधान

नहीं है।"

आशीष- "जैसा आप चाहें। फिर मैं उन्हें रैली रद्द करने के लिए कह देता हूँ।"

विजय भ्रम में है। क्या उसने रैली रद्द करके सही किया? सबसे शक्तिशाली हथियार जो ज्यादातर लोग आज कल उपयोग करते हैं। क्या वह एक कायर है, किसी चीज से डरता है, या क्या उसे किसी अन्य विधि में विश्वास है जो अधिक शांतिपूर्ण और न्यायपूर्ण है। ऑफिस का काम पूरा होने के बाद विजय सीधे प्रीतम के घर जाता है, "सर, मेरी पीड़ा का समाधान क्या है।"

प्रीतम चाय की एक चुस्की लेते हैं और कहते हैं, "संवैधानिक तरीके का उपयोग करें।"

विजय- "क्यों? और संवैधानिक तरीका क्या है?"

प्रीतम- "क्या आप अपनी समस्या को गृह युद्ध से, गैंगवार से, हत्या करके, हड़ताल करके, सामाजिक निकासी से हल करना चाहेंगे? इनमें से कोई भी आपको शांति से नहीं रहने देगा। तथाकथित न्याय की यह सभी विधि आपके परेशानी को बढ़ाएगी और वापस आप को जोर से लगेगी। न्याय शांति से रहने के बारे में है। सद्भाव और भाईचारे के साथ। न्याय विकल्प होने के बारे में है। यह सब दूसरों के साथ समान रूप से व्यवहार करने के बारे में है, भले ही हमारे पास अलग-अलग राय और विचार हों। यह आपको दूसरों को चोट पहुंचाए बिना अपने जीवन में विकसित होने का अवसर देने के बारे में है।"

प्रीतम- "एक छोटी सी दुश्मनी जंगल की आग की तरह फैल जाएगी और सब जल जाएगा। कई धर्मों में हजारों वर्षों तक दुश्मनी और लड़ाई-झगड़े होते रहे हैं। इतने सालों तक धार्मिक संघर्ष कैसे जारी रह सकता है? क्योंकि न्याय और समानता की भावना और हल करने के लिए शांतिपूर्ण साधन नहीं होने के कारन नफरत को जन्म देते हैं और यह लड़ाई पीढ़ियों तक चलती रहती हैं। प्रत्येक समूह सोचता है कि उनके साथ बुरा व्यवहार किया गया है और उनको अन्याय का सामना करना पड़ रहा है। यह भावना फिर पीढ़ियों तक जारी रहती है, हमारे बच्चे और फिर उनके बच्चे। और हम समानता प्राप्त करने में विफल रहते हैं। न्याय की प्रक्रिया में न्याय मर जाता है।"

विजय- "फिर क्या?"

प्रीतम- "संवैधानिक पद्धति का प्रयोग करें। संविधान में न्याय पाने के लिए सभी प्रक्रियाएं और कदम निर्धारित किए गए हैं। पूरी प्रणाली आपको न्याय देने के लिए बनाई और डिज़ाइन की गई है। लेकिन उस न्याय को पूर्ण अर्थों में प्राप्त करने के लिए आपको 'संवैधानिक नैतिकता' विकसित करनी होगी। विजय याद रखो, मैं एक बार फिर दोहराऊंगा- न्याय हमारे पक्ष में है। पूर्ण तंत्र आपको न्याय, और न्याय और न्याय देने के लिए बनाया गया है। भारत में, राज्य का हर अंग आपको न्याय देने के लिए यहां है।"

विजय प्रीतम की बात ध्यान से सुनता है। वह आगे कहते हैं, "लेकिन न्याय क्यों विफल रहा? संवैधानिक नैतिकता का अभाव। इसे पहले विकसित करें। यदि आप संविधान और उसके मूल्य में विश्वास करते हैं और न्याय के लिए इसके सिद्धांतों पर कायम रहते हैं।

न्याय आपके पक्ष में होगा। न्याय विफल रहा क्योंकि हम लोगों ने संवैधानिक मूल्यों की परवाह नहीं की। आपको न्याय देने के लिए डिज़ाइन की गई प्रणाली में संवैधानिक नैतिकता का अभाव है। लोग अपने लिए, मेरे पैसे, मेरी जिंदगी, मेरा घर के लिए काम करते हैं। यह ठीक है। लेकिन जब हम दूसरों के विचारों और उनकी समस्याओं और मुद्‌दों की परवाह नहीं करते हैं। फिर संवैधानिक नैतिकता मर जाती है।"

प्रीतम कुर्सी से उठकर बुक रैक की ओर बढ़ता है और किताब पढ़ता है, "हिंसा के खूनी तरीकों को त्याग दो, सत्याग्रह के तरीकों को छोड़ दो, जितने जल्दी हम करेंगे अपने लिए बेहतर होगा।"

विजय- "मैं समझता हूँ, लेकिन कैसे?"

प्रीतम- "विजय, क्या तुम्हें पता है कि वो पंक्तियाँ किसने कही थीं?"

विजय- "नहीं।"

प्रीतम- "डॉ. बाबासाहेब अम्बेडकर, उन्होंने कहा, प्रजातंत्र को केवल बाह्य स्वरूप में ही नहीं बल्कि वास्तव में बनाए रखने के लिए हमें क्या करना चाहिए? मेरी समझ से, हमें पहला काम यह करना चाहिए कि अपने सामाजिक और आर्थिक लक्ष्यों को प्राप्त करने के लिए निष्ठापूर्वक संवैधानिक उपायों का ही सहारा लेना चाहिए। इसका अर्थ है, हमें क्रांति का खूनी रास्ता छोड़ना होगा। इसका अर्थ है कि हमें सविनय अवज्ञा आंदोलन, असहयोग और सत्याग्रह के तरीके छोड़ने होंगे। जब आर्थिक और सामाजिक लक्ष्यों को प्राप्त करने का कोई संवैधानिक उपाय न बचा हो, तब असंवैधानिक उपाय उचित जान पड़ते हैं। परंतु जहां संवैधानिक उपाय खुले हों, वहां इन असंवैधानिक उपायों का कोई औचित्य नहीं रह जाता। ये तरीके अराजकता के व्याकरण के सिवाय कुछ भी नहीं हैं और जितनी जल्दी इन्हें छोड़ दिया जाए, हमारे लिए उतना ही अच्छा है।"

प्रीतम- "जब पूरी व्यवस्था आपके न्याय के लिए बनायी गयी हैं, तो फिर असंवैधानिक उपायों का विकल्प क्यों चुना जाए?"

विजय- "कृपया मुझे संवैधानिक नैतिकता के बारे में और बताएं।"

प्रीतम- "विजय आप ने कहा था कि पुलिस में शिकायत की गई हैं। लेकिन न्याय में देरी क्यों हो रही है? पुलिस ने अपना काम किया। उन्होंने आपकी शिकायत दर्ज कराई। उन्होंने जांच की। लेकिन उन्होंने सिर्फ नौकरी के लिए किया, सही मायने में नहीं। पुलिस में न्याय की भावना का अभाव था। यह भावना कि मेरी कार्रवाई देश को बदल सकती है। यह भावना कि एक के लिए दिया गया न्याय कई लोगों के लिए न्याय हो सकता है। लेकिन उनके लिए शिकायत दर्ज करना और पूछताछ और अन्य प्रक्रियाएं सिर्फ उनका काम है। उन्होंने अपना काम किया। उन्होंने प्रक्रिया का पालन किया लेकिन एक चीज की कमी थी। 'संवैधानिक नैतिकता'। यह महसूस करने की कमी थी कि न्याय सर्वोपरि है। जब तक उनके द्‌वारा की जाने वाली नौकरी में दूर दृष्टि और मिशन नहीं होता है, तब तक न्याय से दूर कर दिया जायेगा।"

प्रीतम – "मैं आपको अपने बारे में बताना चाहता हूँ। मेरा बचपन खुशहाल में बिता था, लेकिन फिर जिंदगी में परेशानिया आई। जूनियर कॉलेज में पढ़ाई के दौरान मैंने अपने शिक्षको पर भरोसा किया कि वे मुझे पढ़ायेंगे। उनके पास पढ़ाने के लिए कोई दृष्टि नहीं थी। केवल पैसा कमाने के लिए पढ़ा रहे थे, उनके पास संवैधानिक नैतिकता की कमी थी। वह दृष्टि और मिशन जो एक समृद्ध भारत को प्राप्त करने के लिए आवश्यक है। अगर शिक्षक छात्रों को झूठ बोलते हैं तो उनके अधीन सीखने वाले डॉक्टर झूठ कैसे नहीं बोलेंगे? उनके अधीन सीखने वाला वकील नैतिक कैसे हो सकता है? उन्होंने पैसा कमाना सिखाया, ना कि ऐसा भारत बनाने के लिए जहां ईमानदारी और भाईचारा साथ-साथ रहता है। अगर उन्होंने सभी को न्याय देने के मिशन और दृष्टि के साथ छात्रों को सिखाया होता तो कहानी कुछ और होती।

शिक्षक झूठ बोलने के लिए तैयार थे ताकि वे ट्यूशन कक्षाओं से पैसे कमा सकें। उन्होंने यह विश्वास करने के लिए चालें खेली और रणनीति तैयार की कि अंक मायने रखते हैं। अंक सबसे महत्वपूर्ण हैं और इसे प्राप्त करने के लिए आपको ट्यूशन कक्षाओं की आवश्यकता होगी। जूनियर कॉलेज में शिक्षकों ने इसलिए नहीं पढ़ाया ताकि छात्र उनकी ट्यूशन कक्षाओं में शामिल हो सकें। उन्हें एक जिम्मेदार नागरिक नहीं, बल्कि नंबर का लाश होना सिखाया गया। उन्होंने सपनों के भारत का निर्माण करना नहीं सिखाया। किसी भी तरह इंजीनियरिंग कॉलेज में प्रवेश लिया। वह कॉलेज धोखाधड़ी निकला। पाठ्यक्रमों को मान्यता नहीं दी गई और न ही अनुमोदित किया गया। उन्होंने इसे केवल पैसे कमाने के लिए खोला। मैंने पैसे, अपना समय, अपना सपना खो दिया। अब क्या? मैंने कुछ कम वेतन वाली नौकरियां करना शुरू कर दिया, लेकिन कुछ भी नहीं बदला, मैं सिर्फ एक जीवित ज़ोंबी था। लोगों ने मुझे मूर्ख क्यों बनाया? क्योंकि उनके पास संवैधानिक नैतिकता नहीं थी। उन्होंने सभी के साथ गुलामो की तरह व्यवहार किया। कानूनी स्रोतों से पैसा कमाना सही है लेकिन दूसरों को मूर्ख बनाके कमाने से गलत है। अब अनुचित शिक्षा के कारण भारत के विकास का अवसर खो गया। आर्थिक न्याय स्थापित करने का अवसर खो गया। पूर्वाग्रह मुक्त समाज की स्थापना का अवसर खो गया। एक अच्छा, वफादार और नैतिक प्रशासक होने का अवसर खो गया था। अगर उन्होंने समानता और भाईचारे को अधिक महत्व दिया होता और सच्ची अखंडता होती, तो सभी खुश होते।"

प्रीतम- "शिक्षा को केवल काम नहीं सिखाना चाहिए, इसे जीवन को सिखाना चाहिए। यदि आप किसी के लिए दीपक जलाते हैं, तो यह आपके मार्ग को भी उज्ज्वल करेगा। शिक्षा क्या है? इसका अर्थ इसके लागू करने में निहित है। यदि आप अपने ज्ञान को लागू कर सकते हैं, तो आप शिक्षित हैं। शिक्षा सिर्फ एक नौकरी नहीं है। यह आत्मज्ञान, आत्म-जागरूकता, आत्मविश्वास और खुशी की स्थिति है। एक गुलाम और एक स्वतंत्र आदमी के बीच क्या अंतर है? एक स्वतंत्र व्यक्ति अपनी स्वतंत्रता के लिए पूछता है? एक गुलाम आदमी नहीं कर सकता। मुक्त होने के लिए आपको प्रबुद्ध शिक्षा की आवश्यकता होती है। यह शेरनी

का दूध है। जो इसे पीता है, वह दहाड़ेगा।"

प्रीतम- "खुद को विकसित करने के लिए इन तीनों हथियारों का इस्तेमाल करें। पहला सत्यवादिता, दूसरा संवैधानिक नैतिकता और तीसरा मौलिक अधिकार। ये तीन हथियार आपको सुपरमैन की तुलना में अधिक शक्तिशाली बना देंगे।"

प्रीतम- "मैंने तुमसे कहा था कि सफाई कर्मी की समस्या हल करो? आपने उसकी समस्याओं को हल करने के लिए क्या किया?"

विजय- "हमने ठेकेदार को फोन किया और कहा कि या तो कर्मचारी को पूरा वेतन दें या मैं पुलिस, मानवाधिकार आयोग में शिकायत करूंगा और आरटीआई फाइल करूंगा। मैंने उनसे झूठ भी बोला, या तो उन्हें पैसे दें या प्रति माह 50 हजार की मेरी सड़क सफाई मशीन का उपयोग करें।"

प्रीतम- "तो फिर तुम्हारे पास वो मशीन है?"

विजय- "नहीं, मैंने उनसे झूठ बोला था।"

प्रीतम- "फिर तुम ऐसी मशीन क्यों नहीं बनाते?"

विजय अवाक रह गया, उन्होंने अपने पूरे जीवन में कभी मशीन बनाने के बारे में नहीं सोचा। वह जवाब देता है, "शायद जब मैं घर जाऊंगा तो मैं इसके बारे में सोचूंगा।"

प्रीतम- "तो फिर क्या आप जानते हैं कि मानवाधिकार आयोग और सूचना का अधिकार क्या है? इसके कार्य कैसे करते हैं और आप इसके साथ क्या कर सकते हैं?"

विजय- "मैंने इसके बारे में सुना है। लेकिन मैंने कभी इसका इस्तेमाल नहीं किया।"

प्रीतम टेबल के पास जाता है। दराज खोलता है, एक बोर्ड गेम निकालता है और कहता है, "मैं आपको एक गेम दे रहा हूं। यह संविधान और उसके कार्य पर आधारित एक बोर्ड गेम है। मैं चाहता हूं कि आप अपने परिवार के साथ इस खेल को खेलें। यह गेम आपको व्यवस्था के साथ आपके रिश्ते को सिखाएगा। न्यायपालिका, कार्यकारी और विधायिका। इससे आपको समझ में आएगा कि विश्वास कैसे विकसित किया जाए। यह खेल किसी अन्य व्यक्ति को जीतने के बारे में है ताकि हम जीत सकें।

विजय, क्या तुम मेरी मदत करोगे। संवैधानिक नैतिकता पर एक जनसभा में भाग लेने के लिए मुझे चंद्रपुर जाना है। क्या आप मुझे टिकट काउंटर से कल तत्काल टिकट बुक करा सकते हैं?"

विजय- "ठीक है, मैं करूँगा।"

विजय तत्काल टिकट बुक करने के लिए विवरण लेता है। वह बोर्ड गेम लेता है। सोचता हैं की एक मशीन, 55 हजार में सड़क सफाई मशीन कैसे बनाएगा। वह न तो इंजीनियर है और न ही मैकेनिक। न ही कभी कोई औजार अपने हाथ में लिया। इसलिए, कोई तरीका नहीं है कि वह उस मशीन का निर्माण कर सके। लेकिन यह एक बुरा विचार नहीं है। कम से कम वह कुछ आय अर्जित कर सकता है यदि वह ऐसी मशीन बनाता है।

विजय मन ही मन सोचता रहता है। मुझे न्याय पाने के लिए समय क्यों लग रहा हैं? क्या यह अज्ञानता के कारण हैं या ज्ञान के अभाव के कारन। वो ज्ञान जिसे समाज ने मुझे प्राप्त करने से रोका क्योंकि उनके पास संवैधानिक नैतिकता नहीं थी। हम अज्ञानता के लिए लाखों में भुगतान कर रहे हैं। इस अज्ञानता ने हमें गुलाम बना दिया, अगर मुझमें और अन्य सभी व्यक्तियों में संवैधानिक नैतिकता होती, तो न्याय जल्दी होता। क्या मैं एक गुलाम हूं जो सिर्फ जुनून और उद्देश्य के बिना जीने के लिए काम कर रहा हूं? या एक गुलाम जो कोड़े मारने पर काम करता है। या दूसरों की संतुष्टि के लिए काम करने वाले दास?

विजय प्रीतम को उनके द्वारा दिए गए मूल्यवान ज्ञान के लिए धन्यवाद देता हैं। जाने का समय आ गया है। विजय अपने घर जाने के लिये चल देता हैं।

वह अपना गियरलेस स्कूटर चलाता है। वह आजाद को फोन करने के लिए बीच में ही रुक जाता है। विजय आजाद को घर बुलाता हैं, जिस पर आजाद मान जाते हैं और उसके घर के लिए निकल पड़ता हैं।

विजय घर में प्रवेश करता है। थोड़ी देर बाद आजाद पहुंच जाता हैं।

पत्नी- "वेलकम आजाद तुम कैसे हो, आप हमारे घर कम ही आते हो। हमेशा बाहर से ही ऑफिस चले जाते हो। मैं आपके लिए चाय बनाती हूँ।"

विजय ने पत्नी से कहा- "आज तुम्हारा दिन कैसा रहा?"

पत्नी- "मैंने ट्रक सीखना शुरू कर दिया हैं।"

आजाद- "विजय, क्या मैंने ट्रक सुना।"

विजय- "मेरी पत्नी ट्रक सीख रही है।"

आज़ाद- "यह अच्छा है, शानदार है, आपको खुद पर गर्व होना चाहिए।"

विजय- "प्राची यहाँ आओ, सोनम यहाँ आओ, मैं तुम्हारे लिए कुछ लेकर आया हूँ।"

बेटी खेल को देखती है, "पिताजी यह क्या है?"

विजय- "यह बोर्ड गेम है जिसे हम एक साथ खेलेंगे।"

बेटी- "वाह! हम एक बोर्ड गेम खेलेंगे।"

पत्नी चाय लेकर आती हैं और खेल को देखती हैं, "क्या आप पागल हैं, हम बच्चे थोड़ी हैं।"

विजय- "अब बच्चे बन जाओ।"

वे जमीन पर बैठ जाते हैं। बोर्ड को बीच में रखते हैं। बोर्ड गेम खेलना चालू करते हैं।

"मैं एक व्यक्ति बनूंगा," "मैं विधायिका बनूंगी," "मैं न्यायपालिका रहूंगा," "मैं कार्यपालिका बनूंगा। वे गेम खेलते समय बाते करते रहते हैं और समय का आनंद लेते हैं।

पर्याप्त समय तक खेलने के बाद आजाद अपने घर चला जाता है। विजय अपनी पत्नी की तरफ देखता है। वह आत्मविश्वास से भरी और खुश नजर आ रही हैं। विजय ने प्रीतम के न्याय के दृष्टिकोण से कुछ आत्मविश्वास प्राप्त किया।

रात के 1030 बज चुके हैं, बिस्तर पर जाते समय विजय पत्नी से कहता है, "मेरी प्यारी बीवी, क्या आपको लगता है कि मैं कोई ऐसी मशीन बना सकता हूं जो सड़क पर सफाई कर सके।"

पत्नी मुस्कुराते हुए और शरारती स्वर में, "मैं तुम्हारे बारे में नहीं जानती। लेकिन शायद मैं बना सकती हूं।"

विजय- "तुम इसे बना सकते हो।"

पत्नी- "कम से कम मैं कोशिश तो कर ही सकती हूँ। बेटी अब खुद की देखभाल करने के लिए काफी बड़ी हो गईं है। शादी से पहले मैंने आपके मम्मी-पापा और मेरे मम्मी-पापा को हमारी शादी के लिए मनाने की लड़ाई में अपना करियर खो दिया। और फिर बिना किसी पारिवारिक समर्थन के एक अज्ञात शहर में जीवित रहने के संघर्ष में। फिर बेटी का जन्म और फिर उसकी शिक्षा। मेरा जीवन बलिदानों से भरा हुआ था। मैंने इस घरेलू संघर्ष में अपना सपना खो दिया। कम से कम मैं अब कोशिश कर सकती हूं।"

विजय को पत्नी के लिए खुशी महसूस हुई। वह ट्रक चलाना सीख रही है और यहां तक कि एक मशीन बनाने के लिए भी तैयार है। वे एक-दूसरे को चूमते हैं और सो जाते हैं।

17

संवैधानिक नैतिकता

सपना- 14

विजय अपने आप को एक खेत में बने गोदाम में पाता हैं, वह बहुत मेहनत कर रहा हैं। वे चावल के बोरों को ट्रक में लोड कर रहा हैं। ट्रक एक विशाल गोदाम के पास खड़ा है। यह प्रेमचंद के गोदाम और खेत हैं। उसके गोदाम में एक बल्लू नाम का आदमी हैं जिसका काम गुलामो को कोडे मरना है। ट्रक लोड करते समय सुस्ती दिखाने वाले गुलाम को कोड़े मारता है। गोदाम में कुछ अवैध बनाया जा रहा है।

बल्लू विजय की तरफ देखता है, विजय के पैर काँप रहे हैं, पसीना बहा रहा हैं, वह अपनी पीठ पर बोरियों का भारी भार नहीं उठा पा रहा है। बल्लू विजय पर चिल्लाता है, "तुम बेवकूफ आदमी, जल्दी , जल्दी काम करो।" वह विजय को काम कराने के लिए चाबुक मारता है।

विजय को प्यास लगती है और वह पानी मांगता है। बल्लू विजय पर हंसते हुए कहता है, "तु बेकार गधे, तुझे पानी चाहिए। पहले इस ट्रक में माल लोड कर। जल्दी काम कर। गधे को पानी चाहिये, हु ... ।" विजय के पास उस भारी भरकम बोरे को अपने नंगे कंधे पर रखकर ट्रक में लोड करने के अलावा कोई चारा नहीं था।

विजय ऑफिस में काम करने वाले अपने पिछले जीवन के बारे में सोचता है। वह अपनी पत्नी और बेटी के साथ कितना खुश था। वह बल्लू से विनती करता है, "कोई भी हमारी मदद क्यों नहीं कर रहा है? मैंने क्या किया है? मैं मुक्त होना चाहता हूं। मैं जीवन का आनंद लेंना चाहता हूँ। मैं अपनी पसंद से जिंदगी जीना चाहता हूं। मैं समुद्र तट और पहाड़ों पर घूमना चाहता हूँ। मैं चाहता हूं कि मेरी बेटी पायलट बने?"

बल्लू- "तुझको लोन लेने से पहले यह सोचना चाहिए था। तू लोन चुकाने में नाकाम रहा। अब तु गुलाम है। एक गुलाम, और एक बार जो गुलाम बन जाता हैं, हमेशा के लिए गुलाम रहता है।"

तभी अचानक उन्हें पुलिस का सायरन सुनाई देता है, पुलिस का जत्था उस जगह पर दौड़ती हुई आती है। लगभग 50 पुलिसकर्मियों का पूर्ण पुलिस बल। उन्होंने गोदाम को घेर लिया। गुंडों ने पुलिस को आते देखा। वे घबरा जाते हैं और पुलिस से बचने के लिए इधर-उधर भाग के छुपने की कोशिश करते हैं। गुंडों ने पुलिस पर हमला करने की कोशिश की, लेकिन कोई फायदा नहीं हुआ। पुलिस गुंडों को पकड़कर गिरफ्तार कर लेती है। पुलिस खेत और गोदाम पर कब्जा कर लेती है। पुलिस ने सभी गुंडों को पुलिस वैन में डाल दिया। पुलिस किसी भी अवैध वस्तुओं के लिए जगह की तलाशी लेते हैं। उन्हें गोदाम में कई अवैध हथियार और गोला-बारूद, ड्रग्स और अन्य सामान मिलते हैं।

इंस्पेक्टर उस जगह पर काम करने वाले व्यक्तियों को देखता है। वह देखता हैं की उनकी स्थिति बहुत दयनीय थी । काफी सारे व्यक्ति बंधुआ मजदूर के रूप में काम कर रहे थे। उनको देख के ऐसा लग रहा था जैसे खाने के लिए कुछ नहीं दिया जा रहा हो। सभी सुस्त दिख रहे थे। गुंडों की प्रताड़ना के कारण कई लहूलुहान हो गए थे। उनके कपड़े फटे हुए थे और बहुत दयनीय स्थिति में थे। पुलिस इंस्पेक्टर विजय को देखता है और उसे देखकर मुस्कुराता है। विजय बदले में मुस्कुराता है और उसके पास जाता है।

विजय ने अपना सम्मान और कृतज्ञता दिखाते हूए हाथ जोड़कर कहा, "धन्यवाद सर, आपने हमें मुक्त कर दिया, आप ने हमें इस गुलामी से बाहर निकाल दिया, धन्यवाद सर, आप हमारे लिए भगवान की तरह हैं।"

इंस्पेक्टर- "तुम विजय होंगे। विजय, मुझे धन्यवाद मत कहो। ध्यान से सुनो, न्याय आपके पक्ष में है। अगर कोई अन्याय होता है, तो आपकी रक्षा के लिए पूरी प्रणाली है। यह मेरी जिम्मेदारी है कि मैं आपकी रक्षा करूं और आपको गुलामी से मुक्त करूं। क्या आप जानते हैं कि आपको बचाने के लिए किसने पहल की।"

इंस्पेक्टर विजय को पुलिस कार के पास ले जाता है। विजय की पत्नी पुलिस की गाड़ी से उतरती है। विजय हैरान हो जाता हैं। इंस्पेक्टर की तरफ देखता हैं। वह बदले में मुस्कुराता है। विजय अपनी पत्नी की ओर भागता है। उसे गले लगाता हैं। उसकी आँखों से आँसू बहा रहे हैं। वे अपनी बीवी को चूमता हैं। उसने कहा, "पत्नी, धन्यवाद, मैं तुम से बहुत प्यार करता हूँ।" उसी समय बेटी कार से बाहर निकल आई। सभी एक-दूसरे को गले लगते हैं, वह अपनी पत्नी और बेटी को देखके अपने हर्षित आँसू को नियंत्रित नहीं कर पा रहा हैं।

इंस्पेक्टर बीच में टोकते हुए कहते हैं, "विजय, हमें इस जगह के बारे में कोई सुराग नहीं था, आपकी पत्नी ने अपने पति के लापता होने की बात बताने के लिए पुलिस के पास आई। लेकिन हमारे पास कोई जानकारी नहीं थी। इसके बाद वह मानवाधिकार आयोग के पास गई क्योंकि उसे संदेह था कि प्रेमचंद ने आपको गुलाम बना लिया होगा, मानवाधिकार आयोग ने पूछताछ की और मामले को देखने के आदेश दिए। गुप्त रूप से जानकारी को जुटाने के बाद, हमने इस जगह पर छापा मारा।"

विजय- "थैंक यू सर, थैंक्यू। मैं अब स्वतंत्र हूं, मैं जीवन को जैसा चाहता हूं वैसा ही जी सकता हूं।"

इंस्पेक्टर- "यह मत भूलो कि न्याय आपके पक्ष में है। सभी प्रणालिया आपको न्याय देने के लिए बनाई गयी है। मैंने अपने जीवन में संवैधानिक नैतिकता को लागू किया। मैं हमेशा संविधान में निहित समानता, भाईचारे, लिबर्टी और स्वतंत्रता के मूल्यों के साथ खड़ा हूं। इसने हमें गुलामी से आपके बचाव के लिए लड़ने के लिए प्रेरित किया। अब संवैधानिक नैतिकता का पालन करने का आपका समय आ गया है।"

इस दौरान सब इंस्पेक्टर इंस्पेक्टर के पास आकर जब्त किए गए सभी सामानों की रिपोर्ट देता है।

सब इंस्पेक्टर, "संदिग्ध ड्रग्स के कुछ बैग बरामद किये हैं, एक ट्रक जिसका उपयोग तस्करी के उद्देश्यों के लिए किया जाता है और 40 बंधुआ मजदूरों को बचाया गया है।"

इंस्पेक्टर- "तो क्या हमारे पास उन्हें वापस ले जाने के लिए पर्याप्त वाहन हैं?"

सब इंस्पेक्टर- "नहीं सर, हमारे पास पर्याप्त वाहन नहीं हैं। हमें इन बंधुआ मजदूरों को वापस ले जाने के लिए बस की जरूरत है। हमारी वैन गिरोह के सदस्यों से भरी हुई है।"

इंस्पेक्टर- "हमें उस ट्रक को ले जाना है, तो किसी को उस ट्रक को चलाने के लिए कहो?"

सब इंस्पेक्टर- "सर, हमारे पास जादा ड्राइवर नहीं हैं और कोई भी ट्रक चलाना नहीं जानता।"

विजय की पत्नी- "मैं ट्रक चलाऊंगी।"

इंस्पेक्टर- "क्या!"

पत्नी- "हाँ, मैं ट्रक चलाऊंगी, और मेरे पास ट्रक ड्राइविंग लाइसेंस भी है।"

इंस्पेक्टर प्रभावित हुआ, "ठीक है, फिर चलाओ।"

सभी अतिरिक्त पुलिस कर्मचारी और बचाए गए बंधुआ मजदूर ट्रक में बैठ गए। विजय की पत्नी ड्राइवर सीट पर बैठ गई। विजय उसके बगल में ट्रक के केबिन में बैठ गया। वह इंजन शुरू करती हैं और बूम ....।

विजय के पास अपनी भावनाओं को व्यक्त करने के लिए शब्द नहीं हैं, "धन्यवाद पत्नी, आप मेरे असली नायक हैं। आपकी वजह से मैं आजाद हूं। आपने मुझे मुक्त कर दिया। बुरे दिनों में भी आप हमेशा मेरे साथ खड़े रहे।"

पत्नी- "यह तुम्हारी वजह से है, तुमने मुझसे कहा था, न्याय हमारे पक्ष में है।"

सपना टूट जाता हैं। विजय बिस्तर से उठ जाता है। यह फिर से एक सपना था। विजय पत्नी की ओर देखता है और रोमांटिक मूड में वह कहता है, "आप मेरी जिंदगी में बहुत खास हो। तुम्हारे बिना कुछ भी नहीं।" पत्नी थोड़ी मुस्कुराती है, लेकिन वह जानती है कि उसे घर का काम करना है।

विजय और आजाद प्रीतम के घर के लिए निकल पड़ते हैं। लेकिन प्रीतम ने रेलवे काउंटर से तत्काल टिकट करने की बात कही। वे दोनों तत्काल टिकट के लिए स्टेशन की ओर चल

दिए । तत्काल टिकट की बुकिंग अभी शुरू नहीं हुई है। विजय काउंटर के सामने लगी लंबी कतार को देखता है। विजय कतार में अंतिम व्यक्ति के पीछे खड़ा हो जाता है। उस कतार में उनके सामने लगभग 20 व्यक्ति खड़े हैं। विजय को समय की कमी महसूस हो रही थी। वह जल्दी में था; प्रीतम से मिलना है। जब तक उनकी बारी आती तब तक सभी तत्काल टिकट ख़त्म हो सकते हैं। वह दूसरे टिकट काउंटर की ओर देखता है। वहां एक-दो लोग ही खड़े थे। काउंटर पर लिखा था 'केवल वरिष्ठ नागरिकों और दीव्यांगो के लिए'। विजय समझ गया कि उसे उस काउंटर से टिकट नहीं मिल सकता। उसे इसी काउंटर से ही टिकट लेना होगा।

आजाद निराश होकर विजय से बात करते हैं, "अगर हम इस लाइन में खड़े रहे, तो इसमें समय लगेगा। मेरे पास एक विचार है।"

काउंटर खुलता है और टिकट निकलना शुरू हो जाती है। आजाद लाइन तोड़कर टिकट लेने के लिए सीधे काउंटर पर आगे बढ़ जाते हैं। लाइन में खड़ा एक अन्य व्यक्ति उसे बाधित करता है, "ओह भाई लाइन में आओ। वापस पीछे जाओ।" आजाद नहीं सुनता। वह कहता हैं, "मैं जल्दी में हूं। कृपया।"

अचानक एक और शख्स कतार तोड़कर टिकट काउंटर के सामने आ जाता है। वह टिकट पाने के लिए आजाद को पीछे धकेलता है और कहता है, "मैं अधिक जल्दी में हूँ, मुझे पहले"। और एक अन्य व्यक्ति कतार तोड़कर टिकट काउंटर के सामने आ जाता है। उन्हें देख कतार में खड़े सभी लोग टिकट काउंटर के सामने एक-दूसरे को धक्का देते और चिल्लाते हुए इकट्ठा हो गए। वह भीड़ बन गयी। कतार नहीं रही और काउंटर अफरातफरी में तब्दील हो गया। सभी कतार तोड़कर काउंटर की ओर दौड़ पड़े। कुछ लोग चिल्लाए, कुछ ने अन्य लोगों को लात मारी, कुछ ने बहस की और कुछ लड़ गए, यह देखते ही टिकट काउंटर को रेलवे प्रशासन ने बंद कर दिया गया। सुरक्षा कर्मी और पुलिस पहुंच गई। विजय और आजाद पुलिस को देखकर डर गए। वे उस जगह से भाग गए।

विजय- "टिकट भूल जाओ, चलो यहा से चलते हैं हम प्रीतम से इस घटना के बारे में बात करेंगे।"

वे दोनों अपनी मोटरसाइकिल में बैठकर प्रीतम के घर जाते हैं।

प्रीतम के घर में,

प्रीतम- "कल तुम्हारा दिन कैसा रहा? वैसे, क्या आपने मेरा तत्काल टिकट बुक किया है?"

विजय- "एक समस्या हो गई थी।"

विजय प्रीतम को रेलवे स्टेशन में हुई हर बात बताते हैं।

प्रीतम हंसते हुए कहते हैं- "विजय क्या आप जानते हैं कि उन्होंने आपको टिकट पाने के लिए कतार में कूदने की अनुमति क्यों नहीं दी।"

विजय- "क्योंकि वे एक कतार में खड़े हैं।"

प्रीतम- "यह न्याय और समानता की अवधारणा है। आप सभी लोगों को टिकट की आवश्यकता थी। आप सभी टिकट काउंटर की नजर में बराबर हैं। हर किसी की अपनी-अपनी समस्याएं हैं। कुछ लोग 5 घंटे तक इंतजार कर रहे होंगे। या अधिक। और आप आखिरी आए और पहले टिकट लेना चाहते हैं, यह कैसे हो सकता है? आप सोचते हैं कि लोग आपको धोखा देते हैं, आपके साथ समान व्यवहार नहीं करते हैं। अपने आप को देखो, आपने दूसरों के साथ असमान व्यवहार करने की कोशिश की। सभी वैध और न्यायसंगत प्रक्रिया का पालन करते हुए लाइन में खड़े थे। लेकिन एक व्यक्ति ने नियम तोडा, देखिए किसी को टिकट नहीं मिला।"

आप सोचते होंगे की मेरे साथ अन्याय क्यों होता है? यह इस मानसिकता के कारण है। 20 लोग नियमों का पालन कर रहे थे, और आपने नियमों को तोड़ दिया। उन्होंने आपको नियमों का पालन कराने के लिए सब कुछ किया। लेकिन आपने परवाह नहीं की और अन्याय आपके पैर पर आ गिरा।"

जीवन इस तरह ही है। दुनिया सुचारू रूप से चल रही है क्योंकि लोग नियमों का पालन करते हैं, लेकिन अगर कोई इसे तोड़ने की कोशिश करता है, तो हर कोई ऐसा ही चाहता है। अब यह आपका कर्तव्य है, अगर आप चाहते हैं कि न्याय आपके पक्ष में हो। खुद के साथ ईमानदार रहें। ऐसा कोई कार्य मत करो जो दूसरों की स्वतंत्रता और लिबर्टी को छीनता है। और किसी को भी अपनी स्वतंत्रता और लिबर्टी लेने की अनुमति न दें।"

मैं आपको एक भाषण से कुछ उदाहरण दूंगा। अब मेरी बात ध्यान से सुनिए- अगर जुल्म और अन्याय का अस्तित्व है तो राजनीतिक लोकतंत्र की भावना गायब हो जाएगी। लोकतंत्र का अर्थ है बंधुत्व और समानता की भावना, न कि केवल एक राजनीतिक व्यवस्था। संसदीय लोकतंत्र उदारवाद पर आधारित है। सच्चा लोकतंत्र स्वतंत्रता और समानता दोनों का तात्पर्य है।

लोकतंत्र तलवार और रैलियों के बिना एक क्रांति है। संवैधानिक नैतिकता प्रशासन में विभिन्न लोगों के परस्पर विरोधी हितों के बीच प्रभावी समन्वय है ताकि उन्हें बिना किसी टकराव के सौहार्दपूर्ण ढंग से हल किया जा सके।"

प्रीतम- "क्या तुम समझ रहे हो।"

विजय- "आह, नहीं।"

प्रीतम- "सभी के साथ अपने भाई की तरह व्यवहार करो, सभी के साथ बराबरी का व्यवहार करें। अपना टिकट लेने के लिए कतार में खड़े हो जाएं। यह साबित करने के लिए कूदें नहीं कि आप सही हैं। वे भी आपके भाई हैं। उनके पास समस्याएं और तात्कालिकता भी है। टिकट काउंटर पर लाइन आपको न्याय दिलाने के लिए लगाई गई है। कोई लाइन में नहीं लगता और सभी टिकट काउंटर के आसपास जमा हो जाते तो वो किसी की नहीं सुन पाते। हर कोई लड़ रहा होता। अगर आप शांति से रहना चाहते हैं और अपना काम करवाना चाहते हैं। एक-दूसरे से मत लड़ो, बस लाइन में खड़े हो जाओ। न्याय आपका अनुसरण करेगा।

अगर कोई कतार तोड़ता है, तो उसे कतार में खड़े होने के लिए कहें।

क्या आप जानते हैं कि डॉ बाबासाहेब अम्बेडकर ने 25 नवंबर 1949 को संसद में क्या कहा था?"

विजय- "नहीं"

प्रीतम एक किताब खोलता है और वाक्यांश पढ़ना शुरू करता है, "क्या वह अपनी स्वतंत्रता बनाए रखेगा या उसे फिर खो देगा? मेरे मन में आने वाला यह पहला विचार है। यह बात नहीं है कि भारत कभी एक स्वतंत्र देश नहीं था। विचार बिंदु यह है कि जो स्वतंत्रता उसे उपलब्ध थी, उसे उसने एक बार खो दिया था। क्या वह उसे दूसरी बार खो देगा? यही विचार है जो मुझे भविष्य को लेकर बहुत चिंतित कर देता है। यह तथ्य मुझे और भी व्यथित करता है कि न केवल भारत ने पहले एक बार स्वतंत्रता खोई है, बल्कि अपने ही कुछ लोगों के विश्वासघात के कारण ऐसा हुआ है।

सिंध पर हुए मोहम्मद-बिन-कासिम के हमले से राजा दाहिर के सैन्य अधिकारियों ने मुहम्मद-बिन-कासिम के दलालों से रिश्वत लेकर अपने राजा के पक्ष में लड़ने से इनकार कर दिया था। वह जयचंद ही था, जिसने भारत पर हमला करने एवं पृथ्वीराज से लड़ने के लिए मुहम्मद गोरी को आमंत्रित किया था और उसे अपनी व सोलंकी राजाओं को मदद का आश्वासन दिया था। जब शिवाजी हिंदुओं की मुक्ति के लिए लड़ रहे थे, तब कोई मराठा सरदार और राजपूत राजा मुगल शहंशाह की ओर से लड़ रहे थे।

जब ब्रिटिश सिख शासकों को समाप्त करने की कोशिश कर रहे थे तो उनका मुख्य सेनापति गुलाबसिंह चुप बैठा रहा और उसने सिख राज्य को बचाने में उनकी सहायता नहीं की। सन् 1857 में जब भारत के एक बड़े भाग में ब्रिटिश शासन के खिलाफ स्वातंत्र्य युद्ध की घोषणा की गई थी तब सिख इन घटनाओं को मूक दर्शकों की तरह खड़े देखते रहे। क्या इतिहास स्वयं को दोहराएगा? यह वह विचार है, जो मुझे चिंता से भर देता है। इस तथ्य का एहसास होने के बाद यह चिंता और भी गहरी हो जाती है कि जाति व धर्म के रूप में हमारे पुराने शत्रुओं के अतिरिक्त हमारे यहां विभिन्न और विरोधी विचारधाराओं वाले राजनीतिक दल होंगे। क्या भारतीय, देश को अपने मताग्रहों से ऊपर रखेंगे या उन्हें देश से ऊपर समझेंगे? मैं नहीं जानता। परंतु यह तय है कि यदि पार्टियां अपने मताग्रहों को देश से ऊपर रखेंगे तो हमारी स्वतंत्रता संकट में पड़ जाएगी और संभवतः वह हमेशा के लिए खो जाए।

हम सबको दृढ़ संकल्प के साथ इस संभावना से बचना है। हमें अपने खून की आखिरी बूंद तक अपनी स्वतंत्रता की रक्षा करनी है।"

प्रीतम किताब बंद करता हैं और कहता हैं, "लोकतंत्र इसलिए श्रेष्ठ है क्योंकि यह स्वतंत्रता को बढ़ाती है। शासक पर लोगों का नियंत्रण होता हैं। सरकार के कई रूपों में से अम्बेडकर की पसंद संसदीय रूप पर गिर गई। अंबेडकर लोकतंत्र को शांतिपूर्ण तरीके से बदलाव लाने के साधन के रूप में देखते थे।"

प्रीतम- "कई सरकारी अधिकारी रिश्वत लेते हैं। वे इसे इसलिए लेते हैं क्योंकि हम लोगों ने उन्हें ऐसा करने के लिए मजबूर किया है। हमने अपने छोटे से लालच के लिए रिश्वत की पेशकश की। अधिकारियों को भले ही पता न हो लेकिन वे लोगों के भरोसे को तोड़ रहे हैं। वे सचमुच विश्वासघात की तरह काम कर रहे हैं। यह व्यवहार न केवल देश को कमजोर करता है बल्कि हमारी स्वतंत्रता को खतरे में डालता है। जब कोई सरकारी अधिकारी रिश्वत लेता है तो यह भारत के राष्ट्रपति का अभिन्न अंग नहीं है बल्कि लालच का अभिन्न अंग है। यह समानता और स्वतंत्रता की हमारी भावना को नष्ट कर रहा है।"

प्रीतम- "क्या आप जानते हैं कि परोपकारी धोखा क्या है- जब यह दूसरों को लाभ पहुंचाता है तो उनके गलत काम को तर्कसंगत बनाना आसान होता है। धोखा देने के लिए सबसे संभावित प्रोत्साहनों में से एक दूसरों की सेवा करना है।"

विजय- "वो क्या है?"

प्रीतम- "राजनेता दूसरों को लाभ पहुंचाने के भेष में गलत काम करते हैं और फिर उसे तर्कसंगत बनाते हैं। क्या आपके साथ ऐसी कोई घटना हुई है?"

विजय- "मैं अपनी समस्या के समाधान के लिए मदद मांगने राजनेता के पास गया था, वहां मैंने देखा कि राजनेता पैसे ले रहा था और सरकारी क्षेत्र में नौकरी देने का वादा कर रहा था।"

प्रीतम- "विजय, क्या आप को जानते हैं कि हमने अपनी स्वतंत्रता क्यों खो दी? क्योंकि बिच के व्यक्तियो ने धोखा दिया। जिन सरकारी अधिकारियों का कर्तव्य है कि वे राजा के प्रति वफादार रहें, उन्होंने गरीब और आम लोगों का फायदा उठाया और राजा और उच्च अधिकारियों को गलत रिपोर्ट दी। नतीजा यह हुआ कि मध्य काल में सामंती प्रभु अधिक शक्तिशाली हो गए और राज्य की तरह काम करने लगे। नागरिकों की जरूरतों और उनके मुद्दों और समस्याओं की पूरी तरह से उपेक्षा की। फ्रांसीसी क्रांति और रूसी क्रांति का भी यही कारण था। भारत में मध्ययुगीन काल के दौरान महाराज अपने अधीन छोटे से राज्य और जागीरदार के सामने शक्तिहीन हो गए। विजय, ऐसे किसी भी बिचौलिये को हमारे संवैधानिक मूल्यों को नष्ट करने के लिए कार्य करने की अनुमति न दें। यह बिचौलिया हमारे राजनेता, पुलिस, प्रशासनिक अधिकारी आदि हो सकता है। आपने उस प्रतिनिधि को अपने प्रतिनिधित्व के रूप में चुना, आपने अपनी परेशानियों को सामने रखने के लिए एक विश्वास में चुना। आपने उसे कानून बनाने के लिए चुना जो आपको न्याय दे सके। मैंने आपको बताया कि न्याय आपके पक्ष में है, लेकिन हमने अपने न्याय को कमजोर बना दिया, एक ऐसे व्यक्ति का चयन करके जिसके पास संवैधानिक नैतिकता नहीं है।"

प्रीतम- "विजय आपको प्रतिनिधित्व का अधिकार है। राज्य आपकी बात सुनेगा, एक विद्वान व्यक्ति बनो और प्रतिनिधित्व के माध्यम से आपकी समस्याओं को सही तरीके से रखो।"

विजय- "प्रतिनिधित्व कैसे करें?"

प्रीतम- "सरकार, संसद, या अपने क्षेत्र के चयनित प्रतिनिधि को पत्र लिखें।"

विजय- "क्या इससे मेरी समस्या हल हो जाएगी।"

प्रीतम- "हो सकता है न हो, लेकिन यह आपकी आने वाली पीढ़ियों को प्रेरित करेगा। याद रखें कि क्या आप कतार में खड़े होते तो आपको टिकट मिल गया होता। यदि आप प्रतिनिधित्व करते हैं, तो कई लोग यह सुनिश्चित करने के लिए मार्ग का पालन करेंगे कि व्यवस्था जगह में रहे।"

प्रीतम- "अगर आप आजाद होना चाहते हैं तो भगत सिंह बनें।"

विजय- "लेकिन भगत सिंह को फांसी दे दी गई थी। उन्होंने ब्रिटिश के नियमों को तोड़ा।"

प्रीतम- "लेकिन आने वाली पीढ़ियां स्वतंत्र हैं। यदि आप तत्काल टिकटों में लाइनों से छुटकारा पाना चाहते हैं, तो एक ऐसे तंत्र का आविष्कार करें जो उस लाइन को दूर कर सकता है और सभी व्यक्तियों को नई प्रणाली के साथ समान व्यवहार मिल सकता हो।"

प्रीतम- "विजय, गुलाम बनना मुश्किल है, लेकिन आज़ाद होने के लिए हिम्मत की ज़रूरत होती है।"

विजय- "इसका क्या मतलब है?"

प्रीतम- "पिंजरे में तोते की क्या समस्या है। तोता गुलाम क्यों है। जब तोता पिंजरे में होता है, तो वह मुक्त होना चाहता है। वह बहार निकालना चाहती हैं उड़ना चाहती हैं। लेकिन जैसे ही उसे बाहर निकाला जाता है, उसे समझ नहीं आता कि वह क्या करे? कहां जाना है? कैसे खाना इकट्ठा करना हैं? कैसे उड़ना है? उसने गुलामी में अपना सारा साहस खो दिया। अब उस साहस को फिर से इकट्ठा करने, उड़ान भरने और भोजन खोजने के लिए सीखने की आवश्यकता है। गुलाम होना बहुत आसान है लेकिन उच्च उड़ान भरने के लिए साहस की आवश्यकता होती है। पूरी प्रणाली आपको उड़ान भरने में मदद करने के लिए बनाई गई है। आपको बस इतना करना हैं, पिंजरे से बाहर निकलो, गुलामी को हटा दो, साहस का निर्माण करो और छलांग लगाओ।

संविधान ने आपके लिए पिंजरे का दरवाजा खोल दिया है। लेकिन आप मालिक को रिश्वत देते हैं ताकि उस पिंजरे में रह सकें और जो वह देता है उसे खा सकें। यहां तक कि अगर पिंजरे का दरवाजा खुला हो तो भी आपने कभी भी छलांग लगाने की हिम्मत नहीं की। साहस जूटा लो, संवैधानिक नैतिकता का निर्माण करो और उच्च उड़ान भरो। स्वतंत्रता आपके लिए है।"

प्रीतम- "न्याय आपके पक्ष में है; संविधान ने गुलामी से मुक्ति का रास्ता दिया है और आपकी गारंटीकृत स्वतंत्रता आपको उच्च उड़ान भरने पर विवश कर देगी। आपको शिक्षा की आवश्यकता है।"

विजय- "मैं पढ़ा-लिखा हूँ, ग्रेजुएशन पूरा कर चुका हूँ।"

प्रीतम- "आप पढ़ना-लिखना जानते हैं, आप एक्सेल शीट बनाना जानते हैं, आप गणित की समस्याओं को हल करना जानते हैं। उसके बावजूद, आप अशिक्षित हैं। शिक्षा के

लिए आपको नैतिकता की आवश्यकता होती है। न केवल कोई नैतिकता, 'संवैधानिक नैतिकता'।"

विजय- "संवैधानिक नैतिकता क्या है?"

प्रीतम- "मैं आपको कल बताऊंगा कि सही शिक्षा क्या है और संवैधानिक नैतिकता क्या है?"

विजय और आजाद उठकर चले जाते हैं। वे अपने निर्वाचन क्षेत्र के सांसद से मिलने का फैसला करते हैं। पिछली बार जब वे उससे मिले थे; सांसद ने आश्वासन दिया था कि वह कोशिश करेंगे। अब एमपी से फॉलो-अप लेने का समय आ गया है।

विजय और आजाद एक चाय की दुकान पर चाय के लिए रुकते हैं। आजाद चाय का ऑर्डर देते हैं। विजय अपने बैग से सादा कागज लेता है और कुछ लिखना शुरू कर देता है। कागज पर लेखन पूरा करने के बाद, वे मोटरसाइकिल पर बैठते हैं और एमपी से मिलने के लिए निकलते हैं।

सांसद के सहायक ने विजय और आजाद को मीटिंग हॉल में बैठाया। काफी देर इंतजार करने के बाद सांसद पहुंचे। उन्होंने सांसद का अभिवादन किया। सांसद ने पूछा, "मुझे आपकी समस्या बताओ।"

विजय- "हम आपसे पहले मिलने आए थे, अपनी समस्या को हल करने के लिए। यहा रिपोर्ट लीजिये, अस्पतालों में इलाज की लागत में वृद्धि हुई है इसलिए लोगों को कई समस्याओं का सामना करना पड़ रहा है। कई लोग गरीबी में धकेले जाने के लिए मजबूर हैं।"

एमपी- "धन्यवाद, मैं आपकी समस्या का समाधान कर दूंगा।"

विजय- "कब और कैसे?"

एमपी- "यह किया जाएगा।"

विजय- "मैं यहाँ आप को यह बताने आया हूँ कि, मैंने आप को नौकरी के लिए पैसे मांगते हुए देखा और आप का सभी वार्तालापों का वीडियो रिकॉर्ड किया है। और मैं इसे सतर्कता आयोग को भेज दूंगा।"

एमपी का चेहरा लाल हो जाता है। अपने आदमियों को उसे पकड़ने का आदेश देता है।

विजय- "मैं झूठ बोल रहा हूँ, मैंने कोई वीडियो रिकॉर्ड नहीं किया है, आप मुझसे ज्यादा डरते हो, मैं उलझन में था कि मैं सबसे डरने वाला इंसान हूँ। आप, शक्तिशाली होने के बावजूत, आप में डर है। आप संविधान और विधिसम्मत व्यवस्था से डरते हैं। सिर्फ इतना बताना, कि मैंने एक वीडियो रिकॉर्ड किया है, आपको घुस्से से लाल कर दिया।"

विजय ने उठी आवाज और विश्वास में कहा- "सर, हमने आपको चुना है, प्रतिनिधित्व करने के लिए। ताकत मेरे पास है, आप मेरी समस्याओं को सुनेंगे। अगर मैं कुछ भी गैरकानूनी करने के लिए कहता हूं तो यह मत करो। लेकिन अगर मेरी बात वैध है, तो बहादुर के पक्ष में खड़े हो जाओ, न कि उस तरफ जो आपको डराएगा। यदि आप संसद में हमारे मामले का प्रतिनिधित्व करते हैं, तो आप बहादुरों के पक्ष में होंगे, न कि कायरों के पक्ष में

जो हर चीज के लिए झूठ बोलते हैं। मैं यहाँ से जा रहा हूँ; यह लिखित में मेरा प्रतिनिधित्व है वापस जवाब दे। धन्यवाद।"

विजय जीवन में कभी भी इतना आत्मविश्वासी नहीं था। उनके चलने-फिरने और रवैये में उनका आत्मविश्वास उनकी आवाज में देखा जा सकता है। वे अपने घर चले जाते हैं। विजय, बेटी, उनकी पत्नी और आजाद बोर्ड गेम खेलते हैं। वे संविधान पर अपने बोर्ड गेम का आनंद लेते हैं। खेलते समय विजय पत्नी से पूछता है, "तुम्हारी ट्रक ड्राइविंग कक्षा कैसे चल रही हैं?"

पत्नी ने जवाब दिया, "बहुत बढ़िया। मैं अब ट्रक चला सकती हूं। मैं धीरे-धीरे आत्मविश्वास हासिल कर रही हूं। हर दिन एक ड्राइविंग क्लास होती है। मैं खुश महसूस कर रही हूं। मैं ऐसी चीजें कर सकती हूं जो कई महिलाएं नहीं कर सकतीं।"

18

संवैधानिक विधि के माध्यम से समान संरक्षण।

अगले दिन

अगला दिन आता है। विजय अपने बिस्तर से उठ जाता है। बेटी स्कूल के लिए तैयार हो रही है। बेटी ने एक विज्ञान परियोजना बनाई। उसके स्कूल के लिए एक छोटा सा डेमो प्रोजेक्ट। अपने संघर्ष में व्यस्त विजय के पास बेटी के विकास को देखने के लिए कोई समय और रुचि नहीं थी। वह अपनी बेटी से पूछता है, "आपने क्या बनाया है?"

बेटी- "यह मेरे विज्ञान परियोजना के लिए है। यह एक छोटा इलेक्ट्रॉनिक उपकरण है, इसमें एक छोटी मोटर, एक बैटरी है और एक चलने योग्य हाथ से जुड़ा हुआ है।"

विजय- "इस प्रोजेक्ट का क्या फायदा हैं?"

बेटी- "यह फर्श साफ़ करने वाली मशीन का मॉडल है। यदि बड़ा बनाया जाता है, तो यह मेरी मां के लिए फर्श को साफ करने में मदद कर सकता है।"

विजय- "तुमने अकेले ही इसे बनाया है?"

बेटी- "मेरी माँ ने मुझे इसे बनाने में मदद की।"

विजय डिजाइन को देखता हैं बहुत ही सरल, एक छोटी सी 5-वोल्ट मोटर एक लोहे की छड को आगे-पीछे हिलाती है। ऐसा लगता है जैसे यह फर्श को साफ कर सकती है। इस बार सोनम को स्कूल जाने की जल्दी है। अगर उसका प्रोजेक्ट सबसे बढ़िया है तो उसे पहिला पारितोषिक मिल सकता है। वह स्कूल के लिए निकल जाती है।

विजय तैयार हो जाता है और आजाद के साथ कार्यालय के लिए मोटरसाइकिल पर निकलता है। वे सड़क पर भीड़ भरी यातायात के बिच से आगे बढ़ते हैं। इस बार विजय के पास लोगों की तरफ देखने के लिए एक नया नजारा था, "देखो, लोग अपने काम पर जाने, पैसे कमाने और खुशहाल जिंदगी जीने के लिए जॉम्बी की तरह इधर-उधर घूम रहे हैं, लेकिन

हर किसी को दर्द है। हर कोई अपने जीवन में संघर्ष कर रहा है लेकिन उन्हें शांति और खुशी नहीं मिल रही है।" जिस पर आजाद ने जवाब दिया, "सही है।"

विजय ऑफिस में प्रवेश करता है। उनके वरिष्ठ कर्मी आयकर रिटर्न फाइल करने पर चर्चा कर रहे हैं।

उनके सीनियर ने विजय से पूछा, "आप किस स्लैब में फिट बैठते हैं?"

विजय उलझन में पड़ गया। सीनियर कहता हैं, "विजय, सरकार ने आयकर में स्लॉट बनाए हैं। अगर आप सालाना एक निश्चित राशि से नीचे हैं, तो आपको कोई आयकर नहीं देना होगा। आप दूसरे स्लॉट में हैं, आपको थोड़ा कर का भुगतान करना होगा। तीसरे स्लॉट में, आपको अधिक कर का भुगतान करना होगा।"

अपने सहयोगियों से वरिष्ठ कहता हैं, "यह प्रणाली अन्यायपूर्ण है, हम बहुत मेहनत करते हैं और हमें अधिक कर का भुगतान करना पड़ता है और देखो विजय जैसे लोगों को बहुत कम या कोई कर नहीं देना पड़ता है।"

"आह!" विजय जवाब देता हैं। उन्हें समझ नहीं आ रहा था कि 80 हजार रुपये प्रति माह कमाने वाले उनके सीनियर को 35 हजार रुपये कमाने वाले व्यक्ति से जलन क्यों हो रही है। जो व्यक्ति अधिक कमाता है वो अधिक कर का भुगतान करता है। जो कम कमाता है वो कम कर का भुगतान करता है । यह प्रणाली अन्यायपूर्ण कैसे हो सकती है?

वह सोचता है कि अगर यह अन्याय है तो न्याय क्या है? क्या न्याय कम वेतन वालो को अधिक कर का भुगतान करना में हैं? क्या न्याय अधिक वेतन वालो को कम कर का भुगतान करने में? हो सकता है कि भले ही व्यवस्था को न्याय देने के लिए बनाया गया हो, लोग इसे अन्याय के रूप में देखते हैं।

विजय फिर आशीष के डेस्क की ओर बढ़ता है और अभिवादन करता है, "जीवन कैसा चल रहा है मेरे दोस्त?"

आशीष- "बढ़िया, पहले तो यह बताइए, अपनी बेटी को न्याय दिलाने के लिए आपने क्या किया?"

विजय- "मैंने संसद सदस्य को पत्र लिखा।"

आशीष- "इस प्रतिनिधित्व का क्या फायदा? हमारी पीढ़ियों ने सरकार को पत्र लिखे हैं, विभिन्न समस्याओं के बारे में शिकायत की है लेकिन कोई समाधान नहीं हुआ है। ब्रिटिश काल में भी नरमपंथि ब्रिटिश सरकार से लाभ मांगने के लिए पत्र लिखते थे लेकिन उन्हें 'थेंगा' (कुछ भी नहीं) मिला।"

विजय- "लेकिन अंग्रेजों ने नरमपंथियों के प्रतिनिधित्व या मांगों को पूरा क्यों नहीं किया?"

आशीष- "किसी ने परवाह नहीं की, इसीलिए कई क्रांतिकारी तरीकों की ओर मुड गए।"

विजय- "अगर अंग्रेजों ने नरमपंथियों की समस्याओं पर ध्यान दिया होता और उन्हें लागू किया होता तो क्रांतिकारी गतिविधि नहीं होती। उनमें से अधिकांश खुश होते।"

आशीष- "तुम सही कह रहे हो। अगर अंग्रेजों ने लोगों की समस्याएं सुनी होतीं। अर्थव्यवस्था की देखभाल की होती और भारत का विकास किया होता, तो कोई मुद्‌दा नहीं था।"

विजय- "एक मुद्‌दा था। लोगों का कोई प्रतिनिधित्व नहीं था। जनता सत्ता चाहती है। वे निर्णय लेने में अपनी भागीदारी चाहती हैं। वे उनके हिस्से का हिस्सेदारी चाहती हैं।"

आशीष- "प्रिय विजय, अब आपकी समस्या राजनीतिक समस्या में स्थानांतरित हो गई है। हम न्याय के लिए अपने मिशन से भटक रहे हैं।"

विजय- "हो सकता है कि न्याय और राजनीति सब आपस में जुड़े हों।"

विजय ऑफिस में मेहनत करता है। वह जानता हैं कि पदोन्नति जल्द ही होने वाली है। अपने बॉस के ऊपर चिल्ला कर उन्होंने पहले ही अपने प्रमोशन की संभावनाओं को कम कर दिया हैं।

विजय अपना काम पूरा होने के बाद वह अपने घर चला जाता है। टीवी चालू करता है। टीवी पर संसद सत्र को दिखाया जा रहा है। कल उसके इलाके के जिस सांसद से उसने मुलाकात की थी, वह टीवी पर हैं। उस सांसद के बोलने की बारी थी,

एमपी- "माननीय स्पीकर महुदय, इस प्रश्नकाल में मेरा सवाल है, सरकार ने चिकित्सा उपचार की लागत को कम करने के लिए क्या किया है? मुझे लोगों की कई शिकायतें मिली हैं कि इलाज का खर्च इतना बढ़ गया है कि कई परिवार गरीबी के कगार पर हैं। कइयों ने कर्ज निकाला है और साहूकारों के जाल में फंस गए है। कइयों को अपना घर बेचना पडा। मुझे कुछ अभ्यावेदन प्राप्त हुए जिसमें कहा गया है कि अस्पताल केवल अधिक पैसा बनाने के लिए नकली ऑपरेशन और चिकित्सा उपचार कर रहे हैं। गरीब लोगों के सबूत और ज्ञान के अभाव में। अस्पताल आम आदमी की जिंदगी से खिलवाड़ कर रहे हैं। इस मामले को देखने के लिए कुछ व्यवस्था करने या जांच करने या एक समिति गठित करने का सुझाव देता हूं। मैं उपचार के मामलों में अस्पतालों के लिए एक नियामक निकाय और एक रूपरेखा बनाने का भी सुझाव देता हूं। इस तरह का उपचार न्यायपूर्ण और निष्पक्ष होना चाहिए।"

विजय बेहद खुश महसूस करता है। उन्होंने उसके प्रतिनिधित्व को सुना। उनकी आवाज संसद में उठाई जाती है। जिन लोगों को महंगा चिकित्सा उपचार करना पड़ता है, उन्हें इसका लाभ मिलेगा। वह प्रीतम के बारे में सोचता है, जैसा कि उन्होंने कहा- न्याय न केवल अपराधी को सजा देना है बल्कि एक संवैधानिक पद्‌धति के माध्यम से एक प्रक्रिया का निर्माण करना है जो सभी को न्याय प्रदान करे।

सभी व्यक्ति जिन्हें चिकित्सा संबंधी समस्याएं हैं, वे उसकी तरह परेशानियों में नहीं पड़ेंगे। इससे अगली पीढ़ी को न्याय मिल सकता है जिसके वह हकदार है। कोई हिंसक लड़ाई नहीं की गई, कोई निष्क्रिय प्रतिरोध और रैलियां नहीं की गईं, कोई हड़ताल नहीं की गई, कोई अवांछित बहस और चर्चा नहीं की गई। भारत के सर्वोच्च मंदिर में उनकी प्रार्थना सुनी गयी।

लेकिन जो राजनेता हर काम को करने के लिए पैसे मांगता था, उसने उसे मुफ्त में क्यों किया। शायद ऐसा इसलिए क्योंकि विजय की बातें उसके दिल में लग गई। हो सकता है कि सांसद ने संवैधानिक नैतिकता की भावना विकसित की हो। संवैधानिक नैतिकता में शक्ति है। सुपरमैन की तुलना में अधिक शक्तिशाली है। विजय के दिल में उस सांसद के प्रति सम्मान बढ़ा। अगली बार वह केवल उस व्यक्ति को वोट देंगा जिसके पास संवैधानिक नैतिकता है।

रात के 1030 बजे हैं, सोने का समय है। विजय बिस्तर पर चला जाता है।

19

भाईचारे का विकास

सपना- 15

विजय अपनी आँखें खोलता है। वह अपने आप को अलगाववादियों का समूह में पाता है। अलगाववादियों का समूह जो भारत से एक अलग स्वतंत्र क्षेत्र की मांग करता है। वे अपने हाथों में पूरी तरह से भरी बंदूकें लिये हैं। भारत के संपत्तियों पर हमला करने के लिए तैयार। वह 10 लोगों की बैठक में बैठे हैं।

अलगाववादियों में से एक कहता है, "स्वतंत्रता के लिए रक्त की आवश्यकता होती है, सही रूप से रक्त। ब्रिटिश काल में नरमपंथियों के साथ क्या हुआ? वे सरकार को पत्र लिखते रहे, वे प्रतिनिधित्व लिखते रहे, उन्होंने कहा कि हमें समस्या है, हमें देखो। क्या अंग्रेजों ने समस्याओं का समाधान किया? जवाब है- नहीं। अंग्रेजों ने प्रतिनिधित्व के माध्यम से भारत की समस्या का समाधान नहीं किया। न तो प्रतिनिधित्व हमारे मुद्दों को हल कैसे कर सकता हैं।"

अलगाववादी- "देखो, भारत सरकार ने हमारे साथ कैसा व्यवहार किया। सरकारी नौकरियों में हमारे साथ बराबरी का व्यवहार नहीं किया जाता है। न ही हमारे पास बोलने के लिए आवाज है। हमारा जीवन बर्बाद हुआ है। पूरी तरह से बर्बाद। उन्हें हमारे लोगों की परवाह नहीं है, केवल पैसे और शक्ति की परवाह है।"

देखो, यह मेरी भूमि है। और हम अपनी भूमि पर शासन करना चाहते हैं। हमारी अलग-अलग संस्कृतियां और परंपराएं हैं। सरकारी अधिकारी हमारी ओर कोई ध्यान नहीं देते। रिश्वत लेते हैं, हमारे साथ गुलाम की तरह बर्ताव करते हैं, हम उनकी सरकार पर भरोसा कैसे कर सकते हैं। हम सरकार से आजादी चाहते हैं और अब हम खुद ही ऐसा करेंगे। हम अपनी स्वायत्तता के लिए सरकार के खिलाफ लड़ेंगे।"

अलगाववादी- "यह लड़ाई लंबी होगी, मेरे दादाजी लड़े, मेरे पिता लड़े और अब मैं लड़ूंगा। प्रतिनिधित्व का कोई उपयोग नहीं। स्वतंत्रता के लिए खून की जरूरत होती है। इतिहास हमें

बताता है कि स्वतंत्रता के लिए रक्त की आवश्यकता होती है।"

विजय- "आप और इस क्षेत्र के लोग इस खूनी लड़ाई के कारण तबाह हो गए हैं। कितने लोग मारे गए हैं? कितनी पत्नियों ने अपने पति खो दिए। तथाकथित स्वतंत्रता के लिए आपकी पीढ़ियों ने इस युद्ध में कई जानें खो दी हैं। फिर भी दर्द जारी है। आप अपनी स्वतंत्रता को आगे नहीं बढ़ा रहे हैं बल्कि आप अपनी अगली पीढ़ियों तक पीड़ा को ले जा रहे हैं। यह पीड़ा पीढ़ियों तक जारी रहेगी।"

विजय- "दर्द और पीड़ा यह समय की यात्रा में बढ़ जाती है। इस रास्ते काट दो। आपके पास इस देश पर शासन करने की पूरी शक्ति है। एक प्रणाली बनाई गई है। एक वैध प्रणाली। आपको इसके लिए चुनाव में खड़े होना हैं, लोगों की सेवा करना हैं और मतदान करना हैं। उचित प्रतिनिधित्व करें। बस। जब संवैधानिक तरीके उपलब्ध हैं, तो क्रांति के इन खूनी तरीकों को त्याग दो। बदला लेने का यह भाव आपको कभी भी मुक्त नहीं होने देगा।"

मैं आप की तकलीफ को समझ सकता हूं, कई सरकारी अधिकारी सिर्फ इसके लिए नौकरी कर रहे हैं ताकि वे पैसे कम सके। रिश्वत और अवांछित कारणों से लोगों को परेशान कर रहे हैं। उनमें संवैधानिक नैतिकता का अभाव हैं। इसके बावजूद हमें उम्मीद है। व्यवस्था हमारे लिए बनाया गया है। सरकार का कर्तव्य है कि आपकी समस्याओं को सुनें, अगर वे नहीं सुनते हैं, तो हमारे पास उन्हें सुनाने का एक तरीका है। हमारे पास संवैधानिक तरीका है।

ठीक है, अगर आपके क्षेत्र को क्रांतिकारी तरीकों से स्वतंत्रता मिलती है तो आप क्या करेंगे? आप इस प्रणाली को कैसे नियंत्रित करेंगे?"

अलगाववादी- "हमारे पास हमारी परंपराएं और पुराने नियम हैं।"

विजय- "मुझे पुराने नियम बताओ?"

अलगाववादी- "आ... हम साथ में रहेंगे, कोई बाहरी हस्तक्षेप नहीं होगा।"

विजय- "तुम कैसे जिंदगी चलाओगे?"

अलगाववादी- "हमारे पास व्यापार करने के लिए कई चीजें हैं?"

विजय- "जैसे।"

अलगाववादी- "हम चावल उत्पादन करेंग, मिट्टी के बर्तनों को बेचेंगे।"

विजय- "क्या यह आपको मुक्त करने के लिए पर्याप्त है।"

अलगाववादी- "हम अपने समूह में से नेता का चयन करेंगे।"

विजय- "फिर वो क्या करेगा?"

अलगाववादी- "वह हमारा मार्गदर्शन करेंगे।"

विजय- " मार्गदर्शन किस लिए?"

विजय- "देखिए, आपकी दृष्टि स्पष्ट नहीं है। आपको बस एक दर्द है। दर्द क्योंकि आपको लगता है कि न्याय आपके पक्ष में नहीं है। दर्द से राहत के लिए एक तंत्र हैं और वे भी सरल तंत्र। अपने दर्द को न बढ़ाएं। अगर कोई नौकरशाह आपको परेशान करता है, रिश्वत मांगता

है, और कुछ देने को कहता है, तो यह लापरवाही देश की स्थिरता के लिए एक बड़ी कीमत चुका रही है। उसके लिए 100 रुपये की रिश्वत एक बड़ी बात हो सकती है, लेकिन नागरिकों का व्यवस्था में से विश्वास उठ जाता है, भले ही हमारे पास उस विश्वासघात को रोकने की प्रणाली हो।"

विजय- "संवैधानिक नैतिकता का विकास करो मेरे दोस्त। यह एक स्वतंत्र देश है; लोकतंत्र लोगों के सभी समूहों और उनकी परंपराओं को सम्मान देता है। सिर्फ इसलिए कि एक व्यक्ति ने आपके साथ गैरकानूनी व्यवहार किया, इसका मतलब यह नहीं है कि पूरी प्रणाली अन्यायपूर्ण है। न्याय हमारे संविधान का आधार है। न्याय के लिए वैध मार्ग का पालन करें।"

सपना टूट जाता हैं। विजय उठ जाता है। घड़ी को देखता है, सबेरे के 06:30 बजे है। ऑफिस के लिए तैयार होने का समय आ गया है। विजय के मोबाइल की घंटी बजती है। वह कॉल प्राप्त करता है। आजाद दूसरी तरफ से चिल्लाते हुए कहते हैं, "विजय क्या तुमने आज अखबार पढ़ा, आज की खबर बहुत खास है। हमारा प्रतिनिधित्व सुना गया है, सरकार ने चिकित्सा व्यय को नियंत्रित करने के लिए एक योजना बनाई हैं और साथ में चिकित्सा ऑडिट होगा। प्रीतम ने जो कहा था वो सही निकला- न्याय हमारे पक्ष में है। उस राजनीतिक नेता ने हमारे पक्ष में क्यों बात की?"

विजय- "संवैधानिक नैतिकता, वह सामाजिक व्यवस्था जिसमें न्याय दिया जाएगा।"

आजाद और विजय अब खुश थे कि आखिरकार उन्हें न्याय मिला, न केवल उनके लिए बल्कि उनके जैसे सभी लोगों के लिए। विजय आजाद के साथ ऑफिस के लिए रवाना होने के लिए तैयार हो जाता है। इस बार वह खुशी महसूस कर रहा है। उसके चेहरे पर बहने वाली हवाएं खुश हैं। सड़क पर मौजूद हर व्यक्ति खुश है। उनके लिए पूरी दुनिया खुश नजर आ रही थी।

यह सब बात वह ऑफिस में बताता है। सहकर्मी ने उन्हें बधाई दी। न्याय देने के लिए जो व्यवस्था तैयार की गई थी, उसने काम किया। प्रीतम ने जो कहा वह सही था, संस्थापक पिताओं के ज्ञान पर भरोसा करो। लोकतंत्र में विश्वास प्रबल होना चाहिए। लोकतंत्र न्याय प्राप्त करने का सही तरीका है।

ऑफिस में खुशी-खुशी अपना काम पूरा करने के बाद वह प्रीतम के घर चला जाता है। वह इस अच्छी खबर को और सरकार द्वारा बनाई गई नीति के बारे में बताते हैं।

प्रीतम सच्चाई और नैतिकता के बारे में अधिक बताता है। वह बोलते हैं, "संवैधानिक नैतिकता का सामान्य सिद्धांत यह है कि यह वहां काम आता है जहां मनुष्य, मनुष्य के संबंध में आता है।

धर्म से संबंधित मामलों में। नैतिकता शांति और व्यवस्था बनाए रखने के लिए एक साइडवाइनडर के रूप में धर्म में आती है। धर्म एक त्रिकोणीय टुकड़ा है। पड़ोसियों के साथ अच्छा व्यवहार करें क्योंकि आप दोनों भगवान की संतान हैं। यह इसके साथ जुड़ा एक ट्रेन

का डिब्बा है। यह जरुरत के हिसाब से जुड़ता और अलग होता हैं। इसलिए धर्म के व्यवहार में नैतिकता की कार्रवाई आकस्मिक और जरुरत के हिसाब से होती है।

सबसे बेहतरीन नैतिकता विकसित करने के लिए सबसे सरल उत्तर संवैधानिक नैतिकता को अपनाना हैं। दूसरे शब्दों में, संवैधानिक नैतिकता वर्तमान सामाजिक नैतिकता की जगह लेती है। कुछ भी अचूक नहीं था और कुछ भी अंतिम नहीं हो सकता। जब भी पुन: परीक्षा और पुनर्विचार के लिए आधार उत्पन्न होता है तो सब कुछ फिर से परीक्षा और पुनर्विचार के लिए खुला होना चाहिए। मनुष्य को सत्य और वास्तविक सत्य को अवश्य जानना चाहिए। विचारों की स्वतंत्रता इस के लिए सबसे आवश्यक बात है। और विचारों की स्वतंत्रता सत्य की खोज करने का एकमात्र तरीका हैं। पुरानी मान्यताओं और सामाजिक परिस्थितियों और पारंपरिक नैतिकता को अचूक मानने का मतलब है विचारों की स्वतंत्रता से पूरी तरह इनकार करना।

सच्चे त्याग और झूठे बलिदान के बीच अंतर है। दूसरों की भलाई के लिए स्वार्थ त्याग के रूप में बलिदान सच्चा बलिदान है। व्यक्तिगत लाभ के लिए भगवान को भेंट के रूप में एक जानवर को मारने के अर्थ में बलिदान एक झूठा बलिदान है। जाति व्यवस्था 'पसंद और स्वतंत्रता' को प्रतिबंधित करती है। उन्हें ज्ञान के अधिकार से वंचित करती हैं, जिसके परिणामस्वरूप उनके ऊपर थोपे गए अज्ञानता के कारण वे महसूस नहीं कर सकते थे कि उनकी स्थिति इतनी खराब हो गई थी।

मनुष्य नियति का गुलाम बन जाएगा। वह खुद को मुक्त नहीं कर सकता। अगर लोग केवल भाग्य और किस्मत पर भरोसा करते हैं। यदि मनुष्य शारीरिक सुखों में इस प्रकार लिप्त हो कि उसका जीवन केवल खाने-पीने और आनंद करने के लिए है। यह जीवन एक सकारात्मक दर्शन के बिना है। अत्यधिक तप के माध्यम से शरीर में अधिक शारीरिक दर्द डालना और समाज से छुटकारा पाना और इससे कोई संबंध नहीं रखना। ये सभी उन पुरुषों के विचार हैं जो निराशाजनक, असहाय और लापरवाह हो जाते हैं।

मानव जाति अपने स्वार्थ पर अभिभूत है और इसमें प्रसन्नता और आनंद लेती है। मानवजाति के लिए स्वार्थ के ऊपर सच्चाई बनाने वाली सिद्धान्त को स्वीकार करना कठिन है। दुनिया में अनचाही और गैरकानूनी इच्छाओं के कारण दुःख है।

यदि कोई व्यक्ति यह नहीं जानता कि वह गिर गया है, तो परिणामस्वरूप वह हमेशा गिरा रहता है। कैदी यह नहीं देख सकता कि वह एक कैदी है।

समूह सेट-अप एक व्यक्ति को मन की स्थिरता प्राप्त करने से रोकता है जो केवल तभी संभव है जब समाज में सामान्य आदर्श, सामान्य मॉडल हों। उनके विचारों को भटकाया जाता है, और ऐसा दिल दिमाग बनाता है जिसकी देखने की नजरिया मजबूर और विकृत हो जाती है। दूसरी बात, अलग अलग समूह की स्थापना भेदभाव और अन्याय की ओर ले जाती है। समूह सेट-अप लोगो के वर्गी को अलग अलग स्तरो में बाट देता है। जो स्वामी होते हैं वे स्वामी रहते हैं और जो गुलामी में पैदा होते हैं वे गुलाम बने रहते हैं। मालिक मालिक बने हुए

हैं और श्रमिक, श्रमिक बने हुए हैं। विशेषाधिकार लोगो के पास विशेषाधिकार प्राप्त होता है और बंधुआ मजदूर, बंधुआ मजदूर रह जाता हैं। इसका मतलब है कि कुछ के लिए स्वतंत्रता होती है लेकिन सभी के लिए नहीं। इसका मतलब है कि कुछ के लिए समानता होती है लेकिन बहुसंख्यक के लिए नहीं। उपाय क्या है? एकमात्र उपाय जो भाईचारे को सार्वभौमिक रूप से प्रभावी बनाने में निहित है।

बिरादरी क्या है? यह और कुछ नहीं बल्की मनुष्य के लिए भाईचारे को बनाये रखने का एक और नाम है, जो नैतिकता का दूसरा नाम है। इसलिए संविधान नैतिकता का उपदेश देता है और संविधान पवित्र है इसलिए संवैधानिक नैतिकता भी।

ऐसा नहीं है कि दलों के बीच कोई नैतिकता नहीं है। व्यवसायियों में नैतिकता है। साथी कलाकारों के बीच नैतिकता है। और लुटेरों के गिरोहों के बीच नैतिकता है। लेकिन यह नैतिकता अलगाव, और अनन्यता बना रही है। समूह हित की रक्षा करना नैतिकता है। इसलिए यह असामाजिक है। यह इस तरह की नैतिकता का अलगाव और अनन्यता है जो इसकी असामाजिक भावनाओं को राहत में फेंकती है।

एक समूह नैतिकता का पालन इसलिये करता है क्योंकि इसकी रक्षा करने के लिए इसका अपना हित है। यदि समाज में असामाजिक समूह शामिल होते रहे तो समाज एक अव्यवस्थित और एक गुटीय समाज बना रहेगा। समाज की अव्यवस्थित और भिन्नात्मक व्यवस्था का खतरा यह है कि यह कई अलग-अलग मॉडल और मानकों को स्थापित करता है। सामान्य मॉडल और सामान्य मानकों की अनुपस्थिति में समाज सामंजस्यपूर्ण संपूर्ण नहीं हो सकता है। इस तरह के तिभिन्न मॉडलों और मानकों के साथ, व्यक्ति के लिए मन की स्थिरता प्राप्त करना असंभव है। एक समाज जो अपने तर्कसंगत या आनुपातिक दावे के बावजूद दूसरे पर एक समूह की सर्वोच्चता पर टिकी हुई है, अनिवार्य रूप से संघर्ष की ओर ले जाती है। संघर्ष को रोकने का एकमात्र तरीका नैतिकता के सामान्य नियम हो जो सभी के लिए पवित्र हो। नैतिकता के ये सामान्य नियम जो सभी व्यक्तियों और उनके तथाकथित समूहों को एक साथ बना सकते हैं, वह भारत का संविधान है।

कल्पना कीजिए कि यदि आप को जीवन भर के लिए एक कमरे में बंद कर दिया जाये तो। आपको क्या नहीं करने दिया जायेगा? आप को जो नहीं करने दिया जायेगा वह हैं, किसी के दोस्त के साथ बात करना, परिवार और समाज के साथ रहना, अपने पसंदीदा कपड़े पहनना, अपने पसंदीदा संगीत को सुनना या कई त्योहारों का आनंद लेना। हर वो खुशी जो आपके जीवन का हिस्सा हैं उसे जीना। जहां आप चाहें वहां जाना। मशीन का आविष्कार करना, जो आप विकसित करना चाहते हो। जीवन में सफल होने के लिए आप ने जो सपने देखे हैं उसे करना।

कल्पना कीजिए कि, आप मजबूर है और आप एक कमरे में अकेले बंद कर दिया, आप यह नहीं जानते कि आप को कब रिहा किया जाएगा। अब आप क्या करोगे? किस के पास जाओगे? तुम्हे बचाने कौन आएगा।

संविधान आपको गुलामी से बचाता है और पसंद और गरिमा के साथ जीवन जीने का अधिकार प्रदान करता है।

मेरे लिए वास्तविक स्वतंत्रता भय से स्वतंत्रता है और जब तक आप भय से मुक्त जीवन नहीं जी सकते, तब तक आप एक गरिमापूर्ण मानव जीवन नहीं जी सकते हैं।

ये गहरे विचार हैं जो हमें रूक कर उनके निहितार्थों पर विचार करने के लिए प्रेरित करते हैं। यदि हमारा कार्य वैध है, और हमारे विचार सभी के विकास के लिए हैं। हमारे पास यह समर्थन करने के लिए मात्रात्मक डेटा है कि यह सभी के लिए न्याय के लिए किया गया है। फिर हमें अन्य लोगों की राय, या प्राधिकरण के दृष्टिकोण, या हमारे समुदाय के सदस्यों की प्रतिक्रियाओं से डरना नहीं चाहिए। उन चीजों के लिए जो हम करना चाहते हैं, भले ही लोग हमें हमारे दिमाग की बात कहने के लिए चिढ़ाते रहे। निडर का मतलब यह नहीं हैं की असंवैधानिक तरीके से अपने विश्वास को दुसरे पर थोपा जाय। संविधान में आपके विचारों और मान्यताओं को सुनने का एक तरीका है। अपने विचारों को लागू करने के लिए संवैधानिक विधि का उपयोग करें। यदि आपके विचारों को लागू नहीं किया जाता है। तो फिर किसी अन्य व्यक्ति के लिए सम्मान कम नहीं होना चाहिए। दूसरों के भी विचार हैं।"

विजय के लिए यह ज्ञान का स्तर उसके सिर से ऊपर जा रहा है। इसके बावजूद वह कुछ समझ सकता था। अपने न्याय के लिए खड़े हो जाओ। दूसरों के साथ कुछ भी गलत न करो। यदि आप सही हैं, तो अपने प्रति किसी दुसरे के दृष्टिकोण के वजह से अपने जीवन को बर्बाद न होने दें। उस विषय और वस्तु को ढूंढें जो आपको गुलाम की तरह जीने के लिए मजबूर करता है। आजाद होने के बावजूद भी हमने खुद ही अपने जीवन को गुलाम बना लिया। मुक्ति के शक्ति को पहचानो।

विजय और आजाद प्रीतम द्वारा दी गई चाय पीते हैं। विजय और आजाद का घर जाने का समय आ गया है। वे रजा मांगते हैं और अपने घरों की ओर बढ़ते हैं।

विजय घर पहुंचता है। बेटी दरवाजा खोलती है। वह अपनी पत्नी को ढूडता हैं। वह देखता हैं की पत्नी घर पर नहीं हैं। तभी वह एक ट्रक की आवाज सुनता है। वह दरवाजे के बाहर देखता है। पत्नी ट्रक से नीचे उतर रही है। पत्नी अपनी ड्राइविंग क्लास के लिए नियमित रूप से जा रही है। कई लोगों ने उसके साहस की प्रशंसा की।

रात 10:00 बजे विजय बिस्तर पर जाता है, सोने के लिए तैयार होता है। पत्नी बर्तन धोकर मुस्कुराते हुए कमरे में आती हैं। विजय पत्नी की तरफ देखता है, वो आज भी जवान दिख रही है जैसा कि उसने अपने कॉलेज के दिनों में देखा था। विजय अपने कॉलेज के दिनों के बारे में सोचता है। रोमांटिक लहजे में वह पत्नी से पूछता है, "क्या तुम जानते हो कि आज की क्या विशेषता है?"

पत्नी- "मुझे पता है, आज ही के दिन, 14 साल पहले पहली बार हम मिले थे।"

विजय- "ठीक है, तुम वैसे ही दिखती हो जैसी तुम अपने कॉलेज के दिनों में दिखती थी।"

विजय अपनी भावनाओं को व्यक्त करते हुए कहते हैं, "तुम कठिन समय में भी हमेशा मेरे साथ रहे। तुमने मेरे लिए अपने माता-पिता को छोड़ दिया। तुमने अपना करियर और अपने सपनों को छोड़ दिया ताकि हमारी बेटी की देखभाल कर सको।"

पत्नी- "मैं हमेशा से अपने शौक और रुचियों को विकसित करना चाहती थी। नौकरी करके परिवार के लिए पैसे कमाना चाहती थी। लेकिन मैंने कभी हिम्मत नहीं की। लेकिन मैं अब अपने करियर की शुरुआत कर सकती हूं। आपने एक सफाई मशीन के बारे में बताया था और मैंने कहा कि मैं उस मशीन को बना सकती हूं। मैंने तय किया है कि मैं उस मशीन को बनाऊंगी।"

विजय- "क्या तुम सफाई की मशीन बनाओगे! वाह! शुभकामनाएं मेरी प्यारी पत्नी और आपके नए जीवन के लिए बधाई।"

विजय रोमांटिक हो जाता है। विजय पूरी रफ्तार से चलते हुए सीलिंग फैन की तरफ देखता है। जबकि पत्नी पसीने से तर-बतर विजय की ओर देखती है। इतने दिनों के बाद उनके पास तनाव से मुक्त होकर अपना खुशी समय बिताने का वक्त मिला ।

विजय रात के 11:30 बजे समय के लिए मोबाइल देखता है। वह पत्नी से बात करता रहता है, वह अपने पिछले कॉलेज जीवन को याद करता है और कहता है, "क्या आपको हमारी पहली मुलाकात याद है? मैंने आपको पहली बार अपने नाटक के लिए अपनी स्क्रिप्ट का अभ्यास करते हुए देखा। आप अन्य लड़कियों से अलग दिखती थी।" पत्नी विजय को चूमती है और कहती है, "शुभ रात्रि स्वीटहार्ट। मुझे सुबह जल्दी उठना है।"

विजय का मन अपने कॉलेज जीवन में फ्लैशबैक की ओर जाता है। जिस दिन उसने पहली बार अपनी पत्नी को देखा था। प्राची अपने अंतिम वर्ष में एक इंजीनियरिंग कॉलेज में पढ़ने वाली एक सुंदर कॉलेज की लड़की थी। और वह कॉमर्स कॉलेज में पढ़ता था। वे एक इंटरकॉलेज थिएटर प्रतियोगिता में मिले थे। प्राची एक खाली ऑडिटोरियम में अपनी स्क्रिप्ट का प्रैक्टिस कर रही थी। वह अंदर गया। उसकी तरफ देखा। उसके लिए एक आकर्षण महसूस किया। प्रैक्टिस करते समय उसने उसे देखा। वह लगातार उसे देखता रहा। उन्होंने थिएटर प्रतियोगिता की अवधि के दौरान उसका ध्यान आकर्षित करने के लिए सभी कोशिश की। उसके बारे में आवश्यक जानकारी एकत्र की। जैसे-जैसे दिन बीतते गए, विजय सिर्फ उसे देखने के लिए इंजीनियरिंग कॉलेज के गेट के पास खड़ा हो जाता था। प्राची उसे देखा करती थी। धीरे-धीरे आकर्षण प्यार में बदल गया। मिलना जुलना शुरू हो गया। वे उपहारों और विचारों का आदान-प्रदान करने लगे। वे इतने प्यार में थे कि उन्होंने शादी करने का फैसला किया। लेकिन माता-पिता को कैसे मनाया जाए। विजय ने प्राची के बारे में अपने माता-पिता को बताया। वह उससे शादी करना चाहता था। लेकिन पिता ने यह कहते हुए इनकार कर दिया कि वह हमारी जाति से संबंधित नहीं है। यही स्थिति प्राची के साथ भी थी। उसके माता-पिता ने भी उसे मना कर दिया। वे घर से भाग गए। दूसरे शहर नागपुर में जाकर एक नया जीवन शुरू किया।

वे उस शहर में रहने के लिए संघर्ष करने लगे। विजय को एक कॉरपोरेट फर्म में नौकरी मिल गई। प्राची को एक इंजीनियरिंग फर्म में नौकरी मिल गई। कुछ समय बाद आय में वृद्धि हुई। 7 महीने के भीतर उनकी आय दोगुनी हो गई। उन्होंने एक घर खरीदने का फैसला किया। उन्होंने शहर के बाहरी इलाके में एक घर के साथ एक भूखंड खरीदा। चूंकि मालिक को उस घर को बेचने की जल्दी थी, इसलिए उसे वह घर सस्ती कीमत पर मिल गया। जब उन्होंने इसे खरीदा था तब उस घर के पास कोई और इमारत नहीं थी। घर छोटा था और क्षतिग्रस्त था। उसने घर के लिए कर्ज निकाला। घर शहर के क्षेत्र से बहुत दूर था। उस इलाके में सिर्फ उसका घर था। वह शहर के बाहर घर नहीं खरीदना चाहता था लेकिन कम कीमत और कम लागत के वजह से यह निर्णय लिया गया।

कुछ महीने बाद वे रजिस्ट्री मैरिज के लिए रजिस्ट्रार के पास गए। रजिस्ट्रार ने कहा, "विजय विवाह आपका मौलिक अधिकार है। संविधान द्वारा गारंटीकृत। आपके पास यह तय करने का पूरा विकल्प है कि आप किससे शादी करना चहते हो लेकिन समाज इस तरह से व्यवहार नहीं करता है। समाज अपनी शक्तियों का प्रयोग करना चाहता है। यह आप पर निर्भर करता है कि आप तय करें कि समाज के मानकों के अनुसार जाना है या संवैधानिक अधिकारों को निष्पादित करना है।" वे मुस्कराए, विजय और प्राची ने एक-दूसरे की ओर देखा। रजिस्टर पर हस्ताक्षर किए। उन्होंने शादी कर ली और खुशी से रहने लगे।

लेकिन खुशी अल्पकालिक थी। अर्थव्यवस्था सिकुड़ गई। अर्थव्यवस्था में ठहराव आ गया। व्यावसायिक बिक्री में गिरावट आ गयी। विजय के पास कम भुगतान पर नौकरी जारी रखने के अलावा कोई चारा नहीं था। उसने नई नौकरी खोजने की हिम्मत नहीं की। संभावना थी कि वह अपने ऋण किस्त भुगतान नहीं कर पायेगा।

पत्नी गर्भवती हो गईं। कोई पारिवारिक समर्थन नहीं था। विजय और उसकी पत्नी को अपने नवजात शिशु की देखभाल करनी थी। प्राची ने नौकरी छोड़ दी। अब पूरा आर्थिक बोझ विजय पर आ गिरा। वह पैसे कमाने की मशीन बन गया। विजय लोन और परिवार के खर्चों को संभाल रहा था। किसी भी तरह, वे 9 साल के भीतर अपने सभी ऋणों को चुकाने में कामयाब रहा।

लेकिन समस्या कभी खत्म नहीं होती। उसे अपनी बेटी के ऑपरेशन के लिए फिर से कर्ज निकालना पडा। वह भी 20 लाख रुपये। फिर से खुशी से जीने का छोटा सा सपना खत्म हो गया।

विजय सोचता रहा उसकी पत्नी बुरे दिनों में भी पत्थर के तरह ठोस उसके साथ खड़ी थी। उसने अपने सपनों को सिर्फ अपनी बेटी के लिए छोड़ दिया। अगर परिवार का समर्थन होता, तो जीवन अलग होता। यदि कोई संवैधानिक नैतिकता होती और मम्मी-पापा समझ सकते कि उनकी पसंद का भी मूल्य है। तो उनका जीवन अलग हो सकता था।

अब फिर से बदलने का समय आ गया है। प्राची को अपने सपने का पीछा करने दो वह सपना जो तथाकथित जीवन के अधिकार में खो गया। उसे चुनने दो। वह क्षेत्र चुनने दो जो

वह चाहता है। और नई चीजों को विकसित करने की क्षमता जिसे वह पसंद करती है। उसे ट्रक ड्राइविंग में पारंगत होने दो।

लेकिन पिता और मां के बारे में क्या? पिताजी अभी भी मुझसे नाराज हैं। सिर्फ एक छोटे से कारण के लिए जिसका इस आधुनिक दुनिया में कोई मूल्य नहीं है। मैं अपने पिता से प्यार करता हूं लेकिन कैसे मनाऊं? एक परिवार को कैसे पूरा करूँ?

"चलो अपने माता-पिता से मिलने चलते हैं", विजय ने सो रही पत्नी से कहा।

नींद भरे स्वर में पत्नी, "सो जाओ, हम कल बात करेंगे।"

विजय के पास सोने के अलावा कोई विकल्प नहीं था।

20

अन्यायपूर्ण विश्वासों को छोड़ दें

सुबह-सुबह। विजय सामान्य से पहले उठ जाता है। पत्नी सो रही है। वह अपनी पत्नी को हिलाता है, "प्रिय, चलो हमारे माता-पिता से मिलने चलते हैं।"

पत्नी अविश्वास में थी। उन्होंने जीवन में कभी भी अपने माता-पिता से मिलने जाने के लिए नहीं कहा। "अब सुबह-सुबह विजय को क्या हुआ," पत्नी ने सोचा। वह जानती है कि विजय के पिता उन्हें कभी अंदर नहीं आने देंगे। वे हम पर नाराज हैं। पिछले 14 सालों से उनके पिता ने उनसे बात नहीं की है। उसके पिता और मां बूढ़े हो चुके हैं। देखभाल की आवश्यकता है। वे अकेले हैं, देखभाल करने वाला कोई नहीं है। सिर्फ इसलिए कि विजय ने लव मैरिज की, जातिगत मान्यताओं के खिलाफ अपनी पसंद की लड़की से शादी की, वे विजय से बात नहीं कर रहे हैं।

विजय बैग पैक करता है, "चलो प्राची चलते हैं। हमें यह 10 साल पहले ही कर लेना चाहिए था। फिर भी, देर नहीं हुई है। हम अपने माता-पिता से मिलने जा रहे हैं।"

पत्नी ने एक शब्द भी नहीं कहा और न ही किसी बात के बारे में बहस की। वह हमेशा समाज की आवश्यकता महसूस करती थी। माता-पिता और प्रियजनों की आवश्यकता है। किसी को रोना हो, मदत करना हो, खुश रहना हो। सबसे बड़ी संपत्ति किसी के पास हो सकती है तो वह हैं परिवार, रिश्तेदार और दोस्त । उनके जीवन से पिता, मां और रिश्तेदार गायब हैं।

वे सभी अपने पिता और मां से मिलने जाने के लिए निकलते हैं। विजय के माता-पिता नागपुर से लगभग 200 किमी दूर एक छोटे से शहर में रहते हैं। वह माता-पिता के घर में पहुंचता है। पिता के घर के गेट के बाहर विजय, बेटी और पत्नी खडी हैं। वह दरवाजे पर दस्तक देता है। पिता दरवाजा खोलते हैं।

पिताजी विजय की ओर देखते हैं और क्रोधित हो जाते हैं, "मेरी नजरो के सामने से दूर हो जाओ।"

विजय- "मेरी बात सुनो पापा।"

पिताजी- "मेरे पास सुनने के लिए कुछ भी नहीं है।"

मम्मी विजय की आवाज सुनकर दौड़ते हुए दरवाजे पर आती हैं।

मम्मी- "विजय, तुम कैसे हो मेरे बेटे?"

विजय- "मैं अच्छा हूँ, मम्मी"

पिता- "वह हमारा बेटा नहीं है।"

विजय के पिता गुस्से में बाहर देखते हैं कि उनकी पत्नी और बेटी बाहर खड़े होकर उन्हें देख रहे हैं।

पिताजी- "तुम उन्हें यहाँ क्यों लाए? यदि तुम अंदर आना चाहते हो। तो उन्हें अपने रास्ते पर जाने दो। यदि तुम दूसरी शादी करने के लिए तैयार हैं और एक बेटा पैदा करने के लिए, तो अंदर आओ।"

विजय- "बेटी होने में क्या दिक्कत है?"

पिता- "बेटा रोटी कमाने वाला है, वह केयरटेकर है, वह सुरक्षा देने वाला है। कास्ट हमारा गौरव है, हमारी अपनी परंपरा है। जाति के बाहर शादी करने की अनुमति नहीं है।

विजय- "क्या होगा अगर मेरी बेटी ब्रेडविनर बन जाए, तो क्या होगा अगर वह केयरटेकर बन जाए, और हमारी सुरक्षा करे।"

पिताजी- "बेटी आदमी की जगह नहीं ले सकती।"

विजय- "आप सही कह रहे हो। बेटी, बेटे की जगह नहीं ले सकती क्योंकि बेटी, बेटी की जगह ले सकती है। मेरे लिए मेरी बेटी मेरी शान है।"

पिताजी- "आपका घमंड जल्द ही नष्ट हो जाएगा।"

विजय- "मैं नहीं चाहता कि नकली अभिमान मेरी जिंदगी बर्बाद कर दे। नष्ट हूआ गर्व नकली गर्व से बेहतर है।"

पिताजी- "क्या वह दुनिया से लड़ सकती है; क्या वह अकेले जा सकती है?"

विजय- "क्या आप ने दुनिया से अकेले लड़ाई लड़ी थी, क्या आप अकेले ही जिंदगी जिये थे। शायद नहीं, पिताजी आप आधे हैं। मेरी माँ हमेशा दर्द में, खुशी में, दुख में आपके साथ खड़ी थी, और आप कहते हैं- क्या वह अकेले जा सकती हैं।"

विजय आगे कहता हैं, "उसके पास शक्ति है। 'संवैधानिक नैतिकता' की शक्ति। उसे शक्ति मिल गई। इतिहास में पहली बार, राष्ट्रपति बनने की शक्ति, पायलट होने की शक्ति, अकेले ट्रक चलाने की शक्ति, खुश होने की शक्ति। वह पुरुषों के समान है। संपत्ति में समान भागीदार, समाज में समान भागीदार। बेटे की मांग की वजह से हमारा रिश्ता खत्म हो गया है। कम से कम 2 दिनों के लिए मेरी बेटी को आपके साथ रहने दो।"

पिताजी- "मैंने अपने पूरे जीवन में किसी भी महिला को ट्रक चलाते हुए नहीं देखा है। क्या मजाक है, महिलाओं को उतना सम्मान नहीं मिल सकता जितना एक आदमी को मिल सकता है।"

विजय- "क्या होगा अगर समाज में महिलाओं को भी वही सम्मान और पद मिले, तो क्या आप मेरी पत्नी और बेटी को स्वीकार करेंगे?"

पिताजी- "हो सकता है।"

विजय- "क्या होगा अगर कोई ऐसा समाज हो जहां महिलाएं स्वतंत्र रूप से घूम सकती हैं, उच्च आय अर्जित कर सकती हैं, बहुसंख्या में ट्रक, हवाई जहाज, ऑटो, बस चला सकती हो और पूरी भारतीय सेना महिलाओं की हो। क्या होगा अगर संसद में 50 प्रतिशत से अधिक सदस्य महिलाएं और न्यायाधीश महिला हो। राष्ट्रपती ज्यादातर महिलाएं हो। महिलाओं के पास सबसे अधिक कमाई हो और संपत्ति विरासत में मिलती हो। क्या होगा अगर अधिकांश दुकान मालिक महिलाएं हो। और नाविक महिलाएं हो। क्या होगा अगर महिलाएं बिना किसी डर के अकेले हर जगह चारों ओर जा सकती हो। क्या होगा यदि रेलवे में अधिकांश टिकट कलेक्टर महिलाएं हो, तो सभी रेलवे पायलट महिलाएं हो। कम से कम तब, क्या आप कह सकते हैं- मुझे बेटी चाहिए?"

पिताजी- "अगर ऐसा है तो हां, मुझे बेटी चाहिए।"

विजय- "पापा, व्यवस्था स्थापित की गयी है। हर किसी के पास समान शक्ति है, लेकिन समाज उन्हें वापस खींच रहा है। समाज को बदलने दीजिए। आइए हम मिल के रहें। समानता के लिए प्रणाली पहले से ही स्थापित है, लेकिन हम लोग, स्वतंत्रता और समानता की शक्ति को नहीं समझ पा रहे हैं। दुनिया कैसे महान होगी, अगर महिलाओं के साथ अन्याय होता रहेगा। दुनिया कैसे महान होगी, अगर जाती भेद होता रहेगा। समाज के बारे में सोचें, जहां पुरुष और महिलाएं बिना किसी डर के खुशी से रह सकते हैं। वह यातना का डर से मुक्त जो गुलाम बनने में मजबूर कर रहा है। यहां तक कि जब व्यवस्था बनायी गयी है। कानून स्थापित है। हमारे पास समानता लाने के लिए नैतिकता की कमी है। हमें समानता, न्याय और स्वतंत्रता की नैतिकता के आधार पर समाज की आवश्यकता है; पुरानी अन्यायपूर्ण परंपराओं पर नहीं। हमें संवैधानिक नैतिकता पर आधारित समाज की आवश्यकता है।"

पिताजी थोड़ी देर के लिए सोचते हैं। उन्होंने जिंदगी भर विजय को पाल पोस के बड़ा किया। भले ही छोटी सी आवश्यकता हो या बड़ी, उन्होंने अपनी इच्छाएं दबा दी ताकि उनका बेटा पढ़ाई कर सके। वह हमेशा से, जाति में अपना सामाजिक स्थान रखना चाहते थे। बचपन से ही अपने जीवन में उन्होंने देखा है कि महिलाओं के साथ कैसा व्यवहार किया जाता है। महिलाओं को अन्य सामाजिक सदस्यों से कैसे बचाना पड़ता हैं। विजय के भागने के बाद वह अकेले रहा गए। जब भी वह अपने बेटे से बात करना चाहते थे। उनका घमंड बीच में आ जाता था। कम से कम एक पोते होने का उनका सपना खतम हो गया था। लेकिन विजय जो कह रहा हैं वह सही है। समानता की व्यवस्था पहले से ही स्थापित है। यह उनके जैसे लोग एक पुरानी अन्यायपूर्ण परंपरा के साथ हैं जो बदलने में विफल रहे। अब वह एक नई नैतिक व्यवस्था की ओर बढ़ना चाहता है और अपनी अन्यायपूर्ण पुरानी पारंपरिक सोच

को छोड़ना चाहता है।

पिताजी थोड़ी देर सोचते हैं और कहते हैं, "विजय, शायद तुम सही कह रहे हो। पोती, बहू अंदर आओ।"

विजय और उसकी पत्नी खुश हो जाते हैं। सोनम दादाजी को गले लगाने के लिए दौड़ती हुई आती हैं। उन्होंने दादाजी की तस्वीरें देखी हैं लेकिन अपनी जिंदगी में उनसे कभी नहीं मिलीं। सासु मां और बहू एक-दूसरे को गले लगाते हैं। विजय अपने पिता को गले लगाता है। विजय की आँखों से आँसू बहने लगे, "मैं आप को याद करता हूँ, हमेशा और हर दिन।"

"मैं भी," पिताजी ने कहा। पिताजी अपनी भावनाओं पर काबू नहीं रख पा रहे। 14 साल के लंबे समय के बाद, पिता अपने बेटे से मिलते हैं। सबसे अच्छा समय जो माता-पिता के साथ बिताना चाहिये था वे अन्यायपूर्ण नैतिकता के कारण बरबाद हो गया। संवैधानिक नैतिकता ने उन्हें फिर से मिलाया हैं ताकि वे खुश रह सके।

अपने पिता के साथ दो दिन बिताने के बाद। विजय और उसका परिवार अपने जिंदगी में वापस जाने के लिए तैयार हो जाता है।

विजय- "पिताजी मेरी नौकरी है। इसलिए, हम आज जा रहे हैं। लेकिन हम जल्द ही वापस आएंगे और नागपुर में अपने घर आइये और हमारे साथ रहिये।"

पिताजी- "मैं आऊंगा, मैं अवश्य आऊँगा।"

विजय और उसका परिवार अपने पिता और मां को अलविदा कहते हैं और वहां से चले जाते हैं। वे बस पकड़कर अपने घर चले जाते हैं। लगभग शाम हो चुकी है। हर कोई थका हुआ है लेकिन खुश है। 14 साल के लंबे समय के बाद, पिताजी ने उन्हें स्वीकार कर लिया।

रात के 1030 बज रहे हैं। थके हुए और खुश विजय बिस्तर पर चला जाता है। विजय अपनी बदली हुई जिंदगी के बारे में सोचता रहता हैं, "प्रीतम जो कहते थे वो सही है, न्याय का मतलब सिर्फ किसी को जेल में भेजना या मुआवजा लेना नहीं है। यह समाज में निहित है। सामाजिक स्वीकृति और सामाजिक खुशी में। परिवार और समाज के साथ सुखी रहना ही न्याय है। न्याय हर किसी के साथ समान व्यवहार करने और उन्हें वह सम्मान देने में है जिसके वे हकदार हैं।" विजय गहरी नींद में चला जाता है।

21

मन की स्वतंत्रता

सपना- 16

विजय और आजाद ऑफिस के लिए निकल जाते हैं। वे अपनी मोटरसाइकिल पर हैं। वे सड़क पर अजीब तरह से देखते हैं। आज यह कुछ अलग है। दृश्य वैसा नहीं है जैसा वे रोज देखते थे। विजय बोलते हैं, "क्या तुम देख सकते हो, अधिकांश ऑटोवाले महिलाएं हैं।"

आजाद- "मैं देख सकता हूँ। मैंने अपने जीवन में इतनी महिला ऑटो चालकों को नहीं देखा।"

विजय वहां से गुजर रही एक बस की ओर उंगली दिखता है और कहता है, "अरे वह बस ड्राइवर भी एक महिला है।"

आजाद- "मैं यह देख सकता हूं, केवल एक बस नहीं। लेकिन आज मैंने जो बसें देखीं, उनमें से अधिकांश महिलाओं द्वारा चलाई जा रही हैं।"

विजय- "हे भगवान! उस महिला को देखें जो जेसीबी चला रही है।"

आज़ाद- "हाँ, हाँ।"

विजय- "यह तो कुछ नया है। मोटरसाइकिल सवारों में ज्यादातर महिलाएं हैं। वे गियरलेस स्कूटर क्यों नहीं चला रहे हैं?"

आजाद- "मुझे नहीं पता।"

उन्होंने 18 से 21 वर्ष की आयु की हजारों युवा महिलाओं को एक बड़े मैदान की ओर जाते हुए देखा। सड़क पैदल चलने वाली युवा लड़कियों से भरी हुई थी। विजय कहते हैं, "इतनी सारी महिलाएं उस मैदान की ओर क्यों जा रही हैं? चलो किसी से पूछते हैं?"

आजाद फुटपाथ पर चल रही एक महिला के पास मोटरसाइकिल रोकता है और पूछता है, "हैलो मैडम, इतनी सारी युवा लड़कियां यहां क्यों हैं और वे कहां जा रही हैं और किस लिए?"

यूवा लड़की- "सेना में भर्ती हैं। वे भी सिर्फ महिलाओं के लिए। भारतीय इतिहास में कभी भी हमें महिलाओं को अपनी बहादुरी दिखाने का मौका नहीं मिला। अब आधुनिक स्वतंत्र भारत में पहली बार हमें यह मौका मिल रहा है।"

विजय और आजाद ने उनके चयन के लिए अपनी शुभकामनाएं दीं। वे यात्रा जारी रखते हुए कार्यालय पहुंच गए। जैसे ही वह कार्यालय में प्रवेश करता है। नजारा कुछ और ही था। बॉस गायब था। विजय ने सीमा से पूछा, "बॉस कहां है?"

सीमा- "बॉस को डी-प्रमोशन मिला। वह हमेशा डांटता रहता था और घुस्सेल स्वभाव का था। इससे हमारी कंपनी की नौकरी छोड़ने की दर बढ़ गई थी। इसलिए कार्यालय में उच्च पद पर महिलाओं को नियूक्त किया गया।"

विजय अपने कार्यालय में देखने के लिए अपना सिर हिलाता है। वह पत्नी को बेटी से बात करते हुए सुनता है। उसकी आँखें खुलती हैं। ऊ! फिर से एक सपना।

सपना ख़तम हो जाता हैं। नई सुबह आ गई। उसका जीवन बेहतर और बेहतर होता जा रहा है। उसने आत्मविश्वास हासिल किया। पिता ने अपनी पत्नी और बेटी को स्वीकार कर लिया। उसके बावजूद समस्या का मुख्य समाधान अभी भी नहीं हुआ है, अस्पताल ने पैसे की खातिर बेटी का ऑपरेशन किया। उन्होंने उसकी बेटी के जान को खतरे में डाल दिया। उसे 20 लाख रुपये देने हैं। कर्ज का बोझ बहुत ज्यादा है। वह इन सब का प्रबंधन कैसे करेगा? समाधान प्रीतम के पास हो सकता है।

कार्यालय पूरा होने के बाद। वह और आजाद सीधे प्रीतम से मिलने जाते हैं। जब वे उनके घर पहुंचे, प्रीतम एक किताब पढ़ रहे थे। इतने दिनों के बाद भी, अभी भी विजय का दिल दर्द से भरा हूआ है। विजय प्रीतम को अपनी चिंताओं को बताते हैं, "न्याय वास्तविकता से कोसों दूर दिखता है। अभी भी अपराधी बाहर हैं और जेल में नहीं।"

प्रीतम अपनी पुस्तक को बंद कर देता है, और वह सवाल का जवाब देता है, "न्याय का तंत्र आपके लिए है; न्याय पाने के लिए अदालतें आपके लिए बनाई गई हैं। एक त्रि-स्तरीय न्याय प्रणाली है; निचली अदालतें, उच्च न्यायालय और उच्चतम न्यायालय, ताकि आपको न्याय मिल सके। एक ऐसी सरकार है जिसका प्राथमिक काम आपको बाहरी आक्रामकता से बचाना और आंतरिक शांति और स्थिरता स्थापित करना है। एक संसद है, जो आपके शासन के लिए कानून बनाती है। इस संसद ने धोखाधड़ी को रोकने के लिए विभिन्न नियामक निकायों की स्थापना के लिए विभिन्न विधेयक पारित किए हैं। सरकार ने सड़कों, बांधों और उन सभी तंत्रों का निर्माण किया है जो जीवन को बनाए रखने के लिए आवश्यक हैं।"

विजय अपराधी को जेल में देखने के लिए बेताब हो रहा है। वह पूछता है, "लेकिन मैं अपनी समस्या को कैसे हल करूंगा?"

प्रीतम- "हमेशा सच्चाई के साथ रहो। सत्य की जीत होगी। संसद द्वारा पारित सभी वैध तरीकों का अध्ययन करें ताकि आप न्याय प्राप्त कर सकें।"

विजय- "मैं यह सब नहीं सीख सकता। मुझे न्याय चाहिए? बस न्याय। और कुछ नहीं।"

प्रीतम- "फिर कोर्ट जाओ।"

विजय- "वकील पैसे मांगते हैं।मेरे औकाद के बहार हैं। और मेरा ऑफिस हैं, काम पर भी जाना है। मैं अदालत जाने के लिए समय नहीं निकाल सकता।"

प्रीतम- "एक रास्ता है। न्याय आपके पक्ष में होगा।"

प्रीतम रसोई में जाता है, चाय लाता है, और विजय को चाय देता है। वह एक चुसकी लेता है और कहता है, "मैं आपको अपना रहस्य बताउंगा। ध्यान से सुनो। आधुनिक जीवन मुख्य रूप से चार कारकों पर निर्भर करता है: अस्तित्व, स्वतंत्रता, समाज और पैसा। यदि आप चाहते हैं कि आपके आस-पास की दुनिया सुंदर और ईमानदार हो। फिर आप इन तीन सिद्धांतों का पालन करते हैं।

1- कोई लालच नहीं।

2- कोई भ्रष्टाचार नहीं।

3- परिवर्तन स्वीकार करें।

अपना विचार बनाएं कि किसी भी व्यक्ति का अतिरिक्त लालच और भ्रष्टाचार का शिकार नहीं होना हैं और जीवन में नए बदलावों को स्वीकार करने के लिए तैयार रहना हैं।

सबसे पहले, अपने जीवन में खुशी प्राप्त करें। दुनिया को एक खूबसूरत जगह के रूप में देखें। उसके लिए आपको अपने मन से अशुद्धियों को दूर करना होगा। वे सभी विचार जो आपके विकास में बाधक हैं। कोई अतिरिक्त लालच नहीं है। गैरकानूनी तरीकों से कोई कमाई नहीं।

दूसरा, दिल से शुद्ध हो जाओ। सभी वासनापूर्ण विचारों को दूर करें। ऐसे विचार जो दूसरों को नुकसान पहुंचाते हैं। विचार जो शांति और स्थिरता को ख़तम कर सकते हैं। अपने दिल को उन मामलों की बेकार की आलोचना में व्यस्त न होने दें जिन पर आपका कोई नियंत्रण नहीं है। अहंकार निर्माण के लिए गैर योग्य की प्रशंसा न करें। खुद पर विश्वास रखे।

तीसरा, अपने मन और दिल से उज्ज्वल रहें। ज्ञान का निर्माण करें। ज्ञान प्राप्त करें। ज्ञान का अभ्यास करें। और अपने जीवन को इस तरह से विकसित करें कि दूसरों के जीवन का भी विकास हो।"

प्रीतम आगे कहते हैं, "मैं आपको एक चुनौती देता हूं। अगले 10 दिनों तक शिकायत करना बंद कर दें। शिकायत न करें। किसी भी शिकायती विचार को अपने जीवन में प्रवेश न करने दें। केवल सकारात्मक विचारों के बारे में सोचें। खुशी के विचार। सुंदर प्रकृति के विचार। एक सुंदर और खुशहाल परिवार के विचार। आप जो कुछ भी देखते और सुनते हैं। केवल सकारात्मक पहलुओं को देखें।"

विजय को समझ नहीं आ रहा है कि प्रीतम क्या बताना चाहते हैं। उसे यह सब गड़बड़ लग रहा हैं। वह मदद कर रहा है, लेकिन न्याय अभी भी दूर है। उसके घर जाने का समय हो चुका है। विजय उठकर दरवाजे की ओर कुछ कदम बढ़ाता है। प्रीतम ने कहा, "रुको"। विजय और आजाद पीछे मुड़कर देखते हैं। प्रीतम बताते हैं, "भ्रष्ट लोग ईमानदार लोगों से डरते हैं। भ्रष्ट एक ईमानदार के सामने खड़ा नहीं हो सकता। भ्रष्ट लोग इतने डरते हैं कि ईमानदार के सामने कांपने लगते हैं। यदि आप ईमानदारी के उस स्तर को प्राप्त करते हैं, तो आप अपने जीवन में उस आत्मविश्वास का अनुभव कर सकते हैं। अब आप जा सकते हैं।

शुभकामनाएं!"

विजय और आजाद एक शब्द भी नहीं बोल सके। वे अपने घर के लिए निकल पड़ते हैं। आजाद विजय को उसके घर छोड़ देता है।

विजय अपने घर में प्रवेश करता है, कुर्सी पर बैठता है, तभी उसे अस्पताल से एक कॉल आता है, "हैलो, क्या यह विजय है? मैं इस अस्पताल में वरिष्ठ चिकित्सक हूं। आपने पुलिस में की गई शिकायत के संबंध में। मैं आपको बताना चाहता हूं कि हमारा अस्पताल इस क्षेत्र का सबसे अच्छा अस्पताल है और किसी भी गैरकानूनी प्रथा का पालन नहीं करता है। हालांकि, अगर आपको किसी भी समस्या का सामना करना पड़ा है, तो आप अस्पताल आ सकते हैं और आपकी शिकायतों को सुना जाएगा।"

विजय का चेहरा घुस्से से लाल हो जाता है। उसके दिल की धड़कन बढ़ जाती हैं। वह उनसे बात नहीं करना चाहता। फिर भी वह जवाब देता है, "ठीक है" और कॉल डिस्कनेक्ट करता है। वह सोचता है, "अगर वे मुझे न्याय देने के लिए बुला रहे हैं, तो क्या उन्हें अपनी गलती का एहसास हुआ है। या कोई और कारण है? यह तो आने वाला वक्त ही बताएगा।"

विजय खुद को शांत करता है; वह अच्छी चीजों के बारे में सोचता है जो उसके जीवन में हुआ है। वह पत्नी की ओर देखता है। वह रसोई में खाना पका रही हैं। वह रसोई की ओर जाता है और उसके साथ फ्लर्ट करता है, "आप हमेशा की तरह बहुत सेक्सी दिख रही हो।"

वह मुस्कुराते हुए कहती हैं, "मैंने एक स्वचालित सड़क सफाई मशीन का एक प्रोटोटाइप बनाने पर काम करना शुरू कर दिया है। ट्रक गैरेज के मैकेनिक मुझे इसे बनाने में मदद कर रहे हैं। यह पहियों, सफाई भुजा और घूर्णन धूल कलेक्टर के साथ एक बड़ी मशीन है। सब कुछ स्क्रैप से बनाया जा रहा है। मुझे उम्मीद है कि हम इसे जल्द ही पूरा कर लेंगे। हम जल्द ही अपने उद्यम को पंजीकृत करेंगे। हम पांच सदस्य हैं। हम सब इस उद्यम में समान भागीदार होंगे।"

विजय- "वा बहूत अच्छा। मैं तुम्हारे लिए खुश हूँ?"

पत्नी- "मैंने आज तुम्हारा मनपसंद खाना बनाया है, पालक पनीर।"

विजय और बेटी खाना खाते हैं। यह स्वादिष्ट था। रात के खाने के बाद विजय बेडरूम में चला जाता है। उसकी पत्नी रसोई में चली जाती है। विजय बिस्तर से उठकर रसोई की तरफ चल पड़ता है। उसकी पत्नी बर्तन धो रही है। वह पत्नी को प्यार से धक्का देता है और बर्तन धोने लगता है। विजय ने अपने जीवन में कभी भी बर्तन नहीं धोए कम से कम तब जब पत्नी मौजूद थी। पत्नी हैरान रह गई। मेरे पति बर्तन धोने में मेरी मदद क्यों कर रहे हैं?

विजय कहता हैं, "प्रिय, आप कड़ी मेहनत से लौटे और मशीनें बनाने में समय बिताया। कम से कम मैं घर के काम को साझा कर सकता हूं।"

काम पूरा करने के बाद दोनों गहरी नींद में सो गए।

अगले दिन, विजय अस्पताल जाता है और वरिष्ठ डॉक्टर से मिलता है। सीनियर डॉक्टर कहता हैं- "देखिए विजय, यह शहर का सबसे अच्छा अस्पताल है। सभी नवीनतम तकनीक

और मशीनरी पर बनाया गया है। इस अस्पताल में 100 करोड़ से ज्यादा खर्च किए जा चुके हैं। इस अस्पताल में 1000 से ज्यादा स्टाफ काम करते हैं। इस अस्पताल ने कई अलग-अलग मामले सँभाले हैं और इलाज किया हैं। हमने लाखों लोगों का इलाज किया है और आप कैसे सोच सकते हैं कि हमने आपको बेवकूफ बनाया। अस्पताल ने कोई अपराध नहीं किया है। अब, क्योंकि आपको लगता है कि हमने आप को कोई तकलीफ दी है, हम नहीं चाहते कि कोई समस्या बढ़े। हमने कई मरीजों को उनके ऑपरेशन के लिए 50% तक की छूट दी है। और हम आपको 50% पैसा वापस दे रहे हैं। यह आपके 10 लाख रुपये, पूरे नगद हैं। हमारे अस्पताल ने इस साल पर्याप्त मुनाफा कमाया है इसलिए हम लॉटरी के आधार पर मरीजों को यह पैसा वापस दे रहे हैं। और आपने वह लॉटरी जीत ली है।"

विजय- "आप लाभ के खाते से दे रहे हैं। तो क्या मुझे रसीद मिल सकती है।"

वरिष्ठ डॉक्टर- "रसीद की जरूरत नहीं है। यह लाभ से है।"

विजय- "ठीक है, कोई बात नहीं। फिर मुझे दवाओं, डिस्पोजेबल और अन्य उपकरणों की खरीद सूची के बिल दिखाएं।"

वरिष्ठ डॉक्टर- "हमारे पास बहुत कम स्टाफ है। वे रिकॉर्ड रूम में कहीं न कहीं होना चाहिए। खोजने में समय लगेगा।"

विजय- "कोई बात नहीं, मैं शाम तक इंतज़ार कर सकता हूँ।"

वरिष्ठ डॉक्टर– "नहीं, यहां हजारों बिल हैं। अपनी आवश्यकता के अनुसार बिलों का पता लगाना आसान नहीं है।"

विजय- "कोई बात नहीं। मेरी बेटी का ऑपरेशन करने वाला डॉक्टर कहां है?"

वरिष्ठ डॉक्टर – "वह 10 दिनों के लिए छुट्टी पर है।"

विजय- "क्या तुम मुझे उसका नंबर दे सकते हो? मैं उससे बात करना चाहता हूं।"

वरिष्ठ डॉक्टर- "मैंने आपको बताया, वो 10 दिन के लिए छुट्टी पर हैं। वह आपसे बात नहीं कर सकता।"

विजय- "ठीक है, तो क्या आप अपने सभी स्टाफ को बुलाकर ये पैसे जित के पारितोषिक के तौर पर सबके सामने दे सकते हैं।"

वरिष्ठ डॉक्टर – "हर कोई व्यस्त है, उन्हें अपने काम से बुलाना मुश्किल है।"

विजय – "फिर, मेरी तरफ से यह पैसे बोनस के रूप में अपने अस्पताल के सफाई कर्मचारियों को दे दो, उन्हें बताओ कि यह मेरी ओर से है और उन्हें यह भी बताएं कि अस्पताल आपकी कड़ी मेहनत की परवाह करता है और आपके प्रयासों की सराहना करता है।"

वरिष्ठ डॉक्टर – "देखिए, आप जो कुछ भी बता रहे हैं वह असंभव हैं। बस यह पैसा ले लो और जाओ, हम सही में व्यस्त हैं।"

विजय – "ठीक है, मैं किसी और दिन अपना पैसा लेने के लिए आऊँगा।"

विजय जाने के लिए कुर्सी से उठता है। वह थोड़ी देर के लिए रुकता है और कहता है, "वैसे, क्या आप मेरी बेटी के कागजात किसी अन्य डॉक्टर से किसी भी त्रुटि के लिए फिर से संदर्भित कर सकते हैं।"

वरिष्ठ डॉक्टर को पसीना आ रहा हैं। वह कांप रहा हैं। उसे कुछ समाज नहीं आ रहा है कि वह क्या कहे। वह कहता हैं, "ऐसा नहीं किया जा सकता है। ऐसी कोई प्रक्रिया नहीं है कि पुराने दस्तावेजों को फिरसे जाचा जा सके।"

विजय मुस्कुराता हैं, वह बहुत आश्वस्त दिखता हैं और कहता हैं, "प्रणाली मुझे सभी क्षेत्रों में न्याय देने के लिए तैयार किया गया है। मेरे पास रास्ता है। न्याय मेरे पक्ष में है।" विजय अस्पताल द्वारा दिए गए पैसे की पेशकश लिए बिना अस्पताल से चलता है। उनके चलने से उनका आत्मविश्वास दिखाई देता है। वह सीधे प्रीतम से मिलने जाता है।

जब विजय घर में प्रवेश करता है प्रीतम एक किताब पढ़ रहा होता है । विजय अपने साथ अस्पताल में हुई सारी बातें समझाते हैं और प्रीतम से पूछते हैं, "उन्होंने जानकारी देने से इनकार क्यों किया?"

प्रीतम- "अस्पताल ने जानकारी से इनकार किया हो सकता है क्योंकि वे कुछ छिपाना चाहते हो, या शायद वे दूसरों द्वारा नियंत्रित नहीं होना चाहते। संसद का एक अधिनियम है, जिसे 'सूचना का अधिकार' अधिनियम कहा जाता है।"

विजय बीच में टोकते हुए अचानक जवाब देते हैं, "हम सरकारी दफ्तरों से जानकारी मांग सकते हैं, लेकिन यह एक निजी अस्पताल है, सरकारी कार्यालय नहीं। इसलिए आरटीआई के तहत नहीं।"

प्रीतम- "आपको वो जानकारी किसने दी? देखो विजय, सूचना एक उपकरण है। यह एक व्यक्ति को इस तरह से व्यवहार करता है जो नैतिक है। एक व्यक्ति जिसके पास संवैधानिक नैतिकता नहीं है, वह जानकारी छिपाएगा। अस्पताल से जानकारी प्राप्त करने के लिए सूचना का अधिकार (आरटीआई) दायर करें।"

विजय- "लेकिन कैसे। मुझे नहीं पता कि आरटीआई कैसे दायर की जाए।"

प्रीतम नाराज हो जाता है और उठी हुई आवाज कहता हैं, "आप इसे पता करे, की आरटीआई कैसे दायर करते हैं। विजय, सब कुछ चम्मच से आपको खिलाया नहीं जा सकता है। आपको एक शिक्षित और विद्वान व्यक्ति बनना होगा। आपको पछतावा होता रहेगा, सिर्फ ज्ञान की कमी के कारण आप न्याय पाने में असफल रहे। अज्ञानता आपसे एक बड़ी कीमत मांग रही है। अज्ञानता के कारण तुमने खुशी खो दी। इसे आपसे अधिक शक्तिशाली न होने दें। सूचना, प्रणाली में जांच और संतुलन रखने की एक विधि है। यहां तक कि राष्ट्रपति भी आपको जानकारी देने के लिए बाध्य हैं तो यह सिर्फ एक अस्पताल है।

वह कोर्ट परिसर में जाता है। वह टाइपराइटर के साथ बैठे एक व्यक्ति से पूछते हैं, "मैं आरटीआई दायर करना चाहता हूं।"

टाइपराइटर वाले व्यक्ति कहता है, "कोई बात नहीं, आरटीआई टाइप करने के लिए मेरी फीस 500 रुपये प्रति पृष्ठ है।"

विजय अब जान गया कि ज्ञान ही कुंजी है। उसे 500 रुपये देने से वह उस पर निर्भर हो जाएगा। वह अपने मोबाइल में गूगल पर टाइप करता है कि आरटीआई कैसे दायर की जाए। विजय प्रक्रिया को देखता हैं। साइट पर जाता हैं और सभी विवरण भरता है।

विजय को अब समझ में आ गया कि ज्ञान ही कुंजी है। अज्ञानता की लागत अधिक है। अज्ञानता को सभी रूपों को मारना होगा। संवैधानिक तरीके से लड़ने के लिए मन को तैयार करना होगा। आलस्य को पूरे परिवार से बाहर निकालना होगा। मेहनत और स्मार्ट काम से जिंदगी की दौड़ में जीत हासिल होगी।

विजय उठता है और जानकारी इकट्ठा करने के लिए वह से निकलता है। वह अपने शहर में विभिन्न चिकित्सा आपूर्तिकर्ताओं के पास जाता है। अस्पताल में उपयोग किए जाने वाले विभिन्न उपकरणों और उपभोग्य सामग्रियों के बारे में जानकारी पूछता हैं। वह विभिन्न चिकित्सा उपभोग्य सामग्रियों और दवाओं के विभिन्न थोक और खुदरा मूल्य पता करता है।

वह थोड़े देर के लिए रुकता है और अस्पताल में फ़ोन करता है। विजय ने मोबाइल पर सीनियर डॉक्टर से कहा, "क्या आप जानते हैं कि आपने मुझसे जो दवाएं लीं, वे रिटेल मार्केट में 95% सस्ती हैं। इसका मतलब है कि आपने जिन सामग्रियों से 10 लाख रुपये लिए थे, उनकी कीमत सिर्फ 50 हजार रुपये है।"

सीनियर डॉक्टर- "तो, आप क्या करना चाहते हैं?"

विजय- "मैं कोर्ट में जाऊँगा?"

सीनियर डॉक्टर- "आप को जो करना हैं करो, हमारे पास पैसे हैं, न्याय हमारी जेब में रहता है। धन में शक्ति होती है। और तुम कौन हो? केवल एक छोटा कर्मचारी। आप सिस्टम से बेहद परेशान होंगे, हमारे पास पैसा है, राजनीतिक नेता हमारी तरफ से हैं। मुझे कोई परेशानी नहीं है।"

विजय- "फिर तुमने मुझे 10 लाख रुपए की पेशकश क्यों की।"

सीनियर डॉक्टर- "ताकि आप एक अच्छी जिंदगी जी सकें। हम आपकी परवाह करते हैं।"

विजय- "तुम्हें डर है, कायर! तुमको मुझसे ज्यादा डर लगता है। तुम कितने कायर हो?"

विजय- "मैं कल तक तुम्हारे खिलाफ कोर्ट केस दायर कर दूंगा।"

सीनियर डॉक्टर- "हमारे पास एक समर्पित वकील है। कोर्ट में कई मामले लंबित हैं। वकील आपसे मोटी रकम मांगेगे। मूर्ख मत बनो, 10 लाख रुपये ले लो और अपना मुंह बंद रखो।"

विजय- "मैं पहले ही आरटीआई दायर कर चुका हूँ। मैंने अधिकांश जानकारी एकत्र की है। अब भूखे अस्पतालों के दिन लद गए हैं।"

सीनियर डॉक्टर- "क्या आप जानते हैं कि डॉक्टर बनने में कितनी मेहनत और पैसा लगता है। मेरे मामले में मैंने डॉक्टर बनने के लिए 50 लाख से अधिक खर्च किए हैं। मेरे युवा निर्दोष दिन जो मुझे आपके जैसे मजे लेके जीना चाहिये था, वह अध्ययन करने में बिताए गए। मेरे पास बड़ी मात्रा में ऋण है। मुझे अपने अस्तित्व के लिए पैसे की जरूरत है। मुझे भी न्याय चाहिए।"

विजय- "फिर संवैधानिक नैतिकता का निर्माण करो मेरे दोस्त। अज्ञानता का त्याग करो। न्याय के साथ रहो। आप अपने न्याय के लिए लड़ो। मैं अपने लिए लड़ूंगा।" इस बात के साथ विजय कॉल डिस्कनेक्ट कर देता है।

वह राय लेने के लिए प्रीतम के घर जाता हैं। प्रीतम कहते हैं, "अगर आपके घर से आपका महंगा सामान चोरी हो जाता है तो इसमें आपकी कोई गलती नहीं है। आप एक अच्छे इंसान हैं लेकिन चोर का दिमाग बुरा था। उसका मन लालच से भरा था। वह गैरकानूनी तरीके से पैसा कमाना चाहता था। तो फिर यह आपकी गलती कैसे हो सकती है? लोगों कहते है कि आपने अपनी महंगी वस्तु को अधिक सुरक्षित स्थान पर या लॉकर में नहीं रखा। आपको सुरक्षित ताले खरीदना चाहिए, वे कहेंगे कि यह आपकी गलती है कि आपको अपने महंगे सामान को सुरक्षित स्थान पर रखना चाहिए था। लेकिन अगर व्यक्ति में संवैधानिक नैतिकता है, तो वह चोरी करने की हिम्मत नहीं करेगा। यह एक चोर का नैतिक मूल्य है जो किसी वस्तु को चोरी करने के लिए प्रेरित करता है। अब, क्या करना है: एक चोर को अधिक नैतिक बनाना है, उसे दंडित करना है, या एक ऐसी प्रणाली को विकसित करना है जिसमें वह किसी वस्तु को चोरी नहीं कर सकता। वास्तव में सभी की आवश्यकता है। लेकिन मेरा ध्यान नैतिकता को इस तरह से विकसित करने पर है कि एक व्यक्ति गैरकानूनी इच्छा का विरोध करता है। क्यों? क्योंकि बुरा व्यवहार उसे अधिक तीव्र शक्ति के साथ वापस लगेगा। हम एक समाज हैं, जो कुछ भी करता है वह समाज में दूसरों को प्रभावित करता है। हमें इतने सारे कानूनों, नियमों और विनियमों की आवश्यकता क्यों है, क्योंकि लोग बुनियादी मूल्यों से चिपके नहीं रहते हैं, अगर किसी ने बेईमानी से आपसे 20 लाख प्राप्त किए हैं। फिर यह आप नहीं हैं जिन्हें दोषी ठहराया जाना था। आप एक भरोसेमंद व्यक्ति थे जिन्होंने उस व्यक्ति पर भरोसा किया। आपने डॉक्टर पर भरोसा किया। आपने व्यवस्था पर भरोसा किया कि यह मदद करेगा। लेकिन व्यवस्था आपकी मदद करने में विफल रहा।

हमें अपने दैनिक जीवन में कई लोगों पर भरोसा करना होता हैं, चाहे वह दाढ़ी बनाने के लिए ब्लेड का उपयोग करने वाला नाई हो, या बस चालक, या ऑटो चालक। ऑटो रिक्शा में यात्रा करते समय चालक आपको किसी अज्ञात स्थान पर ले जा सकता है और आपको पैसे का भुगतान करने के लिए मजबूर कर सकता है। शेविंग करते समय ग्राहक को मारने के लिए नाई अपने ब्लेड का उपयोग कर सकता है। जब हम किसी रेस्टोरेंट में जाते हैं तो हमें भरोसा होता है कि यह खाना न सिर्फ स्वादिष्ट या पौष्टिक बल्कि हानि रहित भी होगा। क्या होगा अगर इस तरह के भोजन को किसी भी जहर के साथ मिलाया जाता है जो आपको मार

देगा? आपको मनुष्यों पर भरोसा है कि जब मैं सड़क पर चलूंगा तो कोई भी मुझ पर हमला नहीं करेगा। मेरी मदद करने वाला कोई न कोई होगा।

विश्वास वह चीज है जो इस समाज को चलाती है। आपने डॉक्टरों पर भरोसा किया कि वे आप के समस्या का समाधान करेंगे, आपने अपनी मदद करने के लिए आपने जीवन के सभी लोगों पर भरोसा किया। शांति, ध्यान करने में निहित नहीं है और ना ही यह कहने में की मन की शांति वास्तविक शांति है, यह दूसरों के साथ विश्वास में निहित है। यही असली शांति है। अत, प्रश्न यह उठता है कि आप को लोगो ने गुमराह क्यू किया? इसका कारण यह है कि लोगों में संवैधानिक नैतिकता नहीं है। वे दूसरों को अपने भाइयों की तरह नहीं मानते हैं।"

प्रीतम- "संवैधानिक नैतिकता न्याय पर आधारित सामाजिक व्यवस्था है- सामाजिक, राजनीतिक और आर्थिक। हमें परंपराओं, रीति-रिवाजों और विचारों में एक ऐसे समाज का विकास करना होगा जो न्याय पर आधारित हो। न्याय जो हर किसी को जीवन को अपनी इच्छानुसार विकसित करने का अवसर देता है। एक परंपरा जिसमें हर कोई भाग ले सकता है और संस्कृति के हर पहलू में विश्वास रख सकता है। ऐसी नीतियां जो अल्पसंख्यकों के विचारों, विश्वासों और उनकी परंपरा की भी रक्षा करती हैं। जिस परंपरा में तथाकथित निचली जातियों, महिलाओं और वंचितों द्वारा अर्जित आय शक्तिशाली लोगों के लिए खतरा नहीं है। एक ऐसी जगह जहां हर कोई दूसरों के जीवन के तरीके, उनकी इच्छा और उनके बदलने की प्रक्रिया को स्वीकार कर सकते हैं जो सभी इंद्रधनुष के रंगों के सामान हैं।

विश्वास इस बात से आता है कि न्याय हमारे पक्ष में है। एक पुरानी सामाजिक व्यवस्था है जो लोगों को उनकी मान्यताओं, जाति और अर्थव्यवस्था के आधार पर भेदभाव करती है। आज की दुनिया में दो अलग-अलग सामाजिक व्यवस्था हैं जो समानांतर चल रहे हैं। एक पुरानी सामाजिक व्यवस्था जो परंपरा, संस्कृति और धर्म के बारे में उनके विश्वास के अनुसार है। ऐसी कई परंपराएं अन्यायपूर्ण नहीं हो सकती हैं, लेकिन कुछ उन बुनियादी अधिकारों का दुरुपयोग करती हैं जो व्यक्तियों के पास होने चाहिए। इस तरह की परंपरा उस व्यक्ति का समर्थन कर सकती है जो शक्तिशाली है। संवैधानिक विचारों पर आधारित अब एक सामाजिक व्यवस्था है जो न्याय पर आधारित है।

उदाहरण के लिए, पुराने दिनों में बाल विवाह एक सामान्य सामाजिक परंपरा थी। इसका पालन अब तक सिर्फ इसलिए किया जाता है क्योंकि पीढ़ियों से इसका पालन किया जाता रहा है। लेकिन आज की दुनिया में, कानून बनाया गया है। महिलाओं के लिए शादी के लिए कानूनी उम्र 18 साल है। पर कई परिवार समाज और बुजुर्ग सदस्यों को खुश करने के लिए लड़कियों की शादी बहुत कम उम्र में करने की अपनी पुरानी परंपरा और रूढ़िवादी रीति-रिवाजों पर अड़े रहते हैं। लेकिन भारत में कानून 18 साल की उम्र के बाद लड़की से शादी करना है। बहुत कम उम्र में लड़कियों की शादी के लिए मजबूर करने वाले परिवार के लोग को जेल में डाला जा सकता हैं। लेकिन सवाल यह उठता है: क्या जेल में डालने से समस्या

का हल होगा?

शायद नहीं। वास्तव में, वे व्यवस्था के प्रति नफरत विकसित करेंगे। वे इस भावना को विकसित करेंगे कि प्रणाली अन्यायपूर्ण है। व्यवस्था अनैतिक है। व्यवस्था बेकार है, उन्हें लोगों की परवाह नहीं है। लेकिन प्रणाली को समानता देने के लिए डिज़ाइन किया गया हैं। महिलाओं के न्याय के लिए। ताकि वह पढ़ाई कर सके। वह शादी के लिए मानसिक और शारीरिक रूप से सक्षम हो सकती है। ताकि वह बराबर की हिस्सेदार बन सके। ताकि उसकी पसंद का अधिकार न लिया जाए। उसके न्याय के लिए यह कानून बनाया गया। कम उम्र की लड़की की शादी करके, व्यक्ति क्या दिखाना चाहता है? कि वह समुदाय का एक वफादार सदस्य है। यदि परिवारों ने मूल्य विकसित किया कि वे 18 साल की उम्र के बाद ही अपनी बेटी की शादी करेंगे। दहेज को अस्वीकार करें, और व्यक्ति की वैध पसंद को बनाए रखेंगे और सराहना करेंगे। तो परिवार में विकसित यह मूल्य संवैधानिक नैतिकता है। यह मूल्य न्याय प्रदान करता है। यदि एक परिवार संवैधानिक नैतिकता विकसित करता है तो अन्य लोग उस का पालन करेंगे। वास्तविक न्याय संविधान पर आधारित नैतिकता विकसित करने में निहित है। सोचें, विश्वास करें और इस तरह से कार्य करें कि न्याय सभी के लिए निहित है। संवैधानिक नैतिकता मेरे दोस्त।

यदि डॉक्टर के पास संवैधानिक नैतिकता होती, तो वह आपके स्वास्थ्य और आपके अधिकार को गैरकानूनी धन से अधिक महत्व देता। हर किसी को जीवित रहने के लिए पैसे की जरूरत होती है। लेकिन गैरकानूनी तरीकों का इस्तेमाल करना उचित नहीं है। डॉक्टर ने आपको गुमराह किया क्योंकि उसके लिए पैसा जीवन के अधिकार से अधिक महत्वपूर्ण था। क्या होता अगर उसकी जान को खतरा होता तो क्या वह भी ऐसा ही करता? संवैधानिक नैतिकता बाकी कुछ भी नहीं है, बस, मैं आपके अधिकारों की परवाह करता हूं, बदले में आप मेरे अधिकारों का सम्मान करो।"

प्रीतम उठता है, अपने शेल्फ से एक किताब निकालता है और पृष्ठ पढ़ने लगता है, "यह उद्धरण डॉ बाबासाहेब अंबेडकर द्वारा लिखे गए किताब बुद्ध और धम्म से है, 'भाग ३ बौद्ध- जीवन मार्ग' में लिखते – लोभ से दुःख पैदा होता है, लोभ से भय पैदा होता है। जो लोभ से मुक्त है, उसके लिए न तो दुःख है और न ही भय।

तृष्णा से दुःख पैदा होता है, तृष्णा से भय पैदा होता है। जो पूरी तरह से तृष्णा से मुक्त है, उसके लिए न तो दुःख है और न ही भय।

वह जो अपने आप को मान के समर्पित कर देता है, जो जीवन के यथार्थ उद्देश्य (जीवन का वास्तविक उद्देश्य।) को भूल कर काम भोग के पीछे पड जाता हैं वह बाद में ध्यानी की और ईर्षा भरी दृष्टि से देखता हैं ।

किसी भी इंसान को किसी भी चीज से लगाव न हो, उसके खोने से दर्द होता है। जिन्हें किसी की चाहत और घृणा ना हो वे बंधन मुक्त हैं।

आसक्ति से दुःख आता है, आसक्ति से भय आता है, जो आसक्ति से मुक्त होता है वह न दुःख को जानता है और न ही भय को।

वासना से दुःख आता है, वासना से भय आता है, जो वासना से मुक्त होता है वह न तो दुःख जानता है और न ही भय को।

लोभ से दुःख आता है, लोभ से भय आता है, जो लोभ से मुक्त होता है वह न तो दुःख को जानता है और न ही भय को जानता है।

जो शीलवान हैं और बुद्धिवान हैं, जो न्यायी है, सत्य बोलता है, और अपनी कर्तव्य को पूरा करता है। उससे दुनिया प्यार करेगी।"

प्रीतम पुस्तक को बंद कर देता है, और कहता है, "यदि लालच, भय, तृष्णा और लगाव निकल जाते हैं तो संवैधानिक नैतिकता स्थापित हो जाएगी। पुलिस को गैरकानूनी आय के लिए अपने लालच को छोड़ने की आवश्यकता है; राजनेताओं को व्यक्तिगत लाभ के लिए कुर्सी की इच्छा देने की आवश्यकता होती है। धन हानि के भय को त्यागना होगा।"

विजय बिच में ही कहता हैं, "कई बार ट्रैफिक पुलिस पकड़ लेती है और पैसे की मांग करती है। एक बार हमे एक ट्रैफिक पुलिस ने पीयूसी के लिए रोका। लेकिन हमारे पास नहीं था, इसलिए उसने चालान काटने की बात कही। चालान की लागत अधिक थी इसलिए हमने उसे 200 रुपये दिए।"

प्रीतम विजय से पूछता है, "तो उसने आपको क्यों रोका?"

विजय- "यह उसका कर्तव्य है।"

प्रीतम- "पीयूसी क्यों पूछा?"

विजय- "क्योंकि सरकार ने पीयूसी अनिवार्य कर दिया हैं।"

प्रीतम- "क्यों?"

विजय- "क्योंकि प्रदूषण को नियंत्रित करने के लिए।"

प्रीतम- "क्यों?"

विजय- "ताकि हम साफ हवा में सांस सास ले सके।"

प्रीतम- "तो फिर आप मरना चाहते हो?"

विजय- "क्या!"

प्रीतम- "आप मरना चाहते हो या जीना चाहते हो।"

विजय- "हम जीना चाहते हैं?"

प्रीतम- "पीयूसी सिर्फ हिमशैल की नोक है। ऐसी हजारों नीतियों की सफलतापूर्वक लागू करने की आवश्यकता है। ताकि आप ऑक्सीजन से भरी हवा में सास ले सके और जिंदगी जी सकें। यदि सभी व्यक्ति, कारखाने और उद्योग इन नीतियों का सख्ती से पालन करते हैं तो प्रदूषण नियंत्रण में रहेगा। लेकिन संवैधानिक नैतिकता की कमी के कारण प्रदूषण आप के धीरे-धीरे आपसे जीवन के अधिकार छीन रही है।"

विजय- "अगर मैंने 200 को रिश्वत नहीं दी होती तो हम पर चालान का जुर्माना लग जाता।"

प्रीतम- "फिर चालान का भुगतान करो, मेरी सलाह लें और ट्रैफिक पुलिस से चालान के लिए पूछो।"

विजय- "यदि कानून के अनुसार स्थापित सभी व्यक्ति चालान का भुगतान करते हैं। तब वह अवांछित कारणों से आपको परेशान करने की अपनी इच्छा खो देगा।"

विजय सोचता है कि उसका ज्ञान अव्यवहारिक लगता है। उनके विचार इस दुनिया में व्यावहारिक नहीं हैं। हर कोई त्वरित परिणाम चाहता है। ये अच्छे विचार हैं लेकिन व्यावहारिकता अलग है। लोग अपनी इच्छा के अनुसार अपना काम करवाने के लिए रिश्वत देंगे। ट्रैफिक पुलिस पैसे मांगेगा। मैं जितना भी राशि दूंगा, उसका लालच बढ़ता जाएगा। लेकिन वह यहां अपने लिए न्याय के लिए आया था, ट्रैफिक पुलिस के बारे में चर्चा करने के लिए नहीं। उन्हें न्याय की जरूरत है और वह इसके लिए बेताब हैं, वह कहते हैं, "मैं अस्पताल के खिलाफ मामला दर्ज करने के लिए अदालत जाना चाहता हूं।"

उसी समय विजय का मोबाइल बजता है, "हैलो विजय, यह पुलिस हैं, आपके द्वारा दी गई अस्पताल और डॉक्टर की शिकायत के संबंध में। हमने आपके दस्तावेजों और शिकायत को सत्यापन के लिए राज्य चिकित्सा परिषद को भेजा था। उन्होंने मामले की पुष्टि की है और कहा है कि यह एक वास्तविक मामला है। उनकी राय के आधार पर हमने डॉक्टर को गिरफ्तार कर लिया है। आप जल्द से जल्द पुलिस स्टेशन आ जाओ।"

विजय ने जो सुना उसको को विश्वास ही नहीं हो रहा था। वास्तव में प्रणाली को न्याय देने के लिए बनाया गया है। बात सिर्फ इतनी है की हमारा लालच और आलस्य न्याय को ठुकराता रहता है। विजय प्रीतम को रोकता है। वह उसे बताता है कि उसने मोबाइल पर क्या सुना। विजय ने कहा कि वह थाने जाकर वापस आ जाएंगे।

वह और आजाद अपनी मोटरसाइकिल से थाने के लिए निकलते हैं।

पुलिस स्टेशन में, इंस्पेक्टर ने खुलासा किया, "विजय बैठें, हमें धोखाधड़ी चिकित्सा मुद्दों के ऐसे कई मामले मिले हैं। लेकिन हमने उपेक्षा की। क्योंकि हमें विश्वास नहीं था कि कोई मेडिकल फ्रॉड हो सकता है। लेकिन हमारे दिल में से एक भीतरी आवाज आ रही थी कि विजय शायद सही हो। उसे न्याय की भी जरूरत है। वह भी एक नागरिक हैं और समान उपचार के हकदार हैं। हमने आपके बयान और दस्तावेजों को राज्य चिकित्सा आयोग को भेजा। और अब कहानी स्पष्ट है। हम डॉक्टर के घर गए और कल उस डॉक्टर वेदांत को गिरफ्तार कर लिया। अदालत प्रबंधन के खिलाफ एक समन जारी करेगी, और मामला अदालत में है। विजय 'संवैधानिक नैतिकता' काम करती है, नैतिकता जो अपने अंदर न्यायपूर्ण प्रणाली के लिए आवश्यक है।"

इंस्पेक्टर- "लेकिन दिक्कत है, डॉक्टर को कोर्ट से जमानत मिल गई और वो बाहर हैं।"

विजय- "संवैधानिक नैतिकता के बारे में आपको कैसे पता चला?"

इंस्पेक्टर- "मैंने प्रीतम का ब्लॉग और संवैधानिक नैतिकता के बारे में किताब पढ़ी। यह काम करता है।"

विजय थाने में जरूरी दस्तावेज पूरा करता है। वह खुश था कि उसके मामले में कुछ प्रगति हुई है। लेकिन चिंतित है क्योंकि डॉक्टर जमानत पर बाहर है। अपने मामले के बारे में सब कुछ समझने के बाद विजय और आजाद प्रीतम से मिलने के लिए उसके घर में चले जाते हैं।

मोटरसाइकिल चलाते हुए विजय आजाद से पूछते हैं, "प्रीतम ने क्यों कहा- ट्रैफिक पुलिस को चालान भरो? यदि हां, तो फिर क्या करें?"

आजाद ने जवाब दिया, "तो फिर हमें उस ट्रैफिक पुलिस को ढूंढ़ते हैं।"

विजय और आजाद उस ट्रैफिक पुलिस की तलाश के लिए निकल पड़े, जिससे वे बहुत पहले मिले थे, जिन्होंने उन्हें चालान का भुगतान करने के लिए कहा था। वे अपनी मोटरसाइकिल को शहर के रास्तो पर सिर्फ यह देखने के लिए चलता हैं कि वह ट्रैफिक पुलिस कहां खड़ा है।

विजय ट्रैफिक पुलिस को देखता है, "यहाँ है! चलो वहां चलते हैं।"

आजाद ट्रैफिक पुलिस के पास अपनी मोटरसाइकिल रोकता हैं और पूछता हैं, "क्या आपको हम याद है?"

यातायात पुलिस- "नहीं।"

विजय- "दो हफ्ते पहले आप ने हमें रोका और पीयूसी न होने पर चालान भरने की बात कही और हमने आप के बेटे की पढ़ाई के लिए आशीर्वाद के तौर पर 200 रुपये दिए।"

पुलिस नाराज लग रहा था और बोला, "आआ, शायद हाँ।"

विजय- "हम उस दिन पीयूसी न होने के वजह से चालान भरना चाहते हैं।"

पुलिस को हाई वोल्टेज झटका लगा। पुलिस ने सोचा, “ये लोग कितने उल्लू हैं।" उन्होंने कहा, "आप बस चले जाओ, चालान देने की कोई जरूरत नहीं है।"

विजय- "हम भुगतान करेंगे। हम कानून नहीं तोड़ेंगे।"

पुलिस- "ठीक है, पैसे दे दो"

विजय- "चालान कहाँ है?"

पुलिस- "पैसा पहले।"

विजय- "चालान पहले। हमें चालान दें और हम इसे बैंक में जमा कर देंगे।"

पुलिस- "ऐसी कोई प्रक्रिया नहीं है। बस मुझे पैसे दे दो। मैं आपका चालान आपके घर के पते पर भेज दूंगा।"

विजय- "चालान प्लीज।"

पुलिस हड़कंप में था। वह अपनी मोटरसाइकिल में बैठ गया और उस जगह से निकलने लगा। विजय ने ट्रैफिक पुलिस की तरफ देखा और आजाद से कहा, "आजाद पुलिस का पीछा करो अन्यथा वह चला जाएंगा, हमारे चालान का मौका छूट जाएगा।" जैसे तैसे वह ट्रैफिक

पुलिस वहां से गायब हो जाता हैं। विजय और आजाद यह पता नहीं लगा सके कि वह कहां गया। उन्होंने ट्रैफिक पुलिस की तलाशी छोड़ दी और प्रीतम के घर वापस चले गए। उन्होंने पुलिस के सात हुई घटना के बारे में बताया।

प्रीतम पूछते हैं, "ट्रैफिक पुलिस के साथ क्या हुआ?"

विजय- "हमने चालान मांगा लेकिन उसने चालान देने से मना कर दिया।"

प्रीतम- "ठीक है, लेकिन पुलिस ने चालान करने से मना क्यों किया?"

विजय- "शायद उसे कानून का डर था।"

प्रीतम- "शायद उन्हें संवैधानिक नैतिकता वाले व्यक्ति से डर लगता था? जब पहले उसने आपसे 200 रुपये लिए तो कानून पहले से ही था। वह जानता हैं कि रिश्वत लेना दंडनीय अपराध है। आप यह भी जानते हैं कि रिश्वत की पेशकश भी एक दंडनीय अपराध है लेकिन फिर भी आपको परवाह नहीं थी।"

विजय- "लेकिन यह एक आम बात है, हर कोई करता है।"

प्रीतम- "उन्होंने मान लिया कि आप एक उच्च नैतिकता और मूल्य के व्यक्ति हैं। लेकिन कोई ऐसी वैसी नैतिकता नहीं संवैधानिक नैतिकता। वह जानता है कि आप उसके चेहरे पर न तो वार करेंगे, न ही उसे मारेंगे, न ही उसके पैसे चुराएंगे। वह जानता है कि आप उसे छुएंगे भी नहीं, लेकिन फिर भी, वह आपसे डर गया। वह उस व्यक्ति से डरता है जिसके दिल में न्याय है। जो बराबर होने का प्रयास करता है वह हमेशा जीतेगा? कानून का डर काफी नहीं है। वे संवैधानिक नैतिक लोगों से डरते हैं। संवैधानिक नैतिक लोग कभी हिंसा नहीं करते। न ही व्यक्ति के साथ कोई अवांछित बहस करते। न ही कोई ग्रुपिंग करें। न ही सार्वजनिक अपमान करते हैं। वह न्याय के लिए संवैधानिक पद्धति का पालन करता है, बस। सिर्फ एक संदिग्ध का रिश्वत लेने के बारे में सतर्कता आयोग में शिकायत करना ही काफी है। लेकिन शिकायतें तब की जानी चाहिए जब आप संवैधानिक नैतिक हों। अगर आप बदला लेने, अपराधबोध, या दूसरों को अपमानित करने, या पैसे ऐंठने की भावना से भरे हुए हैं, तो इसका कोई फायदा नहीं है।

संवैधानिक नैतिकता से जुड़े रहने की कोशिश करें। यह आपको निडर बना देगा और डर से मुक्त कर देगा। डर से मुक्त क्यों? क्योंकि आप मानते हैं कि न्याय हमारे पक्ष में है, आप न्याय के लिए खड़े हैं और संवैधानिक नैतिकता में विश्वास करते हैं। सिर्फ कानून होने से लोग एक निश्चित तरीके से व्यवहार नहीं करते है, लेकिन यह संवैधानिक नैतिकता है जो लोगों को कानूनी तरीकों से व्यवहार करती है।

यदि आप संवैधानिक नैतिक बनना चाहते हैं, तो इन सिद्धांतों का पालन करें। केवल वही सत्य बोलें, सत्य जो वैध है या सत्य जो आपके द्वारा साबित किया जा सकता हो, या इस तरह का विश्वास जो दूसरों को नुकसान नहीं पहुंचाता है। किसी को भी ऐसा नहीं बोलना चाहिए जो झूठा हो। दूसरों की बुराई नहीं करनी चाहिए। गुस्से में और अभद्र भाषा का प्रयोग नहीं करना चाहिए। किसी को व्यर्थ, मूर्खतापूर्ण बातों में शामिल नहीं होना चाहिए

बल्कि अपनी वाणी को समझदार और उद्देश्य के लिए होने देना चाहिए। सही वाणी का पालन करने का मतलब, वरिष्ठ के आदेश का पूर्ति करना नहीं हैं, यह भय, या एहसान के परिणाम स्वरुप नहीं है, यह इस बात से नहीं की वरिष्ठ मेरे प्रति क्या राय या कार्रवाई के बारे में सोचेगा। हर कार्य दूसरों की भावना और अधिकारों के सम्मान पर स्थापित किया जाना चाहिए। अच्छे तरीके वे हैं जिनके द्वारा व्यक्ति दूसरों को चोट पहुंचाए बिना या अन्याय किए बिना अपनी आजीविका कमाता है।

नैतिकता के अलग-अलग पहलू हैं। यह धार्मिक नैतिकता से या सांस्कृति से या संविधान की अवधारणा से ली जा सकती है। कई अनुष्ठान, त्योहार, परंपराएं, बलिदान, प्रार्थना, समारोह, पूजा आदि हैं। संविधान में प्रार्थना, तीर्थयात्रा, अनुष्ठान, धार्मिक समारोह, या बलिदान के लिए कोई प्रक्रिया या कानून नहीं है। संविधान में नैतिकता मनुष्य के लिए मनुष्य से प्रेम करने की प्रत्यक्ष आवश्यकता से उत्पन्न होती है। इसके लिए परमेश्वर की स्वीकृति की आवश्यकता नहीं है। यह भगवान को खुश करने के लिए नहीं है। यह अपने अच्छे के लिए है कि मनुष्य को मनुष्य से प्रेम करना चाहिये।"

विजय समय को देखता है। अब श्याम के 07:00 बजे है विजय ने प्रीतम के घर में पर्याप्त समय बिताया है। वह जाने की अनुमति मांगता है और अपने घर के लिए आगे बढ़ता है।

आजाद विजय को उसके घर छोड़ देता है। वह अपने घर में प्रवेश करता है। उसका मन नई-नई शिक्षाओं से भर जाता है। पत्नी विजय के पास आती हैं और उसे गले लगाती हैं। पत्नी सेक्सी और खूबसूरत लग रही थी। उसने खुश आवाज में कहा, "मैंने ट्रक सीख लिया है। मैं आत्मविश्वास से ट्रक चला सकती हूं। अब मेरी कक्षाओं के केवल तीन दिन शेष हैं।" जिस पर विजय काफी खुश हो गए। विजय पत्नी को समझाता है कि डॉक्टर को गिरफ्तार कल लिया गया हैं और फिर जमानत पर रिहा कर दिया गया हैं।

एक तरफ खुशी थी, दूसरी तरफ अनिश्चितता थी। रात के 10:30 बजे विजय बिस्तर पर जाता है और सोचता रहता है- पुलिस ने मामला दर्ज किया। फिर भी क्यों खुशी अल्पकालिक थी। हो सकता है कि न्याय के लिए कुछ और चाहिए।

विजय बिस्तर पर है। अभी तक सो नहीं पा रहा है। विजय इतिहास में वापस जाता हैं। वह सोचता रहता है कि वह पैसों के जाल में कैसे फंस गया।

वह फ्लैशबैक में जाता है-

बेटी बहुत बीमार है। पेट में गंभीर दर्द हैं। वह बेटी को अस्पताल लेकर आता है। कई तरह के टेस्ट किए गए। एक्स-रे, सीटी स्कैन और अन्य सभी परीक्षण। बिस्तर पर लेटी हुई बेटी, गंभीर स्थिति में हैं। डॉक्टर वेदांत विजय के पास आते हैं और वह अपनी चिंताओं को व्यक्त करते हैं, "आपकी बेटी बहुत गंभीर है; उसे तत्काल ऑपरेशन की आवश्यकता है।"

विजय- "लेकिन डॉक्टर साहब, उसे सिर्फ पेट दर्द था।"

डॉक्टर वेदांत- "ये मेडिकल रिपोर्ट देखें, एक्स-रे रिपोर्ट देखें, उसके पेट में एक गंभीर समस्या है। विषैला उसके शरीर में फैल रहा है। वह मुश्किल से 3 दिनों तक जीवित रहेगी।

ऑपरेशन ही एकमात्र समाधान है।"

विजय चिंतित हो गया। एक छोटे बच्चे का ऑपरेशन। उनके पास डॉक्टर पर भरोसा करने के अलावा कोई और विकल्प नहीं था, "फिर ऑपरेशन करें।"

डॉक्टर- "ठीक है, इस फॉर्म पर हस्ताक्षर करें और ऑपरेशन के लिए शुल्क लगभग 20 लाख रुपये है।"

विजय- "डॉक्टर साहब मेरे पास इतने पैसे नहीं हैं, मैं तो बस एक छोटा सा कर्मचारी हूँ, बजट से बाहर है।"

डॉक्टर वेदांत- "विजय, देखिए, यह आपके हाथ में है, इस तरह के ऑपरेशन और उपकरणों के लिए दवाएं यहां उपलब्ध नहीं हैं और उस ऑपरेशन के लिए हमें दूसरे देश के विशेषज्ञ को बुलाना पड़ता है लेकिन सौभाग्य से वह विशेषज्ञ भारत में है। वह जल्द ही अपने देश वापस जाएंगे। यदि जल्दबाजी में नहीं किया जाता है। बचने की कोई संभावना नहीं है।"

विजय की पत्नी रोने लगती है, "डॉक्टर साहब, मेरी बेटी को बचाओ हम किसी भी कीमत पर पैसे लेकर आएंगे।"

पत्नी विजय को रोते हुए कहती है, "चलो अपना घर, मेरे गहने बेच देते हैं।"

डॉक्टर वेदांत, "आपको अपना घर बेचने की ज़रूरत नहीं है। कई बैंक और साहूकार हैं। आप उनके पास जा सकते हैं, ऋण ले सकते हैं, और किस्तों में भुगतान कर सकते हैं।"

विजय- "लेकिन डॉक्टर साहब, कोई कम लागत वाली विधि होगी।"

डॉक्टर- "ऐसा कोई तरीका नहीं है। यह नंबर ले लो, उसे फोन करो। वह इस अस्पताल के पास एक प्रसिद्ध मनी लेंडिंग फर्म में काम करता है, वह आपको त्वरित ऋण देगा।"

विजय दिए गए नंबर पर कॉल करता है, "हमें बेटी के ऑपरेशन के लिए ऋण की आवश्यकता है।"

साहूकार, "कोई बात नहीं, इस अस्पताल के ठीक बाहर हमारे कार्यालय में आओ। जल्दी आओ।"

विजय और उसकी पत्नी उसके कार्यालय की ओर भागते हैं। वे एक साहूकार से मिलते हैं।

साहूकार- "मेरा नाम प्रेमचंद है। आप कितना पैसा चाहते हैं?"

विजय- "20 लाख।"

साहूकार- "मैं तुम्हें सारा पैसा नकद में दे सकता हूँ। यहां दस्तावेज देखीये। इसे साइन करें? इसमें लिखा है कि अगर आप लोन चुकाने में असफल रहते हैं तो आपका घर हमारी फर्म द्वारा लिया जाएगा।"

विजय- "लेकिन कहाँ लिखा है?"

साहूकार- "पैरा 5, देखो। हस्ताक्षर करने से पहले पूरा दस्तावेज पढ़ें, हम किसी को धोखा नहीं देना चाहते हैं। केवल तभी साइन करें जब आपको लगता है कि यह ठीक है।"

विजय- "आपने बहुत तेज़ी से सारे दस्तावेज तैयार कर लिए।"

साहूकार- "आजकल सब कुछ ऑनलाइन है। आपके प्लॉट के बारे में सभी विवरण इंटरनेट पर उपलब्ध हैं। कई हताश माता-पिता मदद के लिए इस जगह पर आते हैं। मैं अन्य स्रोतों से पैसा कमा सकता था लेकिन मैं उन लोगों की मदद करना चाहता हूं जिन्हें इसकी सबसे अधिक आवश्यकता है।"

विजय- "आप जैसे लोग बहुत कम हैं।"

साहूकार- "इस वक्त न ही बैंक आपको लोन देगा न तो कोई ऑफिस। हम जीवन को महत्व देते हैं, यही कारण है कि हम इसे तेजी से करते हैं।"

विजय- "तो आप चेक दोगे या बैंक ट्रांसफर करोगे।"

साहूकार- "पहले से ही शाम हो चुकी है, चेक और बैंक ट्रांसफर के लिए समय की आवश्यकता होती है। अस्पतालों को भी ऑनलाइन इतना पैसा संसाधित करने में कठिन हो सकता है। यह बेहतर है अगर यह नकद हो।"

विजय- "कहां साइन करना है।"

साहूकार पृष्ठ को बदल देता है और उसे हस्ताक्षर करने के लिए दिखाता है। विजय ने आनन-फानन में दस्तावेज पर हस्ताक्षर कर दिए।

साहूकार- "मैडम, अब आप साइन कर लीजिए।"

पत्नी- "मैं क्यों?"

साहूकार- "यह प्लॉट संयुक्त रूप से खरीदा गया है। आप दोनों के नाम प्लॉट के दस्तावेज पर हैं।"

पत्नी निर्देश के अनुसार कागजात पर हस्ताक्षर करती है। उन्हें वह 20 लाख रुपये मिलते हैं, जिनकी उन्हें जरूरत है।

वह पैसे देने के लिए डॉक्टर के पास भागा और कहा, "कृपया यह पैसा ले लो। हमारी बेटी को ठीक कर दो।"

डॉक्टर- "चिंता मत करो यह सब ठीक हो जाएगा।" लंबे इंतजार और समय के बाद डॉक्टर ऑपरेशन थिएटर से बाहर आते हैं।

डॉक्टर- "ऑपरेशन सफल रहा। आपकी बेटी अब सुरक्षित है। अस्पताल से 7 दिनों के बाद, वह घर जा सकती है।"

विजय और उसकी पत्नी बहुत खुश थे। बेटी अब सुरक्षित है।

फ्लैश बैक समाप्त होता है। विजय पिछली यादों से वापस आ जाता है। विजय बिस्तर पर है। उसे अगले दिन जल्दी उठना होगा।

22

आत्मविश्वास

विजय उठ जाता है। ऑफिस जाने के लिए तैयार हो जाता हैं। बेटी पहले से ही स्कूल जा चुकी है। वह अपना ऑफिस बैग लेकर दरवाजे की तरफ चल पड़ता है। दरवाजा खोलने से पहले विजय अपनी पत्नी को चूमता हैं। अचानक दरवाजे की घंटी बजती है। विजय दरवाजा खोलता है। विजय दरवाजे के पास खड़े व्यक्ति को देखता है। वह पूछता है, "कौन?"

आदमी ने कहा, "मैं प्रेमचंद का वकील हूं। आप उसे ऋण राशि का भुगतान करने में विफल रहे हैं और आपने उसे अपना घर स्थानांतरित करने के लिए कागजात पर हस्ताक्षर किए हैं।"

विजय- "लेकिन मैं हर महीने लगातार भुगतान कर रहा हूं।"

वकील- "आप ब्याज का आधा ही भुगतान करते हैं। आज तक कोई मूल राशि का भुगतान नहीं किया गया है, आपका ब्याज बढ रहा है।" वह अपने बैग से कागज लेकर विजय को सौंप देता है, "यह 10 दिनों के भीतर घर खाली करने का नोटिस हैं या एक्सटेंशन प्राप्त करने के लिए 10 दिनों के भीतर कम से कम 8 लाख रुपये का भुगतान करे।"

विजय बहुत बुरी तरह से चौंक गया, "तुम मेरे साथ ऐसा कैसे कर सकते हो?"

वकील- "आपने कागजात पर हस्ताक्षर किये थे।"

वकील विजय को नोटिस सौंपने के बाद चला गया। उसी समय आजाद विजय को लेने आए। वह बाहर अपनी मोटरसाइकिल पर उसके आने का इंतजार कर रहा है। वह हॉर्न बजता है लेकिन कोई प्रतिक्रिया नहीं। आजाद चिल्लाता हैं, "विजय, विजय जल्दी आओ हमें कार्यालय जाना है, जल्दी करो।"

विजय चिंतित है। वह अपनी पत्नी को नोटिस दिखाता है। विजय अपनी सारी समस्याएं पत्नी को बताता है। प्रेमचंद 10 दिन में घर से निकलने को कह रहा है। विजय को जादा समय की सख्त जरूरत है। विजय प्रेमचंद को फोन करता है, "मुझे थोडा टाइम चाहिए, कृपया।"

प्रेमचंद- "बिल्कुल नहीं। देखिए, मैं लोगों को उनके बुरे समय में मदद करता हूं लेकिन जब मुझे वापस भुगतान करने का समय आता है तो कई नहीं करता हैं। आप उनमें से एक हैं। मुझे मेरे पैसे दे दो अन्यथा तुम्हारा घर मेरा हो जाएगा।" वह फोन काट देता है।

बहार से आजाद चिल्लाता हैं, "विजय जल्दी आओ हमें कार्यालय जाने के लिए देर हो रही हैं।"

विजय आजाद के पास जाता है। मोटरसाइकिल पर बैठकर ऑफिस के लिए निकल पड़ता हैं। वह तनाव में है। उसका नैतिक होने का सभी अध्ययन और ज्ञान गलत लगने लगा हैं। विजय ऑफिस पहुंचता है और काम करने लगता है। लेकिन उसका मन कहीं और है। उसने प्रीतम को मोबाइल पर फोन किया और रोते हुए कहा, प्रेमचंद के वकील ने दस दिन के भीतर घर खाली करने का नोटिस दिया हैं। कृपया मदद करें। मैं क्या करु?"

प्रीतम- "मैं क्या कर सकता हूँ? यह तुम्हारी लड़ाई है। आप अज्ञानता का शिकार हो गए अब आप इसे हल करो।"

विजय- "लेकिन संवैधानिक नैतिकता का क्या।"

प्रीतम- "जब मैंने कहा कि अपना घर मुझे ट्रांसफर कर दो तो तुमने क्यों नहीं किया?"

विजय- "क्योंकि मैं वहाँ रहता हूँ।"

प्रीतम- "फिर तुमने अपना घर उसे ट्रांसफर क्यों कर दिया।"

विजय- "अब क्या करूं?"

प्रीतम- "डर दूर करो, बस उसे बताओ- मुझे पता है कि आपने जिन कागजातों पर हस्ताक्षर किए हैं, वे कानूनी नहीं हैं और आप उनके घर में जबरन प्रवेश करने के लिए उनके खिलाफ कानूनी कार्रवाई करेंगे।"

विजय- "मैं ऑफिस में हूँ, पहले ही मैंने बहुत सारी छुट्टी ले ली है। बॉस मुझे जाने नहीं देंगे।"

प्रीतम- "तुम अपनी पत्नी को कोर्ट जाने के लिए क्यों नहीं कहते और प्रेमचंद को फ़ोन करने के बाद मुझे फ़ोन करो।"

प्रीतम कॉल डिस्कनेक्ट कर देता है। उसी समय विजय अपनी पत्नी को फोन करता है, "क्या आप प्रेमचंद के खिलाफ मामला दर्ज करने के लिए अदालत जा सकते हैं।"

जिस पर पत्नी ने जवाब दिया, "निश्चित रूप से, मेरे ट्रक ड्राइविंग क्लास ख़तम होते ही, मैं जाउंगी।"

प्राची ट्रक ड्राइविंग क्लास में हैं। वह संदेह में थी। कोई उसका घर क्यों ले रहा है? वह प्रेमचंद की जासूसी करने का फैसला करती है। वह प्रशिक्षक के साथ ट्रक में थी और उसने प्रेमचंद के कार्यालय के पास ट्रक ले कर गयी। उसने अपने ट्रक को प्रेमचंद के कार्यालय से थोड़ी दूर इस तरह खड़ा किया कि वह यह नहीं देख सके कि वे उसकी जासूसी कर रहे हैं। वे ट्रक में कार्यालय के बाहर इंतजार कर रहे थे। प्रेमचंद घर से बाहर आकर अपनी गाड़ी में बैठ कर कही चल पड़ा। वे उसके पीछे-पीछे चल दिए। प्रेमचंद एक डॉक्टर के घर में प्रवेश करता

है। वह डॉक्टर को पहचानती है। यह वही डॉक्टर है जिसने उसकी बेटी का ऑपरेशन किया था।

वह ट्रक चलाकर वहां से सुरक्षित स्थान पर चली गई। वह विजय को फोन करती है और उसे सब कुछ बताती है- कहानी स्पष्ट है। उन्होंने जाल बिछाया था। ऑपरेशन, साहूकार और पैसा। दोनों एक ही थाली में थे।

इसके बाद वह कोर्ट जाती है। वह ट्रक को अदालत परिसर में चलाते हुए लाती है। उसका ड्राइविंग इंस्ट्रक्टर उसके साथ था। कोर्ट एरिया के आसपास के सभी लोग अजीब तरह से उसे देखते हैं। महिला ट्रक चला रही हैं और वह भी कोर्ट के पास। वह ट्रक से नीचे उतरती है और प्रशिक्षक को ट्रक ले जाने का निर्देश देती है। वह अदालत के अंदर चली जाती है। एक महिला वकील उसे देखती है और पूछती है, "आप यहां क्यों हैं?"

प्राची- "हमे अपने घर से जबरदस्ती निकाल ने के संबंध में एक अदालती मामला दायर करना चाहती हूं। लेकिन हमारे पास वकील के लिए पैसे नहीं हैं। क्या करें।"

उसने उसकी ओर देखा, और महिला वकील उसके साहस से प्रभावित हुई, "जिला विधिक सेवा प्राधिकरण में जाओ। वे आपको एक मुफ्त वकील प्रदान करेंगे।" वह महिला वकील संबंधित प्राधिकारी से मिलने की प्रक्रिया बताती है। पत्नी वकील द्वारा बताए गए अनुसार करती है। वह जिला विधिक सेवा प्राधिकरण में जाती है। वहां वह अथॉरिटी को सब कुछ समझाती है।

कुछ क्षणों बाद, वह अदालत से बाहर आती है। वह विजय को फोन करती है, "मामला दर्ज करने की हमारी प्रक्रिया शुरू हो गई है। हमारे पास एक वकील है वो भी मुफ्त में।"

विजय ने कहा, "लेकिन कैसे, उसने पैसे क्यों नहीं मांगे।"

पत्नी- "याद हैं, आपने कहा था, न्याय हमारे पक्ष में है। और वास्तव में, व्यवस्था हमें न्याय देने के लिए बनाया गया है। हम अज्ञानी थे।"

विजय अपने आंसुओं पर काबू नहीं रख पा रहा था। उन्होंने सोचा- जिस वकील से वह मिलने गए थे, उन्होंने उन्हें केस दर्ज कराने के लिए 4 लाख मांगे थे। पर अब वकील जिला विधिक सेवा प्राधिकरण से हमे बिना किसी फी के मिला। वास्तव में न्याय हमेशा उनके पक्ष में था। विजय कॉल डिस्कनेक्ट कर प्रेमचंद को फोन करता है।

विजय से प्रेमचंद को मोबाइल पर- "हैलो प्रेमचंद, सुनो, मुझे कागजात चाहिए, और मुझे पता है कि आपने हस्ताक्षर करने के लिए जो कागजात बनाए थे, वे कानूनी नहीं हैं। सिर्फ एक कागज पर हस्ताक्षर करके किसी अन्य व्यक्ति को प्राधिकरण नहीं बनाता है, मुझे पता है कि आप मेरी संपत्ति प्राप्त करने के लिए कर रहे हैं। लेकिन यह मत भूलना। सिर्फ अपने ऑफिस में बैठकर साइन करने से आपको मेरा घर लेने की शक्ति नहीं मिलती है।"

प्रेमचंद बोलते हुए हकलाते हुए कहता हैं, "सुनो, मैं आपको दिखा सकता हूं कि कागजों पर क्या लिखा है? कोई धोखाधड़ी नहीं है, लेकिन अगर आप मुझे पैसे नहीं देते हैं तो मैं वास्तव में आपके घर में जबरदस्ती प्रवेश करूंगा।"

विजय- "डॉक्टर वेदांत के साथ आपका क्या रिश्ता है? जिस डॉक्टर वेदांत ने मेरी बेटी का ऑपरेशन किया, वह आपका दोस्त है।"

प्रेमचंद फिर से हकलाते हुए कहते हैं, "आपको इससे कोई लेना-देना नहीं है।"

विजय- "मेरे घर पर दावे छोड़ दो। मुझे पता है कि यह सब योजनाबद्ध था। डॉक्टर नकली ऑपरेशन के लिए उच्च पैसे मांगता है। फिर अगर किसी मरीज के पास पैसा नहीं होते हैं, तो वह आपको संदर्भित करता है। बदले में, आप घर गिरवी रखने के बहाने बंधक के साथ अग्रीमेंट टू सेल करते हैं। आप संपत्ति के मूल्य के आधे से भी कम के लिए बेचने के लिए एक समझौता करते हैं। इसलिए आपको बाजार मूल्य के आधे से भी कम के लिए संपत्ति मिलती है और इसके अलावा आपको व्यक्ति द्वारा भुगतान किए गए ब्याज और मूलधन मिलता है। आप मेरी संपत्ति के साथ-साथ उस राशि को लेने की फ़िराक हैं जो मैं ब्याज में भुगतान करता हूं। तो आपके और डॉक्टर के लिए पूर्ण अतिरिक्त लाभ।"

प्रेमचंद कॉल काट देता है। विजय समझ गया कि- तुम्हारा आत्मविश्वास तुम्हारा हथियार है और संविधान गोली है। न्याय के लिए, आम नागरिकों की रक्षा के लिए हथियार का उपयोग करें।

विजय ने उस प्लॉट को कम कीमत में खरीदा था। लेकिन औद्योगिक विकास और उस क्षेत्र में बड़ी परियोजना के निर्माण ने भूखंडों की दर बढ़ गए। वर्तमान दर लगभग 80 लाख रुपये है।

अब विजय डॉट्स को कनेक्ट कर सकता था। विजय सोचता हैं, "सब कुछ योजनाबद्ध था। उन्होंने ऐसा इसलिए किया ताकि वे मुझसे हर संभव पैसा और मेरी संपत्ति ले सकें। लेकिन उन्होंने मेरे साथ ऐसा क्यों किया। पहला कारण यह है कि वे जानते हैं कि मेरे पास ज्ञान की कमी है। दूसरा कारण – मेरे पास पूछताछ करने के लिए साहस नहीं था। मुझे डर लग रहा था। तीसरा - मेरे पास आवश्यक आत्मविश्वास नहीं था। वे जानते थे कि यह आदमी- विजय अनभिज्ञ है और न्याय के लिए स्थानों से स्थानों पर भटकता रहेगा लेकिन उसे सभी मामलों में वंचित कर दिया जाएगा। मुझे संवैधानिक नैतिकता से मिली विश्वास की आवश्यकता है। भय से मुक्त जीवन जीने का आत्मविश्वास।"

23

न्याय आपके पक्ष में है

निष्कर्ष

विजय प्रीतम को फोन करता है, प्राची ने बताई बाते और प्रेमचंद के साथ हुई उसकी बातचीत के बारे में बताता है। उसे प्रेमचंद के बारे में बताया। वे एक राय बनाते हैं कि यह सिर्फ उनकी बेटी के ऑपरेशन का मामला नहीं है। यह इससे कहीं बडी है।

प्रीतम ने विजय से फोन पर कहा, "विजय, मुझसे पुलिस स्टेशन में मिलो।"

विजय और आजाद थाने जाने के लिए ऑफिस से निकले। वे सभी थाने पहुंच गए।

पुलिस स्टेशन में वे बताते हैं कि कैसे उनकी पत्नी ने प्रेमचंद को डॉक्टर के घर जाते हुए देखा और उन्हें संदेह है कि यह जानबूझकर विजय की संपत्ति हासिल करने के लिए किया गया है। पुलिस इस बात की आसवासन देती है कि जांच चल रही है और डॉक्टर जमानत पर हैं। अस्पताल प्रबंधन के लिए समन जारी किए गया हैं। पुलिस ने उन्हें आश्वासन दिया कि सब कुछ ठीक हो जाएगा।

फास्ट फॉरवर्ड- प्रेमचंद कार्यालय पर पुलिस की छापेमारी होती हैं। पुलिस सबूत इकट्ठा करते हैं। उनके कार्यालय का पंजीकरण नहीं हुआ था। न ही मनी लेंडिंग बिजनेस करने की इजाजत थी। पुलिस को पता चला कि उसने इस तरीके से कई संपत्तियां अर्जित कीं।

कुछ दिनों के बाद, अदालत ने फैसला दिया, विजय और उसका परिवार पूरी तरह से खुश थे और आनंदित थे। प्रेमचंद को जेल हुई। डॉक्टर वेदांत को जेल भेज दिया गया। उनकी लापरवाही के लिए उन्हें अस्पताल से मुआवजा मिला। मुआवजा ४0 लाख रुपये का था।

वे कोर्ट रूम से बाहर आ गए। विजय और उनकी पत्नी ने प्रीतम से कहा, "धन्यवाद सर, वास्तव में न्याय हमारे पक्ष में था।"

प्रीतम ने कहा- "न्याय अभी खत्म नहीं हुआ है; यह वास्तविक न्याय का आधा हिस्सा है। वास्तविक न्याय अभी बाकि हैं। अगर आपको मुआवजा मिल गया और दोषियों को जेल भेज दिया गया तो इससे आपके जीवन में क्या फर्क पड़ता है? अगर आने वाली पीढ़ियां इस

तरह के जाल में नहीं फंसती हैं तो इससे फर्क पड़ेगा। अत, कुछ सामाजिक और विधिसम्मत परिवर्तन होना चाहिए। कुछ दिनों तक इंतजार कीजिए।"

विजय सोचता है- "असली न्याय क्या है? न्याय पाने के लिए क्या बचा है? मुझे मुआवजा मिला और दोषियों को जेल भेज दिया गया।"

अचानक प्राची के फोन की घंटी बजती है। पत्नी कॉल प्राप्त करती है, "हाँ, कब, सही में। धन्यवाद। अब आओ।" पत्नी खुश हो गई। उसकी खुशी उसके चेहरे पर देखी जा सकती थी। वह विजय को गले लगाती है और कहती है, "एक बड़ी कंपनी के प्रतिनिधि हमसे मिलना चाहते हैं।"

विजय उसकी खुशी का कारण समझ नहीं पा रहा था, "लेकिन क्यों?"

पत्नी- "वे हमसे मिलना चाहते हैं और वे हमारी मशीन जो हमने बनाई थी वह खरीदना चाहते है।"

विजय अपनी पत्नी के सफलता के लिए बहुत खुश था, "वाह, यह एक बड़ी सफलता है!"

पत्नी अपने जीवन और अतीत के बारे में सोचती है और कहती है, "जब मैंने अपनी इंजीनियरिंग पूरी की तो मैं इस मशीन का निर्माण कर सकती थी। लेकिन मैं ऐसा नहीं कर सकी। मैंने अपनी शक्ति को कम करके आंकी। मैं भी शक्तिशाली हूं। पहले मैं पुरानी पारंपरिक नैतिकता प्रणाली का पालन करती थी जिसे हमारे समाज ने स्थापित किया था। महिलाओं को घर का काम करना चाहिए और पुरुषों को बहार नौकरी करनी चाहिए। लेकिन प्रिय पति, आपने संवैधानिक नैतिकता का विकसित करने के लिए कहा। कि आप वह कर सकते हो जो हर आदमी कर सकता है। और देखो, मैं अभी भी कल्पना नहीं कर सकती कि मैं ऐसी मशीन बना सकती हूं। मुझे डर था कि ट्रक समुदाय के पुरुष मेरे साथ अच्छा व्यवहार नहीं करेंगे। गैराज में काम करने वाले व्यक्तियों ने इस मशीन को बनाने में मेरा साथ दिया। उन्होंने मुझे कभी यह महसूस नहीं होने दिया कि मैं एक इंसान नहीं हूँ; उन्होंने मेरे साथ समान व्यवहार किया। किसी भी चीज के लिए गाली-गलौज नहीं की। वास्तव में, यदि किसी व्यक्ति में समानता और भाईचारे की भावना है और किसी को इच्छा के अनुसार विकसित होने का अवसर देता हैं तो सब कुछ संभव है।"

विजय और उसका परिवार घर पहुंचता है। कुछ ही समय में कंपनी के प्रतिनिधि उनके घर पहुंच गए।

पत्नी से कंपनी प्रतिनिधि- "हम जल्दी में हैं। हम यहां इतनी तेजी से आए हैं कि हम नहीं चाहते कि कोई और कंपनी ये अधिकार ले। मैंने आपकी सफाई मशीन देखी है। इलेक्ट्रॉनिक नियंत्रण, ऐप आधारित, काम करने में आसान के साथ पूरी तरह से स्वचालित और कम लागत पर निर्मित किया जा सकता है। हम आपके पेटेंट अधिकार चाहते हैं। यह समझौता है, हम इस मशीन अधिकारों के लिए 50 करोड़ रुपये की पेशकश करते हैं।"

प्राची और विजय की खुशी आसमान छु रही थी। उसने कागजों पर हस्ताक्षर किए। लेकिन हस्ताक्षर करने से पहले उसने सभी दस्तावेजों को ध्यान से पढ़ा। प्रतिनिधि अपने

घर से निकल जाते हैं। उनकी कंपनी 4 और गैरेज श्रमिकों से बनी थी। उन्होंने कड़ी मेहनत की और उस मशीन को बनाने के लिए सभी सामग्री प्रदान की। वह उन सभी को अपने घर बुलाती है।

सभी फर्म सदस्यों से प्राची कहती हैं, "यह मशीन आपकी कड़ी मेहनत के कारण पूरी तरसे विकसित की गई है। समानता और भाईचारा एक बड़ा चमत्कार कर सकता है। हम इस फर्म में बराबर के भागीदार हैं। इसलिए, प्रत्येक को 10 करोड़ रुपये मिलेंगे। अब यह आप पर निर्भर करता है कि क्या आप सहज महसूस करते हैं तो पैसे को इस व्यवसाय में निवेश करें।" सभी सदस्य हामी भरते हैं।

विजय और पत्नी खुश थे। विजय प्रीतम को फ़ोन करता हैं, "मेरी पत्नी ने जो सफाई मशीन बनाई है, उसके पेटेंट अधिकार 50 करोड़ में बेचे गए हैं। और यह पैसा अब शेयरधारकों के बीच समान रूप से विभाजित किया गया हैं।"

प्रीतम उनके लिए खुश महसूस करते हैं, और कहते हैं, "विजय, अभी भी यह आधा न्याय है। फिर से, आधा न्याय शेष है। कुछ और दिनों और इंतजार करो।"

विजय सोचता हैं, "कुछ और दिन, कुछ और दिन क्यों? मुझे न्याय मिला। न्याय के लिए क्या बचा है?"

यह खबर कि विजय ने अदालत का मुकदमा जीत लिया और उसकी पत्नी को पैसे मिल गए, पड़ोस और कार्यालय में जंगल की आग की तरह फैल गया। हर कोई विजय के साथ वीआईपी की तरह व्यवहार करने लगे। यहां तक कि बॉस भी उनके साथ सम्मान के साथ व्यवहार करते थे। सप्ताह बीत गया। सब कुछ सामान्य हो गया।

विजय अपने घर में बैठा था, आजाद भागते हुए विजय के घर में आया। आजाद ने आनन-फानन में कहा, "विजय, क्या आपने खबर देखी, संसद ने नया कानून पारित किया। चिकित्सा धोखाधड़ी के बारे में। उन्होंने चिकित्सा पर लगने वाले खर्चो को सीमित कर दिया है। एक विनियामक निकाय और शिकायत निवारण के लिए एक व्यवस्था स्थापित किया गया है। उपचार के दौरान आपातकालीन ऋण सुविधाए का प्रावधान अधिनियम में निर्धारित किया है। इसके अलावा, पैसे प्राप्त करने से पहले उपचार कराने लिए प्रक्रियाओं प्रावधान किया हैं। राज्य एक मेडिकल ऑडिट करेगा और इस तरह के कई अन्य प्रावधान।"

विजय ने आजाद से कहा, "इसे असली न्याय कहते है मेरे दोस्त। नया अधिनियम पारित किया गया और रखी गई नीतियों से लोगों को चिकित्सा क्षेत्र में समान उपचार प्राप्त करने में मदद मिलेगी। ताकि सभी को किफायती चिकित्सा उपचार मिल सके। यह न्याय है।"

आजाद यह खुशखबरी प्रीतम को बताना चाहता हैं और उनसे मिलना चाहता हैं। वह विजय को कहता है, "चलो प्रीतम से मिलने के लिए चलते हैं। वह बहुत खुश होंगे।"

वे प्रीतम के घर जाते हैं। प्रीतम के चेहरों पर खुशी देखी जा सकती थी। वे संसद द्वारा पारित नए अधिनियम के बारे में बात करते हैं। विजय ने खुश लहजे में कहा, "सर, सभी को न्याय मिला है। सभी को न्याय मिलेगा। लोकतंत्र में शक्ति होती है। सच्चा लोकतंत्र सभी

के लिए न्याय में निहित है। लेकिन हम अनभिज्ञ थे। हम इस तरह से कभी नहीं सोचते थे। हमारे लिए मतदान हमारी समस्याओं को हमारे नेताओं पर फेकने का सिर्फ एक तरीका था। हमने जिस भी समस्या का सामना किया, उसे हमने इसे सरकार के ऊपर फेंक दिया और उम्मीद की कि लोकतंत्र के सक्रिय सदस्य बने बिना भी सब कुछ अच्छा होगा। हमें कभी भी वोट की शक्ति का पता नहीं था। हमारे लिए, मतदान हमारे विश्वासों के आधार पर हमारे विचार थे। हम अपने नेता का चयन करने के लिए तार्किक, तर्कसंगत रूप से कभी नहीं सोचते थे।"

प्रीतम ने मुस्कुराते हुए कहा, "फिर से 25 प्रतिशत न्याय लंबित है।"

विजय अभी भी उलझन में हैं कि न्याय लंबित क्यों है? सब कुछ सुलझा लिया गया है। बाकी क्या बचा है? वह अपने जीवन की टाइमलाइन को देखते हैं। उन सभी लोगों के बारे में सोचता हैं जिनसे वह मिला था। उन सभी लोगों के बारे में जिन्होंने इन बुरे दिनों में उसकी मदद की। न्याय इस बारे में नहीं है कि मैं सही हूं या नहीं और मैंने केस जीत लिया। यह सब इस बारे में है कि किसी को भी पीछे नहीं छोड़ा जाना चाहिए। सभी को मिलकर चलना चाहिए। विजय समझ गया कि उसे समाज के प्रति अपना कर्तव्य निभाना है। विजय ने प्रीतम को आनन-फानन में कहा, "सॉरी सर, मैं जल्दी में हूं मुझे किसी से मिलने जाना है।"

प्रीतम अपना अंगूठा दिखाते हुए कहते हैं, "शुभकामनाएं।"

विजय और आजाद सफाई कर्मी से मिलने की जल्दी करते हैं। यह वह व्यक्ति था जिसका न्याय अभी भी लंबित है। उनकी वजह से ही दिमाग में सफाई मशीन का विचार आया।

विजय सफाई कर्मी के घर में है। सफाई कर्मी की पत्नी द्वारा बनाई गई चाय पिते हैं और उससे कहते हैं, "सड़क की सफाई मशीन विकसित करने का विचार हमारे दिमाग में आप के कारन आया। हम आपको मेरी पत्नी की कंपनी में 50 हजार रुपये प्रति माह की सैलरी के साथ नौकरी देंगे। क्या आप इस नौकरी को स्वीकार करेंगे?"

सफाई कर्मी - "मैं अशिक्षित हूँ। मेरे पास कोई प्रशिक्षण नहीं है।"

विजय – "तुम्हें मुझ पर भरोसा करना होगा। हर आदमी सीख सकता है। मैं आपको जो दे सकता हूं वह खुद को विकसित करने का अवसर है। हम कौशल विकसित करने में आपकी मदद करेंगे। फिर यह सब आप पर निर्भर करता है। आप कंपनी को अपनी प्रतिभा कैसे दिखाते हो?"

सफाई कर्मी नौकरी को स्वीकार करता है। अब विजय को लगता है कि शायद बचा हुआ न्याय मिल गया हैं। लेकिन सफाई कर्मी के पास बताने के लिए एक और कहानी है, "मेरे कई साथी भाई गरीब हैं। न केवल गरीब बल्कि मुख्यधारा के समाज से अलग हैं। उनके न्याय के बारे में क्या? मेरा समाज गरीबी से भरा हुआ है। किसी को भी उनकी परवाह नहीं है। उनके साथ समान व्यवहार करने की जरूरत है।"

विजय- "मैं तुम्हें न्याय दिला सकता हूँ। संवैधानिक नैतिकता विकसित करके न्याय।"

सफाई कर्मी - "वह क्या है?"

विजय – "अपने सभी दोस्तों को इकट्ठा करो, मैं तुम्हें बताता हूँ कि तुम्हारी हालत सुधारने के लिए क्या करना है।"

कुछ ही समय में सफाई कर्मी बाहर चला जाता है। उसकी छोटी-छोटी गलियों में। एक बैठक के लिए मैदान में आने के लिए अपनी झुग्गी में चिल्लाता है। उनके इलाके से कई लोग इकट्ठा होते हैं। सभी यह जानने के लिए उत्सुक हैं कि क्या चल रहा है। विजय गरीबी में जी रहे सैकड़ों झुग्गी-झोपड़ियों में रहने वालों को एक नई दृष्टि दिखाते हैं। वह उन्हें बताते हैं कि कैसे स्मार्ट मेहनत कर के अज्ञानता को दूर करना और अपनी पुरानी सोच पद्धति को त्यागकर संविधान पर आधारित नई सोच को लागू करना है।

बैठक खत्म होने के बाद विजय प्रीतम को फोन करता है और उसे बताता है कि कैसे उसने उन्हें नैतिकता और न्याय के बारे में शिक्षित किया।

प्रीतम- "85% न्याय मिल गया।"

विजय सोचता है, लेकिन अब क्या रह गया? विजय अभी भी समझ नहीं पा रहा है कि क्या रह गया। क्यों 100% न्याय अभी तक हासिल किया जाना बाकी है। सब कुछ किया गया है फिर भी 85% न्याय ही मिला है।

उन्होंने किशोर के खेत में अपने कार्यालय की पिकनिक की व्यवस्था की। वे सभी किशोर को खेत पर उनकी सेवा और स्वादिष्ट ग्रामीण भोजन के लिए पैसे देते हैं। यह किशोर की आर्गो टूरिज्म से पहली आय थी। विजय ने प्रीतम के बोर्ड गेम में पैसा लगाया ताकि यह जबसे जादा बिकने वाली बोर्ड गेम बन सके। विजय आजाद के पसंद के काम में निवेश की पेशकश करता है ताकि वह जो करना पसंद करता है उससे वह पैसे कमा सके। आजाद प्राची के ट्रांसपोर्ट बिजनेस में पार्टनर बन जाते हैं।

प्राची का व्यवसाय स्थापित हो गया है। सब कुछ उम्मीद के मुताबिक काम कर रहा है। एक दिन विजय अपने कार्यालय में जाता है और अपना इस्तीफा सौंप देता है और व्यक्त करता है, "मेरे पास करने के लिए कुछ और मिशन है। लोगों को जगाने का मिशन। उन्हें नैतिक बनाने का मिशन- संवैधानिक नैतिक। मैंने और मेरी पत्नी ने एक व्यवसाय स्थापित किया है। हमारे व्यवसाय में हमारे अन्य भागीदार हैं। इस व्यवसाय को कम अवधि में स्थापित किया गया है। कुछ महीनों के भीतर इस व्यवसाय में जबरदस्त वृद्धि हुई। इस वृद्धि का कारण हैं हमारे कर्मचारियों और व्यापार भागीदारों का नैतिक आचरण। हमारे व्यापार टीम के साथ अच्छे संबंध हैं। हम उनमें से प्रत्येक को बराबर मानते हैं और हर एक को उनका सम्मान देते हैं। हमारे पास ईमानदारी है। न्याय की भावना। हमने ईमानदारी, न्याय और समानता पर हर एक को प्रशिक्षण दिया। यह हमे एक-दूसरे के प्रति वफादार रखता हैं। एक-दूसरे के लिए सम्मान और भाईचारा हमें अपने लक्ष्यों की दृष्टि और मिशन से चिपके रहने के लिए मदत करती है। हमें अपने व्यवसाय में काम करने वाले हर आदमी पर भरोसा है। हमारे पास गुणी की प्रशंसा करने और गलत करने वाले को अस्वीकार करने

के लिए बनाई गई प्रणाली है। विवाद की स्थिति में ग्राहकों को न्याय देने के लिए हमारे पास व्यवस्था बनाया गया है। हम हर किसी के नजरिए की परवाह करते हैं। हमने साबित करने योग्य डेटा के आधार पर राय रखने की प्रक्रिया निर्धारित की है। यह ईमानदारी हमें बेवफाई और लालच से रोकती है।"

यह उनके कार्यालय का अंतिम दिन था। वह अपने घर चला जाता है। उसकी पत्नी को देखता हैं। वह अपने प्रोजेक्ट्स के लिए नए डिजाइन बनाने में व्यस्त हैं।

इस शहर में आने के बाद पत्नी ने कभी भी अपने माता-पिता से बात नहीं की। उनके माता-पिता का मानना था कि प्रेम विवाह कम चरित्र की लड़कियों के लिए होती है। उसके माता-पिता चाहते थे कि उसकी शादी उनकी इच्छा के अनुसार ही अपनी जाति में हो। विजय पत्नी के पास गया और बोला, "सब कुछ हो गया है। लेकिन तुमरे माता-पिता के बारे में क्या। हम अभी तक उनसे नहीं मिले हैं।"

तभी विजय के मोबाइल की घंटी बजती है। यह विजय के पिता का फोन है, "बेटा, क्या आप जानते हैं कि हम कहां हैं? हम आपके ससुर और सास के घर में हैं। इस जातिगत मानसिकता ने हमें अलग रहने और केवल अपने लिए सोचने के लिए मजबूर कर दिया था। आपके ससुराल वाले अच्छे लोग हैं। उन्होंने हमारे साथ बहुत अच्छा व्यवहार किया। अब हम परिवार हैं। हम सभी बहुत जल्द आपसे मिलने आएंगे।"

विजय जवाब में बोलना शुरू कर देता है, "पिताजी, आपकी बहू अब करोड़पति है। वह एक बड़े व्यवसाय की मालकिन है। उसका ट्रांसपोर्ट बिजनेस, टेक्नोलॉजी और प्रेरक व्यवसाय है। वह इस परिवार की रोटी कमाने वाली हैं। वह करोड़ों में कमाती हैं। कौन कहता हैं कि उच्च आय अर्जित करने के लिए पुरुष होना चाहिए? वह उतनी ही शक्तिशाली है जितना कोई भी आदमी हो सकती है। सब संवैधानिक नैतिकता के कारण हैं। अभी आप को अकेले रहने की जरूरत नहीं है। आप हमारे साथ रहोगे। आप महिलाओं के कल्याण के लिए एनजीओ का प्रबंधन करेंगे और उन्हें उनके विकास के लिए निर्देशित करेंगे।"

पिताजी खुश हो गए। उन्होंने जवाब दिया, "मैंने हमेशा नई सामाजिक नींव की शक्ति को कम करके आंका जो न्याय देने के लिए बनया गया था। अगर मैंने इस संवैधानिक नैतिकता को जल्दी विकसित कर लिया होता। मेरा जीवन अलग होगा।"

विजय पत्नी को बोलने के लिए मोबाइल देता है। उसके माता-पिता कॉल पर हैं। उसके आँसू बहने लगे। पिछले 14 सालों से माता-पिता ने उससे कभी बात नहीं की। वह बोलती है, "आई लव यू मॉम डैड। मैं आप के साथ हमेशा रहना चाहती हूं।"

माँ पिताजी ने जवाब दिया, "हम तुमसे प्यार करते हैं, प्यारी बेटी। हम जातिगत मानसिकता और पुरानी मान्यता से अंधे हो गए थे। अब हम समझ गए कि हर किसी के पास अपनी पसंद रखने की शक्ति है। अब हम साथ हैं। सांस्कृतिक और पारंपरिक मतभेदों के बावजूद हम ससुराल वालों के साथ मिलकर काम करेंगे। हम सभी आपसे मिलने आएंगे।"

विजय और पत्नी ने अपने माता-पिता से लंबी बात की। वे खुश थे। वे पहले से कहीं ज्यादा खुश थे। उन्होंने पहचान लिया कि आजादी देने से परिवर्तन हो सकता है। संवैधानिक मूल्यों पर आधारित समाज का विकास करने से जीवन में कुछ भी हासिल करने में मदद मिल सकती है। उनके पिता ने जीवन में कभी नहीं देखा कि कोई महिला इस सफलता को हासिल कर सकती है। सिर्फ अपनी सोच को बदलकर, जो पारंपरिक नैतिक अवधारणाओं से थोड़ा अलग है, न्याय उस व्यक्ति के साथ है जो संविधान के नए न्याय-आधारित मान्यताओ के लिए पुराने असमान मान्यताओ को छोड़ देता है।"

एक अच्छे दिन विजय और पत्नी ने टाइगर सफारी के लिए जंगल जाने का फैसला करते है। वे अपने पसंदीदा वाहन, ट्रक में बैठते हैं। सभी ट्रक के केबिन में बैठ गए। पत्नी ट्रक चलाती है। ट्रक वन जांच चौकी के पास पहुंचता है।

पुलिस अधिकारी ट्रक के पास आ गए। महिला को ट्रक चलाते देख वह चकित रह गए। उसने ड्राइवर से पूछा, "तुम कहाँ जा रहे हो?"

प्राची ने जवाब दिया, "हमारे पास टाइगर सफारी के लिए बुकिंग है।"

पुलिस अधिकारी हैरान रह गए। एक ट्रक में परिवार वह भी टाइगर सफारी के लिए। उसने पूछा, "तुम ट्रक में क्यों जा रहे हो?"

विजय- "मेरी पत्नी ट्रक चलाना जानती है और हमने एक नया ट्रक खरीदा। मेरी पत्नी एक ट्रांसपोर्ट कंपनी की मैनेजिंग डायरेक्टर हैं।"

पुलिस ने गेट खोलकर उन्हें जंगल इलाके में घुसने दिया। वे सफारी बुकिंग कार्यालय पहुंचे। बुकिंग कार्यालय के पास उन्होंने एक आदिवासी महिला को सड़क के किनारे वन फल बेचते हुए देखा। वे उसके पास गए। विजय ने उसे पहचान लिया; वह वही आदिवासी महिला थी जिसने अपने घर में उनका स्वागत किया था। विजय ने खुश आवाज में कहा, "आप वही महिला हैं जिन्होंने हमें अपने घर में आने दिया और एक स्वादिस्ट नाश्ता बनाया।"

आदिवासी महिला विजय और उनकी पत्नी को देखती हैं, "हां, मैं आपको पहचानती हूं।"

आदिवासी महिला दुखी और तनाव में नजर आ रही थीं। उसका आकर्षक प्रभाव जो उन्होंने पहले महसूस किया था, इस बार दिखाई नहीं दिख रहा था। विजय ने पूछा, "क्या हुआ? आप यहां फल क्यों बेच रहे हैं?"

आदिवासी महिला- "प्रोजेक्ट टाइगर की वजह से हमारे गांव को जंगल क्षेत्र से एक नए क्षेत्र में स्थानांतरित कर दिया गया हैं। हमारे पास कोई काम नहीं है। मेरे पास इन फलों को बेचने के अलावा कोई और विकल्प नहीं है।"

विजय- "आपके पास सुंदर परंपरा और संस्कृति है। आप पर्यटकों को अपनी प्रतिभा क्यों नहीं दिखाते? क्या आप अपनी स्थिति को बदलना चाहते हैं?"

उत्तेजना में आदिवासी महिलाएं अपना सिर हिलाती हैं और कहती हैं, "हां।"

विजय- "फिर सफारी से वापस आने के बाद मिलते हैं। हमारा इंतजार कीजिए। हम चर्चा करेंगे।"

विजय और परिवार टूरिस्ट कार से जंगल सफारी के लिए गए। उन सभी ने सफारी का आनंद लिया। सफारी के बाद, यह घर वापस जाने का समय है। विजय ने आदिवासी महिलाओं से पूछा और उन्हें ट्रक में बैठने का निर्देश दिया। वे सभी ट्रक केबिन में बैठते हैं। पत्नी ट्रक चलाती है।

विजय ने आदिवासी महिलाओं से कहा, "आपकी परंपरा ख़त्म होती जा रही है। आप पर्यटन को हथियार के रूप में इस्तेमाल करके दुनिया को क्यों नहीं बताते?"

आदिवासी महिलाएं- "अच्छा विचार। मैं पर्यटकों के लिए शानदार खाना बना सकती हूं और हम उन्हें अपनी आदिवासी संस्कृति और नृत्य दिखा सकते हैं। हमारे आदिवासी गहने और उत्पाद बेच सकते हैं।"

विजय बोलता हैं, "मैं पैसा निवेश करूंगा और आप अपना समय और ऊर्जा का निवेश करोगे। पचास-पचास की साझेदारी।"

आदिवासी महिलाएं खुश नजर आईं। अब कम से कम उसका सपना सच होता दिख रहा है। विजय बैग से आलू के चिप्स का पैकेट बाहर निकालता है। इसे खोलता हैं, चिप्स खाता हैं और ट्रक की खिड़की से प्लास्टिक का पैकेट सड़क पर फेंक देता हैं।

बेटी पिता पर चिल्लाती है, "पिताजी सड़क पर प्लास्टिक मत फेंको। पृथ्वी के भी अधिकार हैं।"

पत्नी ट्रक को रोकती है। विजय ट्रक से उतरता है और पैकेट उठाता है। विजय वापस ट्रक में बैठ जाता है। बेटी कहती है, "पिताजी, पृथ्वी को भी न्याय की जरूरत है। उसके अधिकार खतरे में हैं।"

विजय ने सोचा, “हो सकता है कि मेरे लिये न्याय- सामाजिक, आर्थिक और राजनीतिक रूप से हासिल हो गया हो। लेकिन प्रकृति के साथ न्याय लंबित है।"

बेटी- "मैं भारतीय संविधान की प्रस्तावना पढ़ना चाहती हूँ, हम भारत के लोग........."

समाप्त।

www.ingramcontent.com/pod-product-compliance
Ingram Content Group UK Ltd.
Pitfield, Milton Keynes, MK11 3LW, UK
UKHW041829200726
13854UKWH00002BA/896

9 798888 338438